博瑞森图书
BRAGE

企业阅读 本土实践

The Age of the Internet

Bank Transformation

互联网时代的银行转型

韩友诚◎著

企业管理出版社
ENTERPRISE MANAGEMENT PUBLISHING HOUSE

图书在版编目（CIP）数据

互联网时代的银行转型/韩友诚著 . —北京：企业管理出版社，2017. 1

ISBN 978-7-5164-1389-0

Ⅰ. ①互… Ⅱ. ①韩… Ⅲ. ①互联网络 – 应用 – 银行业务 – 研究 – 中国 Ⅳ. ①F832. 2 – 39

中国版本图书馆 CIP 数据核字（2016）第 266957 号

书　　名：互联网时代的银行转型

作　　者：韩友诚

责任编辑：张　平

书　　号：ISBN 978-7-5164-1389-0

出版发行：企业管理出版社

地　　址：北京市海淀区紫竹院南路 17 号　　邮编：100048

网　　址：http://www. emph. cn

电　　话：总编室（010）68701719　发行部（010）68701816

编辑部（010）68701638

电子信箱：qyglcbs@ emph. cn

印　　刷：三河市文阁印刷有限公司

经　　销：新华书店

规　　格：170 毫米 ×240 毫米　16 开本　19. 5 印张　240 千字

版　　次：2017 年 1 月第 1 版　　2017 年 1 月第 1 次印刷

定　　价：98. 00 元

导　读

对于一直带有“光环”的银行业，国内不少公众是对其多有误读的：过去，很多人认为银行业是闪闪发光的“金饭碗”，风光无限好；现在，很多人又认为银行业的“减员潮”和“降薪潮”来了，正江河日下。在互联网金融高速发展的浪潮中，关于银行业何去何从的疑问、假设和猜想频繁进入公众视野。作为一名银行人，想对大家澄清一下观点：对于国内银行业来说，过去，并没有大家想象得那么风光；现在，也没有公众认为得这样糟糕。

公众对国内银行业多有误读，也是我想从业内人士的角度写一本关于互联网时代银行转型发展的书籍的原因之一。在书中，我具体列述了银行业在互联网金融变革浪潮中所做的积极应对和转型布局，如积极进行银行轻型化改造、大力发展直销银行和交易银行、试水 P2P 网贷平台、搭建银行系电商平台、深度布局移动支付领域、抢滩消费金融市场等。呈现给读者的是以开放的姿态积极拥抱互联网的银行业形象，用大量数据和案例阐述和论证了国内银行业依然坚挺的实力、战略转型的定力和毋庸置疑的未来发展潜力。在笔者看来，对于拥有长足发展时间和历史的中国银行业来说，变革和转型从来就是一个古老而又常新的话题，银行业在自身的发展突破上从未懒惰过，相信在未来还会迎来更加全方位、多元化的创新发展。

为了较为全面具体地展示国内银行业的转型发展面貌，本书不仅汇集了工、农、中、建等传统国有大型银行的转型数据和案例，也囊括了招商、中信、民生、平安等主要股份制银行的发展数据与案例，还选取了江苏银行等部分城市商业银行创新数据与案例。本书引用的数据多来源于各大银行的年报和中国银监会公布的数据，务求图书内容的准确性和专业性。同时，在案例选取上，力求体现银行业发展的典型性和未来趋势，如招商银行在消费金融领域的天然优势和深度布局、工商银行“融 e 购”在银行系电商平台发展中的异军突起等内容案例，都具有极强的行业借鉴性和学习研究价值。

总体来说，我希望本书能够起到抛砖引玉的作用，帮助广大读者朋友清楚地了解互联网时代国内银行业的转型发展，无论是在行业研究、企业管理还是在财富管理、金融择业上，都能有一个更为清晰的认识，从而共同推动整个行业的发展。

前　言

互联网金融时代，中国经济步入“新常态”，国内利率市场化加速推进、金融脱媒化不断显现、企业机构间跨界竞争愈演愈烈、制度改革持续深入、金融监管日趋严格、民营银行和网络银行蓬勃发展、全民金融资产配置意识日益觉醒，传统银行业不断面临压力和挑战。

传统银行业面对所受到的冲击和挑战，前有比尔·盖茨的预言，所谓“银行会成为21世纪的恐龙”；后有马云的挑战宣言，“如果银行不改变，我们就改变银行”；全球第一家提供P2P金融信息服务的Zopa公司甚至宣称，“摒弃银行，每个人都有很好的交易”。一时之间，整个银行业站在了变革的风口浪尖上，大有岌岌可危之势。

显然，在互联网金融飞速发展的今天，传统银行业转型的大幕已经拉开，但事实真的如公众所想象得那样，银行业已经行将末路、岌岌可危了吗?

互联网科技的迅猛发展，正在改变传统金融生态和商业模式：新兴金融科技公司崛起，快速向支付结算、消费信贷和财富管理等银行业务领域渗透，来势汹汹。而银行则用互联网思维适时调整经营理念和方式，将大数据、云计算、移动互联和人工智能等引入自身变革转型中，以此来重构业务流程、驱动产品研发、增强风控能力和改善客户体验，重塑其难以撼动的资产组织、风险管理和综合金融服务等优势。互联网金融改变了传统金融形态，但无法改变金融的本质，也无法颠覆传统银行的根基。

在笔者看来，对于拥有长足发展时间和悠久历史的中国银行业来说，变革和转型从来就是一个古老而又常新的话题，银行业在自身的发展突破上从未懒惰过。改革开放以来，中国的银行业随着社会主义市场经济体制的逐步建立，开始从专业银行转型为商业银行，并且逐渐改制，引资上市，从国有独资商业银行转型为公开的上市银行，很多银行甚至成为世界级的大银行，期间的变革与转型之路显然不是三言两语就能够道尽的。管理决策的历史经验、银行文化的沉淀和风险资产的把控能力更是不会因为一时的风潮就会被迅速瓦解和摧毁的。正所谓十年树木、百年树人，银行业亦然。塑造、传承、积淀和发展是一脉相承的。

所以说，互联网金融对银行业的影响与其说是冲击的压力，不如说是发展的机遇，它加速了整个传统银行业新一轮的业务探索和创新发展，在互联网金融风潮下，银行正在将互联网技术、大数据融入金融创新中，互联网正成为传统银行业与产业加速融合的助推器，互联网、大数据等新技术，给银行业提供了前所未有的广阔发展空间。

沧海横流，方显英雄本色。我们有理由相信，未来银行业将在互联网金融浪潮的推动下，为更广泛的客户带来随时、随地和随心的服务。未来智慧银行让人充满期待！

目录
Contents

网金冲击波

转型与应对

大有可为

网金冲击波

第一章

金融脱媒

历史上，金融市场是以商业银行为中心的，银行作为资金的供应方（通常是储户）与资金的需求方（通常是借款人）之间的媒介，从而实现社会的闲散资金向实体经济的转移，依靠存贷利差而生存。而金融脱媒（financial disinter mediation），就是指资金的供应方，不再通过银行这个媒介，而是通过金融市场直接为资金需求方提供资金。金融脱媒，导致银行等金融中介机构的角色和盈利模式均发生了重要的变化，从交易对手（dealer）转变为经纪人（broker），从利差收入（interest spread income）转变成收费收入（fee-based income）。

1979 年 1 月美国圣路易斯联储局的一份研究报告，是早期研究金融脱媒的文献之一。据该文记载，从 20 世纪 70 年代开始，随着美国货币市场（money market）的形成与发展，美国的短期国债收益率一旦高于银行的定期存款的利率上限时，银行机构的存款资金就会大量流向货币市场工具。随着货币市场的发展以及各类资本市场工具的创新，银行的存款大量流失，出现了所谓“脱媒”的现象。可见，金融脱媒的出现是与货币市场相伴而生的。三十多年来，金融脱媒成为全球性的现象，更是与资本市场的发展息息相关。根本而言，所谓金融脱媒，是指在资本市场上直接融资（direct financing）取代通过银行的间接融资（indirect financing）；从经济社会发展的角度来看，实质上体现了从银行主导的经济（bank-led economy）向市场主导的经济（market-led economy）的转型。①

在我国，随着互联网金融在国内如火如荼，金融脱媒与金融创新快速发展，可以肯定地说，金融脱媒已经是一个不可逆转的大趋势。一方面，影子银行和债券市场的迅速发展，已经打破了银行贷款一家独大的

① 丁安华．金融脱媒，动了谁的奶酪？．http://roll.sohu.com/20130205/n365624912.shtml.

局面，存款脱媒和贷款脱媒的特征开始日益显现；另一方面，第三方支付机构的迅猛发展也争抢着银行的支付结算收益，技术脱媒已经是不争的事实。

对于银行来说，负债端资金来源被分流，而贷款投放也被影子银行体系和债券市场挤占，再加上第三方支付竞争下技术脱媒愈演愈烈，传统银行来自负债、资产、市场空间以及客户群体的压力将会越来越大。而且随着互联网金融在我国的进一步发展和金融改革的不断深入，银行正在从传统上依赖于存贷业务和利息收入转向强化中间业务，这需要不断发展金融创新，银行业只有不断创新，及时顺应金融市场发展和金融脱媒的大势，推进战略转型，巩固和发展自己的竞争优势，并不断寻求新的金融服务创新和利润增长点，才能早日实现由传统银行向现代综合化银行的转型，使银行在金融脱媒趋势下，更具竞争力。

一、万达、绿地等实体企业在融资上的“另立门户”

万达集团执行的“轻资产”策略和绿地集团推出的国内首款互联网房地产金融产品“地产宝”都在呈现这样一个事实：在互联网金融浪潮下，大型实体企业不再需要银行的融资服务，而是“另立门户”，实现实体和资金的对接。

（一）万达集团的“稳赚 1 号”

万达集团在互联网金融带动下，一直在做有关“轻资产”的战略调整。万达“轻资产”模式是为了迎合其“2025 年做到 1000 家商场的快速扩张目标”，也就是万达正在启动的集团历史上第四次也是最重要的一次转型，而这次转型的核心内容就是推行“轻资产”的模式。而现今互联网金融的飞速发展，为万达利用众筹或证券化的方式提高资金周转效率，实现轻资产化提供了可能的机遇和条件。

所谓“轻资产”模式，简单地说，就是用别人的钱，利用万达在商业地产领域卓越的运作优势，由万达负责选址、设计、建造、招商和管理，产生的租金收益由万达与投资方按一定比例分成的模式。但“轻资产”模式不仅仅是利用别人的钱做自己的广场，更重要的是，通过“轻资产”的路径，实现万达从房地产企业，到综合性的文化娱乐产业的全面转型。这种转型，从空间上而言，是从中国企业转型为跨国企业；从产业看，是从以房地产业为主的企业转型为服务业为主的企业，形成商业、文化、金融、电商四个支柱产业。[①] 同时也使得万达从传统依靠银行的融资模式中脱离了出来。而“稳赚 1 号”就是万达施行其“轻资产”模式而推出的首款互联网金融众筹产品。

“稳赚 1 号”于 2015 年 6 月正式推出。其以万达广场为基础，募集资金将直接投向各地万达广场建设，投资人则获得这些广场的收益权，享受商铺租金和物业增值的双重回报，预期合计年化收益率可达 12% 以上。根据阿斯达克财经网报道，万达联手快钱网推出的这款众筹项目“稳赚 1 号”，仅推出三日所有额度就均被认购，其中线上对个人投资者发行的 5 亿元人民币额度短时间内被抢光，对机构投资者发行的 45 亿元则在三日内完成认购，取得了不俗的成绩。

作为万达互联网金融的首个产品，“稳赚 1 号”突破了传统商业地产的融资模式，运用创新的互联网金融方式，使资金直接注入万达广场的建设之中，支持万达集团实现在商业地产领域的持续快速扩张，加速了万达集团向轻资产的服务型企业转型。该产品还依托快钱公司领先的

① 马光远．万达“稳赚 1 号”金融产品的战略意义．价值中国，2015（8）．

互联网金融业务平台，具有极强的互联网属性，起始投资金额仅为1000元，拉低了传统商业地产的投资门槛，使广大普通投资者也能轻松拥有优质物业，与商业地产龙头企业共同分享丰厚的投资回报。“稳赚1号”的众筹理念实现了资金与实体产业的直接对接，开创了全新的商业地产融资模式，实现了商业地产轻量化的快速扩张之路。该项目也是全国范围以及上海自贸区首个具备实质意义的金融创新项目，这种创新的互联网金融模式与国家“互联网+”战略一脉相承，是产融结合的有益尝试，是“互联网+”拉动实体经济的典型范例。①

除了万达的“稳赚1号”，相信未来会有更多的互联网金融产品在很多领域落地生根，既支持产业发展和转型，同时也为老百姓提供良好的投资渠道，改善中国老百姓金融财富的生态，对中国实体经济的发展起到极其重要的支撑作用。可以说，无论是过去几年风光一时的私募股权、风险投资，还是现在风靡全国的这些互联网金融产品，都在某种程度上成为改变中国经济和财富版图重要的新生力量。

（二）绿地集团的“绿地地产宝”

2015年4月13日，绿地集团联手阿里巴巴旗下蚂蚁金服、平安陆金所，正式发布国内首款互联网房地产金融产品。绿地旗下致力于服务个人投资者理财投资与中小房企资金解决方案的互联网房地产金融平台——“绿地地产宝”于同日宣布启动。由于其安全性高、门槛低、收益率高等优势，该产品在上市当日挂牌半小时即告售罄。目前，“绿地地产宝”已作为绿地金融的一个产品商标进行了正式注册，首款产品于2015年4月13日在蚂蚁金服的招财宝网络平台和绿地集

① 稳赚1号. http://baike. sogou. com/v101336170. htm.

团旗下贵州省绿地金融资产交易所上挂牌发行，这也是绿地金融与蚂蚁金服在金融领域的第一次合作。首期上线产品以绿地集团位于南昌市的棚户区改造项目为基础资产，支持旧城改造，服务民生工程，符合国家政策导向。首期发行总规模为2亿元，约定年化收益率6.4%，产品期限为一年。除拥有绿地品牌优势外，该产品还由安邦财险提供保险，保障本金及收益的到期兑付。未来绿地地产宝将不仅仅局限于绿地的自有项目，而是要建设成为互联网房地产金融平台，通过产品设计、包装，将社会闲散资金、机构资金与地产项目有效对接，致力于为中小房企提供资金解决方案，同时为社会投资者提供“高收益、低风险”的投资产品。“绿地地产宝”产品第一步目标是交易量达到100亿元，成熟期规模突破500亿元。以此次“绿地地产宝”项目的合作为契机，绿地金融还将与蚂蚁金服达成一系列的战略合作协议，探索在互联网金融领域的发展新机遇。绿地将立足高起点、借助大平台、拥有强团队，快速发力抢占市场，努力把“大金融”发展成为绿地集团未来三大重要产业板块之一，到2020年业务规模力争达到800亿元，利润达到100亿元。①

“绿地地产宝”不仅为绿地集团减少融资上对银行的依赖提供了可能，也为其利润增长带来了新的亮点和惊喜。根据绿地半年报显示，以“绿地地产宝”为代表的金融产业作为绿地利润增长的新引擎，业绩快速增长，2015年上半年累计实现利润19亿元，同比大幅增长。显然，绿地集团的互联网金融业务已经全面启动，这种房产业发展模式的自主创新和大胆尝试，必然带动更多实体企业为金融脱媒试水和布局。

① 绿地地产宝启动 首款互联网房地产金融产品受热捧.http://www.greenlandsc.com/NewsDetail_Idxw.aspx?id=437.

二、第三方支付与银行的竞合博弈

在互联网金融飞速发展的今天，网络支付已呈现出不可阻挡的趋势。随着第三方支付的快速发展，银行网上业务也在不断转型改变。中国互联网络信息中心（CNNIC）发布的《第35次中国互联网络发展状况统计报告》显示，截至2014年12月，我国使用网上支付的用户规模达到3.04亿人次，较2013年年底增加4412万人次，增长率为17.0%。与2013年12月底相比，我国网民使用网上支付的比例从42.1%提升至46.9%。与此同时，手机支付用户金额达到2.17亿元，增长率为73.2%，网民手机支付的使用比例由25.1%提升至39.0%。第三方支付平台借助互联网、移动通信等技术广泛地参与各类支付服务，以多样化、个性化的产品满足了银行现有资源难以覆盖的客户群体的支付需求，并且成为现代支付体系中颇具发展潜力的重要组成部分。第三方网上支付在阿里巴巴、百度和腾讯等互联网巨头的运作下已经具备了多种金融服务能力（消费贷款、中小企业贷款、小额理财工具），金融脱媒趋势明显，不断冲击着传统银行业务，“倒逼”传统银行改革。[①] 但应引起注意的是，随着电子支付市场的快速发展，第三方支付平台与商业银行的关系也在不断发生着变化，二者由最初的完全合作逐步转向了竞争与合作并存。第三方支付平台在助推银行结算业务、电子银行业务向广度和深度拓展的同时，在很大程度上又对银行的基础支付功能、传统中间业务领域、潜在客户和存贷款、系统安全运行和未来创新发展构成

① CNNIC：2015年第35次中国互联网络发展状况统计报告——网络支付渗透率达46.9%. http://www.199it.com/archives/326877.html.

威胁和挑战。

（一）“快捷支付”对传统支付的脱媒

“快捷支付”作为全新的支付理念，已成为国内网上支付体系的重要手段。“快捷支付”始自支付宝公司。对于喜欢网购的消费者来说，快捷支付并不是一件新鲜事儿，顾名思义，“快捷支付”主要体现在一个“快”字上，突出支付上的方便、简单和快捷。

网络上对“快捷支付”的释义是指用户购买商品时，不需开通网银，只需提供银行卡卡号、户名、手机号码等信息，银行验证手机号码正确后，第三方支付发送手机动态口令到用户手机上，用户输入正确的手机动态口令，即可完成支付。如果用户选择保存卡信息，则用户下次支付时，只需输入第三方支付的支付密码或者支付密码及手机动态口令即可完成支付。①

自2011年，支付宝在国内首家推出“快捷支付”功能以来，腾讯、百度公司也相继推出“微信支付”“百度钱包”等快捷支付类业务，极大地简化了网购支付流程，方便了消费者。数据显示，2011年使用“快捷支付”的互联网用户比例达到46%，人数超过4000万。吸引用户使用这一支付方式的因素，除了简便性和安全性之外，还有网站支持和优惠活动。到了2012年，与“快捷支付”合作的银行已有100余家；跟随支付宝之后，财付通、中国银联等支付机构以及一些大型银行也迅速开发了“快捷支付”产品，由此“快捷支付”成为中国电子支付史上发展最快的业务。②

---

① 百度百科．快捷支付．http://baike.baidu.com/link?url=EpY2iI7N1KMlWPH2bLbnjGuhv5Iy_.

② 孔祥玉．快捷支付迅速扩张　传统支付仍具竞争力．http://news.imosi.com/news/20120614/45615.shtml.

“快捷支付”的迅速发展直接瓜分了银行的传统支付结算业务，更直接导致银行网银支付业务的锐减，导致银行直接从“收账人”变成了“账房先生”，被动处理来自第三方机构的借记报文，不再认证客户的身份，不再掌握客户的支付行为。银行从客户支付结算的前线，倒退到了代理第三方清算的后方。随着利率市场化改革的逐步推进，银行业的“暴利”时代将一去不复返，回归“合理利润”是趋势所在。对此，银行业必须加快业务转型，调整利润增长模式，大力发展包括支付结算在内的中间业务。

（二）被挤占的银行结算和代理业务

第三方支付平台利用互联网金融迅速崛起的优势，用低于市场价格但等同于甚至优于传统银行的服务来挤占银行的结算和代理业务市场。

在支付结算上，支付宝、财付通、易宝支付和快钱等第三方支付平台可以为企业客户提供大额收付款、多层级交易自动分账和一对多批量付款等各种资金结算产品。此外，第三方支付平台已开始将资源优势延伸至线下，通过铺设 POS 网络和代收付费系统开展线下收单、医保支付等业务，对银行形成了新的竞争。值得一提的是，用户注册第三方支付账户后，即可通过互联网、手机等完成账户资金的转移支付，其中收付款管理、转账汇款、信用卡还款、网上缴费、网上基金、网上保险等与银行网银的功能并无明显差异，用户无须注册银行网银就能便利地实现大部分支付要求，使部分电子银行客户出现分流，第三方支付平台对电子银行产生的中间业务收入也形成了替代效应；在代理业务上，财付通等第三方支付平台可以为个人客户提供信用卡免费跨行异地还款、转账汇款、机票订购、火车票代购、保险续费、生活缴费等支付服务。第三方支付平台在基金代销支付市场中的力量日益增强，挤占了商业银行的代理收入。据人民网数据可知，2012 年中国部分上市银行中报显示，虽然有些银行代销基金规模同比增长可观，但代理基金收入跌落明显。2012 年上半年，农行实现代理销售基金收入 3. 37 亿元，与之对应的是 2011 年上半年，实现代理基金业务收入 6. 62 亿元。同时，招商银行代理基金收入从 2011 年上半年的 6. 65 亿元降至 2012 年上半年的 5. 42 亿元，同比下降 18. 5%。究其原因，与第三方支付机构“入侵”有关。目前，第三方支付机构除在结算、代理收付等中间业务方面与商业银行形成正面竞争之外，正加大力度发展代理基金销售业务，银行作为金融产品销售主渠道的垄断局面正在被逐步打破。尽管第三方支付机构参与基金销售，目前的交易量较小，仅仅扮演基金销售渠道的补充角色，对银行暂未构成实质性威胁，然而，目前大部分第三方支付平台的股票型基金申购手续费率为 0. 6%，而银行等传统渠道是 1. 5%，费率优惠成为第三方支付平台抢占市场的一大策略，随着交易量的逐步扩大，第三方支付机构在一定程度上将冲击商业银行传统的代理销售渠道，脱媒趋势明显，必将影响银行的代理业务收入。①

（三）被攫取的客户资源

第三方支付平台正不断蚕食着传统银行的现有客户和潜在客户，使商业银行潜在客户减少和现有客户流失。众所周知，使用第三方支付平台进行支付，必须要求用户进行实名注册和认证，这样，第三方支付平台就掌握了大量的客户信息资源，这为第三方支付平台积累了大量的客户数据资源，而且这些宝贵数据的获得还是免费的。另外，客户一旦与第三方支付建立起使用联系，二者之间往往就形成了强有力的关联黏

① 第三方支付对商业银行影响与挑战 . http://www. xzbu. com/3/view-4112418. htm.

性，无形中培养了客户使用第三方支付平台的习惯，客户也顺理成章地成了第三方支付平台其他业务的潜在用户资源。

（四）被争夺的移动金融入口

2014 年春节期间，互联网巨头通过“红包”和“网上叫车”业务快速占领移动支付市场，抢占移动金融入口。随后，各大银行积极推广手机银行业务，同时联合银联、运营商大力推行基于银联移动支付平台的 NFC 手机支付业务。但继打车大战后，支付宝作为第三方支付平台的先行者，现在显然已成为移动金融入口的“霸主”。在支付宝手机客户端的模式中，只要客户开立支付宝账户，绑定银行卡，就几乎无所不能：O2O 支付、P2P 支付、移动远程和近场支付、移动购物、移动缴费、移动还款、移动捐款、移动对账、移动优惠券、移动积分等，不一而足，快速颠覆着银行固有的金融模式。

第二章

网络理财

一、余额宝等“宝宝”类理财产品的汹涌来势

余额宝是金融创新的产物，是一项全新的余额增值服务，它的出现引起了经济界尤其是金融界的广泛关注。它被认为是继支付宝之后又一次改变了互联网的金融事件，它的汹涌来势给看似平静的金融业带来了很大的影响，也让金融大佬和普通大众都将目光投向了中国金融行业，充分燃起了民众对普惠金融的关注和热情，将一向稳如泰山的银行巨鳄毫不留情地卷入了由它掀起的金融浪潮中。

余额宝于2013年6月17日正式在网上上线。我们选取网络上多条关于余额宝自上线之日起创下的战绩来看它所带来的迅猛爆发力和前所未有的影响力。数据显示，截至2013年6月30日24点，上线不到半个月的余额宝，累计用户数已经达到251.56万，累计转入资金规模达66.01亿元。与余额宝对接的天弘增利宝货币基金规模达到556.53亿元，成为市场规模最大的基金。紧随其后，天弘增利宝货币基金（余额宝）的规模更是突破1000亿元，用户数近3000万户。天弘增利宝成为国内基金史上首只规模突破千亿关口的基金，在全球货币基金中排名第51位。到2013年12月31日，余额宝的客户数已经达到4303万人，规模达1853亿元，余额宝自成立以来已经累计给用户带来17.9亿元的收益，自上线以来，日每万份收益一直保持在1.15元以上，在所有货币基金中万份收益最为稳定，自成立以来的总收益水平稳居同类货币基金的第二位。[①] 2015年4月，余额宝以“全球第二”的规模逆市增千

① 余额宝规模达到1853亿元 累计发放17.9亿元收益. http://finance.qq.com/a/20140101/004373.htm.

亿。天弘基金一季报数据显示，余额宝对接的天弘增利宝货币基金一季度规模再增 1327.88 亿元，达 7117.24 亿元，余额宝规模首次突破 7000 亿元。受益于余额宝的强势增长，天弘基金公司截至 2015 年一季度末的总规模为 7274.04 亿元，稳坐基金市场头把交椅。此外，余额宝也顺利晋升全球第二大货币基金。[①]

余额宝一项项足以震撼人心的“辉煌战绩”不但让民众的理财热情不断高涨，也正式向大家宣告了一个不争的事实，银行独家安享平静金融霸主地位的时代已经结束，就像马云曾在其微博上狂傲地写道，“如果银行不改变，我们就改变银行”。也许在余额宝自问世以来七日年化收益率首次跌破 4% 的 2015 年，这句话已经不再那样让人倍感压力抑或热血沸腾，但余额宝自问世之日起就一路高歌猛进，涌向公众视野，银行固有的理财堡垒被彻底颠覆，普通民众的理财视野一夕间似乎豁然开朗，后续的种种事实证明，银行的奶酪已经被撬动，支付宝与天弘基金合作推出的理财产品余额宝，可以说是改变了互联网金融市场的格局，动摇着传统银行业的固有版图，更遑论其是夹带着高出银行理财收益的滚滚钞票而来，除去对银行业务版图的冲击，还有普罗大众对银行业固有垄断地位的口诛笔伐，冲击之势可谓凶猛异常。

同时，余额宝的推出也引起了其他各类“宝宝”类理财产品的问世，且多有不俗的成绩。2014 年一季度，除去余额宝以每万元 202.17 元的收益高居榜首外，微信理财通对接的其中一只货币基金华夏财富宝货币基金以每万元 165.85 元的收益位居其次，苏宁零钱

---

① 余额宝规模冲到全球第二位 . http://tech.gmw.cn/newspaper/2015 - 04/30/content_106306816.htm.

宝对接的一只货币基金汇添富现金宝货币基金则以每万元 160.25 元的收益位居第三。[①] 这些成绩无疑极大地唤起了互联网金融后续者的热情，这些以余额宝为代表的新型理财模式显示了比银行活期储蓄和短期理财产品更大的生机和诱惑力，有力地改变着大众的传统理财习惯，对传统金融企业特别是银行业产生了最为直接的冲击。

二、P2P 网贷的迅速崛起

如果 2013 年被称为中国互联网金融的元年，那么在 2013 年以前，中国普通老百姓对于理财的概念可能还停留在银行理财上，而最为大众所接受和使用的理财方式，就是储蓄。储蓄作为银行的一项重要业务，无论是定期储蓄还是活期储蓄，都有一个备受老百姓信赖和喜爱的特点，就是极高的安全性。所有普通老百姓往往把理财焦点放在银行的储蓄存款上。但从 2013 年开始，随着余额宝等一大批互联网理财产品的横空出世，老百姓越来越意识到自己手里的钱可以有更多的增值方式。在众多的互联网理财产品中，P2P 网贷因其高息宣传，迅速占领互联网理财市场。

据业内数据机构统计，截至 2015 年 12 月末，国内 P2P 网贷平台数量（含问题平台）已经超过了 4000 家，较 2014 年增加 139.3%。此外，在 2015 年第四季度，P2P 网贷全年成交量就已经突破万亿元。加之 2015 年 12 月 28 日下午，国务院正式公布《网络借贷信息中介机构业务活动管理暂行办法》（征求意见稿，以下简称《办法》），正式对外

---

① 一季度余额宝收益居榜首 每万元收益达 202 元 . http://finance. people. com. cn/money/n/2014/0403/c42877 - 24811990. html.

出台对网贷行业监管的细则，其中十二项禁令也为网贷设定了底线。使得网贷投资行业终于路走正途，得到官方的支持，对传统银行理财业务形成强势挑战。

第三章

网络银行

一、全国第一家民营银行——微众银行

2014年12月16日下午，全国第一家民营银行“深圳前海微众银行股份有限公司”依法核准，在前海注册窗口依法领取商事主体营业执照。深圳前海微众银行股份有限公司是国内第一家由民间资本发起设立并自担风险的民营银行，微众银行的主要发起人包括腾讯网域公司、百业源投资公司和立业集团等知名民营企业，注册地为深圳前海。微众银行注册资本30亿元人民币（实缴30亿元人民币），由腾讯、百业源、立业为主发起人，其中，腾讯认购该行总股本30%的股份，为最大股东。微众银行的经营范围包括：吸收公众存款，主要是个人及小微企业存款，主要针对个人及小微企业发放短期、中期和长期贷款；办理国内外结算以及票据、债券、外汇、银行卡等业务。微众银行主要以普惠金融为目标，致力于服务工薪阶层、自由职业者、进城务工人员等普罗大众，以及符合国家政策导向的小微企业和创业企业。主要经营模式是针对目标客户群的需求，通过充分发挥股东优势，提供差异化、有特色、优质便捷的存款、理财投资、贷款、支付结算等服务，全力打造“个存小贷”特色品牌。微众银行具有自身特色的科技平台，可将各类信息科技和生物科技充分运用到产品、服务和经营管理的各方面，从而显著提升客户体验、降低业务成本。微众银行还将在建立数据和先进分析方面增强核心竞争力，在深入了解和满足客户需求基础上构建更全面的风险管理机制。①

① 杨阳腾，文阳洋．全国第一家民营银行——微众银行在前海成立．中国经济网（北京），2014（12）．

微众银行自2015年5月正式营业以来，陆续推出微粒贷、微众银行APP、微车贷等产品，以个人贷款和大众理财为主的普惠金融产品服务体系基本成型，目前个人客户数已超过600万，客户资产超过200亿元。

2015年5月，微众银行正式上线微粒贷，开始进军普惠金融领域。根据微众银行的统计数据，截至2016年3月，微粒贷主动授信已经超过3000万人，累计发放贷款超过200亿元，70%的提款客户为大专以下学历，71%的用户为制造业、蓝领服务业等客户群体，提款客户覆盖了31个省、自治区、直辖市的354座城市。2015年9月，微众银行基于“互联网+”思维推出了联合贷款模式，把一批中小商业银行拉进微粒贷中，充分调动这些中小商业银行的存量资金优势，共同向个人和微企提供优质金融服务。微众银行已经签约的中小商业银行已经超过20家，有12家已经有实际业务发生，每日新发放的“微粒贷”贷款中，80%的贷款资金由合作银行提供。预计未来联合贷款规模将继续快速增长，成为“微粒贷”产品服务普惠金融的主要方式。此外，微众银行和国内一批有影响力的电商合作，用金融推进“互联网+”，推出了一个又一个创新型产品。比如，与优信二手车联合推出微车贷，支持老百姓买二手车。此外，还有缓解老百姓装修压力的微装贷、提升商家收款效率的点付宝等创新产品。除了个人贷款，微众银行还布局大众理财领域。在2015年8月推出首款独立APP形态产品，这款APP已经通过为用户优选出符合多种理财需求的金融产品，且支持实时提现，实现资金调度高效便捷。2015年，微众银行还投入巨大资源搭建完全自主可控的科技体系。在大股东腾讯集团的支持下，微众银行利用一整套开源技术，按分布式架构搭建技术平台，实现了“去IOE”（IOE指IBM、Oracle和EMC的缩写，分别是小型机、数据库和高端存储的领导厂商），目前，已有 21 项新技术应用申请国家发明专利。在自主可控的“去 IOE”科技架构基础上，2015 年微众银行上线核心系统 56 个，子系统 204 个，并将人脸识别、声纹识别、机器人客服等创新技术运用于实际业务场景。这套系统可以支持亿级海量用户及高并发交易，彻底改变了金融服务的成本结构，每个账户运维成本与同行业相比降低了 90%，并让微众银行与合作伙伴的对接更灵活和高效。

对于纯线上运营的互联网银行来说，要面临没有网点、没有营销人员、完全用机器替代人工，风控难度比传统银行更为复杂等问题。为此，微众银行在传统风控手段的基础上，引入神经网络、决策树和机器学习等国外新型风险识别模型和算法技术，陆续建立社交、人行征信、商户授信和反欺诈等系列模型，并在模型中注重运用消费、社交行为等动态数据，以及通过文字和图片解析的非结构化数据，真正实现基于大数据的风险模型构建。以微粒贷为例，微众银行通过腾讯的大数据分析，对 QQ、微信的用户进行多维度评定。评定的点包括用户的年龄、性别、兴趣爱好等特征以及社交、购物、游戏等行为，同时结合人行征信数据，形成对用户的诚信评级，决定用户可申请贷款的额度。据透露，微粒贷的笔均借款金额低于 1 万元，逾期率低于 0.3%，也就是说，微众银行的不良贷款率也将低于 0.3%。微众银行目前的风险管理指标数据远优于监管要求和同业水平。①

微众银行作为国家批准成立的第一家互联网银行，是落实国务院关于“金十条”的重要举措，是利用互联网金融发展普惠金融的又一大胆实践和创新，真正与传统银行相区分的无网点银行办公，开创打破传

① 时娜，张忆．微众银行交首份成绩单：个人客户已超 600 万．http://b2b.netsun.com/detail-6318407.html.

统银行垄断模式之先河，在我国金融发展改革之路上具有里程碑意义。主攻个人和中小微企业的优质金融服务模式必将充分调动市场热情，为创业者和投资人带来无限前景和生机。

二、马云的“银行梦归处”——网商银行

2015年6月25日，作为国内首批试点的五家民营银行之一，背靠阿里巴巴旗下蚂蚁金服的浙江网商银行正式开业，马云实现了他“希望能够做一家专注服务小微企业的银行”的梦想。网商银行与微众银行一样，主要专注于普惠金融服务，深耕传统银行“不屑为之”的小微企业与农户。

根据网商银行2016年2月29日公布的数据，该行已为逾80万小微企业累计放贷450亿元，贷款余额100多亿元，其中金额5万元以下的客户占比98%，是实实在在的小微普惠金融。而在风险方面，网商银行的不良贷款率不到1%，远低于银行业2015年平均的1.67%。① 作为互联网银行，网商银行可谓“名利双收”，既践行了普惠金融，又赚到了钱。

（一）旺农贷

2015年9月，网商银行上线农村金融专属产品——旺农贷，向农村地区提供互联网纯信用贷款，无需担保也无需抵押，最高可贷款50万元。传统上，农户要从银行获得贷款很不容易，银行的抵押担保要求高、业务流程慢，难以满足农户生产需求。大部分银行在农村基层也缺

① 网商银行如何耕耘传统银行的“盐碱地”. http://zhidao.baidu.com/daily/view?id=9453.

乏网点覆盖，服务能力跟不上，对农户的了解亦不足。为促进对涉农金融的支持，我国在政策上一直给予大力支持。以前有农业银行、农业发展银行等专业银行，结果是，农行在四大国有行中是历史包袱最重的，农业发展银行在三大政策性银行中，效益也最低。近年来，央行又对涉农、小微贷款占比高的银行“定向降准”，不过部分银行仍没有动力深挖这块市场。但网商银行依托于遍布农村基层的淘宝服务点，以及与邮储银行的合作，网商银行渗透到了中国农村社会的毛细血管中，解决了服务基层能力的问题。而各村的“淘小二”可以对农户进行初步的信用打分与审核，结合阿里系积累的农户电商交易数据，对贷款风险又进行了有效识别。“旺农贷”快速在大江南北开了花，淘宝的农村基层服务点、电商平台的大数据积累，都是网商银行解决农户普惠金融问题的独特优势，传统银行系统难以复制。目前，旺农贷已覆盖了全国 24 个省市区 139 个县的 2425 个村庄，户均支用金额为 4.4 万元。①

（二）口碑贷

2015 年 10 月 12 日，网商银行推出一款面向线下实体商户的贷款产品——口碑贷。口碑贷作为网商银行“小微企业成长计划”的一部分，致力于帮助解决小微企业融资难问题，该计划第一期面向淘宝、天猫平台上小微商家，提供了总额 60 亿元的信贷资金。口碑贷优先覆盖的是其口碑平台上的小微餐饮商户，根据商户的信用资质等情况来决定授信额度，每户的授信额度最高可以达到 100 万元，最长用款期限为 12 个月。自口碑贷推出之日起，口碑商户可登录支付宝 PC（个人电脑）版的“商家中心”或者新推出的口碑商户版 APP，在线申请贷款，无需

① 网商银行如何耕耘传统银行的“盐碱地”. http://zhidao.baidu.com/daily/view?id=9453.

抵押也无需担保。系统自动审批通过之后，商户便可立即拿到贷款。[①]

口碑贷，顾名思义就是利用用户以往积累下来的交易行为和信用口碑数据来作为其贷款的参考，网商银行根据客户的口碑信用来进行授信。口碑贷通过利用互联网数据，具备了较高的风险规避功能，一定程度上阻止了不良贷款的发生，也充分印证了互联网金融大潮下大数据的魅力和威力。

（三）信任付

2016 年 4 月 25 日，网商银行对外宣布，上线了一款名为“信任付”的产品，面向小微企业提供赊购赊销、短期融资等账期金融服务。小微企业可以通过信任付解决在上下游供应链中的应收应付账期不匹配、资金紧张等问题。目前，信任付已经先期接入阿里巴巴集团旗下 1688 平台和阿里云平台，试运行以来已经为 5 万家小微企业提供了服务，后续将逐步拓展至更多的平台和场景中去，让信用成为“流动”的财富。根据网商银行相关人士介绍，信任付产品是“嵌入式”的，深入到小微企业的经营环节和场景当中，切切实实帮助他们解决流动资金紧张的困难。先期选择 1688 和阿里云两个平台，可以通过嵌入到这两个平台，服务到线上线下、上游下游很多的小微企业、创业公司。[②]

---

① 零壹财经．网商银行推“口碑贷”线下小微商户最高可获 100 万贷款．http://bank.cnfol.com/hulianwangjinrong/20151012/21574962.shtml.

② 中国新闻网．网商银行推出信任付　为小微企业提供账期金融服务．http://money.163.com/16/0425/11/BLGCS4KG00254TI5.html.

转型与应对

第一章

“互联网＋”时代，银行让自己“轻”起来

互联网时代，金融的发展趋势正在从传统的高资本消耗、高成本投入、低效益效能的粗放及重型经营模式向内涵集约式的轻型发展模式转变。这些变化需要传统银行业顺应中国经济结构和金融业态轻型化发展的时代潮流，以轻型银行为方向，不断深入地推进战略转型。显然，规模取胜已经不再是银行业发展的优势和重点，为了避免尾大不掉的尴尬，银行业已在积极规划其发展方向的“轻”政策，弱化自身吸纳存款、发放贷款的规模和能力，存款利息不再是其唯一吸引银行客户的重点，银行把更多的业务放在了财富管理、消费金融、金融交易等方向上，积极拓展轻型业务市场。并广泛运用微信、微博、客户邀请码、手机二维码、掌上生活 APP 等新媒体、新平台，建立多层次、多样化的轻型智能服务模式。

一、招商银行的“轻型银行”战略

招商银行是我国境内率先由企业创办自负盈亏的商业银行，承载着中国改革开放的“蛇口基因”，其新推出的“一卡通”“一网通”等产品，开创了银行业客户账户和渠道服务的新模式。在此基础上，招商银行 2004 年启动零售银行战略转型，目前已成为国内零售银行的标杆。

2014 年，作为具有超强零售优势的招商银行，利用其优势，把“轻型银行”明确为其二次转型的方向，确立了以零售金融为主体，公司金融、同业金融协调发展的“一体两翼”转型目标。其“轻型银行”的本质是以更少的资本消耗、更集约的经营方式、更灵巧的应变能力，实现更高效的发展和更丰厚的价值回报。目前，招商银行的零售金融重点为财富管理、小微贷款和消费金融；公司金融着力打造交易银行与投资银行业务两大产品体系；同业业务则形成了以大资产管理和金融市场交易为双轮驱动的格局。

经过近两年的"轻型银行"战略，截至 2015 年上半年，招商银行零售金融效益指标持续向好，零售条线税前利润在全行占比攀升至 49%，同比提高 8.8 个百分点；成本收入同比下降 4.4 个百分点；RAROC[①] 同比提高 27.9 个百分点。此外，其资产管理规模接近 1.5 万亿元，较上年同期激增 80%；资产托管规模快速增长，托管资产余额近 5.3 万亿元，居市场领先地位，相当于再造了一个表外招商银行。[②]

同时，在"一体两翼"的战略框架下，招商银行以"流量、平台、数据"为结构布局，在互联网金融领域陆续小范围、试验性地作了一些探索。包括推出小企业 e 家、招赢通、智慧供应链金融系统等互联网金融产品；依托远程银行运营中心，打造以手机 APP 为中心的财富管理 O2O（Online to Offline，线上到线下）模式；借助无卡虚拟电子账户，利用移动互联网轻渠道和大数据技术，搭建大众客户获取的移动互联轻平台等。值得一提的是，招商银行的两件引起市场热议的创新举措。2015 年 9 月 21 日，招商银行在业内首推网上转账全免费，即所有招商银行的个人用户通过招商银行网上个人银行、手机银行 APP，均享受零费率；2015 年 10 月 15 日，招商银行又推出了"ATM 刷脸取款"业务，只需客户走到 ATM 前露个脸，再用手机输入手机号码、取款金额和密码，就可以取款成功。由于同时应用人脸识别、手机验证和密码三重验证，客户的资金安全也更有保障。[③] 从一系列切实可行的举措可见，招商银行的"轻型银行"轮廓已经初现。

---

① Risk Adjusted Return on Capital 缩写，即风险调整资本收益，是由银行家信托公司于 20 世纪 70 年代提出来的，其最初的目的是为了度量银行信贷资产组合的风险。

② 招行"轻型银行"战略成绩抢眼，互联网金融成未来创新重点．中国银行业杂志，2015（10）.

③ 招行首露互联网金融创新策略，"轻型银行"成效初显．羊城晚报，2015（10）.

从招商银行的"轻型银行"战略举措中可以看出，招商银行在发展应对上能敏锐地把握市场发展动态，并对自身优势做出积极的战略判断。超强的零售、专业的金融资产组织和风险控制能力，是招商银行的最大优势，其充分利用这些优势，结合互联网金融，积极做减法，以更少的资本消耗获得较高的收入增速，战略上取得了显著的成效，在互联网金融大潮滚滚而来的今天，依然保持了其国内零售银行标杆的地位。

二、兴业银行的"轻资产、轻资本"发展方向

2014年9月开始，兴业银行开始着手关于"轻资产、轻资本"的内部改革。兴业银行的"轻资产、轻资本"的战略重点是，从过去重资产、重资本向轻资产、轻资本的方向发展，尽可能减少业务发展对资本的消耗。兴业银行的轻转型，从长远的角度来看：一方面是传统业务的重心下沉，更多地为中小、小微企业和居民个人服务，这既符合国家的政策导向，又能做到风险的分散、资本的节约，并尽可能地保持一定的利差；另一方面通过大投行、大资管、大财富管理，实现比较少的资本占用、甚至不占用资本，增加银行存贷业务之外的其他业务收入。

在如何实现"轻资产、轻资本"的发展战略上，兴业银行着力推进五个方面转变：一是从充当社会信用中介、资金中介向充当信息中介、资本中介的角色进行转变；二是从单纯的参与信贷市场向参与包括信贷市场、货币市场、资本市场、期货市场、外汇市场等在内的整个金融市场转变，从重资本消耗向轻资本使用转变；三是从重资产、重资本业务向轻资产、轻资本的业务结构转变；四是从持有资产向交易管理资产转变；五是从"融资"向"融智"转变，开展综合金融服务，提供整套金融解决方案。为实现上述转变，兴业银行在业务布局上着力打造"一体

两翼”的专业服务体系。“一体”，即以传统银行业务为主体，强调重心下沉，大力发展小微、零售客户，拓展低成本负债和高收益资产来源，维持稳定的利差水平；“两翼”，即批发银行业务和财富管理、资产管理业务。其中，批发银行业务强调以“大投行”理念为引领，提供综合性服务，主要服务于大型机构客户；财富管理、资产管理包括私人银行业务，强调以“大资管”理念为引领，整合国际国内最优秀的金融服务资源，开展横跨资本市场、货币市场、债券市场、银行间市场、非银行金融机构市场等多个市场的综合运作，形成强大的投资咨询、资产管理以及交易服务能力。同时，兴业银行侧重以城镇化金融业务、环境金融业务、养老金融业务、中小银行机构与非银行金融机构综合服务业务、资本市场直接融资服务业务、资产管理的投资与托管服务业务、交易银行业务等七大类别业务为重点，规划和打造集团核心业务群。

为了实现“轻资产、轻资本”的战略目标，兴业银行这两年还在积极培育核心业务群。主要在七个方面打造核心业务群，即城镇化金融、环境金融、养老金融、同业服务金融、资产管理的投资与托管服务、资本市场直接融资服务和交易银行。对于城镇化金融和养老金融，兴业银行认为未来的市场机会和发展空间很大。而环境金融方面，经过多年积累，兴业银行在品牌、制度、人才、产品等方面已经形成了国内独特的金融品牌，属于“传统强项”。同样，兴业银行的同业服务金融也已经成为一项特色业务，为中小银行、非银行金融机构服务，培育了较大的客户群体，也体现了普惠金融的理念。关于资产管理的投资与托管服务和资本市场直接融资服务，目前兴业银行已经初步建成一些平台，比如信托、基金等，未来计划让部分业务公司化运作，形成更强的协同效应。交易银行也会作为核心业务，因为银行与非银行金融机构最大的区别就在于有支付结算的工具，银行在这一方面要大胆创新，把自身优势充分发挥出来。

经过实践和努力，兴业银行的“轻资产、轻资本”战略已见成效。2014年，在经济下行背景下，兴业银行总资产和总负债同比增长19%左右；在2014年年末的资产结构中，传统贷款占比仅为三成左右；负债结构中，传统存款占比仅为五成左右；同业负债稳定增长，在总负债中的占比略有提高，其中非存款类金融机构款项较存款类金融机构负债有更快增长。2014年该行累计发行NCD①市场占比超18%，行业领先；同时，在利率市场化快速推进过程中，该行净息差不仅没有出现大幅缩窄，反而有所提升；投资银行方面，2014年兴业银行非金融企业债务融资工具承销规模超过3100亿元，同比增长超过30%，主承销规模市场份额连续三年保持同类型银行第一。资产托管方面，到2014年年底，该行托管资产净值约4.7万亿元，超过同期全行表内总资产，位居全行业第四。2014年全年实现资产托管业务手续费收入40多亿元，同比增长超过25%。其服务中小金融机构的银银平台联结网点已超过4万个，科技输出不断扩大，成为国内最大的商业银行系统提供商之一；互联网金融业务取得突破，截至2014年年底，“钱大掌柜”线上签约总客户数超过100万人，“掌柜钱包”资产管理规模超过550亿元，直销银行全年累计销售各类理财产品超过680亿元。在该行领先的绿色金融方面，截至2014年年底累计为3400多家企业提供了绿色金融融资5558亿元，绿色金融融资余额达2960亿元。②

从国际成熟银行发展的共性来看，高度重视并重点发展轻资本业务已经成为全球主流银行的共同趋势，而兴业银行“轻资产、轻资本”

① Non-Convertible Debenture缩写，不可自由兑换债券。
② 薛亮．兴业银行转型战略：轻资本、高效率．金融时报，2015（5）．

的战略显然顺应了这一主流趋势，通过其敏锐的市场意识，通过五个方面转变和七个核心业务群的打造，形成了门类比较齐全、牌照比较丰富的金融市场业务体系和较大的市场影响力，在互联网浪潮下，为其未来业务持续转型打下了坚实的基础。

三、平安银行的个人网银 2.0

2015 年 11 月，平安银行推出个人网银 2.0（以下简称“网银 2.0”），在页面设置、转账汇款、客户服务和账户安全等方面都进行了全面的升级。

在页面设置上，网银 2.0 按照扁平化设计的思路，简化服务种类，优化操作流程，统一产品视效，对产品功能菜单进行了重新布局。通过情景化设计，把操作融入流程中，优化菜单结构，减少菜单数量，使导航清晰、界面简洁，突出重点，“所视即所得”，建立起了一套“简而美”的界面和列表语言，实现极富个性化的贴心客户服务。用户可根据自己的服务需求自定义快捷导航或通过搜索功能，直接快速进入功能。此外，网银 2.0 对网银的功能进行封装，如转账、信用卡还款、平安盈、定活通等，每个功能就是一个独立的应用。每个应用都是一个独立的产品，通过减少操作步骤，提升系统的响应效率，让客户在更短的时效内完成操作。网银 2.0 的菜单整合升级，既符合现在流行的互联网化应用设计，又结合平安银行的特有产品和服务场景，让客户感受“极简之美”的视觉升级。

在转账汇款方面，网银 2.0 对转账的类别进行整合和简化，转账时无需再烦琐地区分转入账户是否为“同行同城、同行异地、跨行同城以及跨行异地”等各种类别，只需根据提示选定转出账户，系统将自动显示可转出的金额信息，并指引用户完成收款人信息的录入和确认后快速汇款。网银2.0的转账功能自上线试运行以来，转账整体流程转化率上升至90%以上，转账系统时效加速达22%。

在为客户服务方面，网银2.0对用户行为、状态、资产进行交叉分析，围绕用户需求，创新产品设计，深化营销服务，首推开放式智能理财平台，可根据用户资产、风险偏好、交易记录等大数据的运用，与精准营销平台实现关联对接，为用户定制推送不同的产品和服务信息，让客户随时掌握更精准的资产及产品动态，合理配置个人资产。另外，用户可根据个人投资需求，自定义筛选理财产品，可快速找到想要的产品，并可将产品按收益率、期限、投资起点进行排序，轻松定位产品的选择范围。产品列表页突出展示客户关注的产品要素，界面上直观地展示了产品的预期收益率、剩余额度、产品期限等信息，更开发了理财计算器，可快速根据客户的投资金额计算预期可得的收益，让客户能更全面地了解产品信息，从而选择更合适的产品。

在账户安全方面，网银2.0加强事前和事中的风险管控，梳理和完善了现有的各项安全措施，重新分类汇总，在安全中心集中展示，逐条呈现，用户可以一目了然地按个人需求使用安全功能。通过一站式检测，更简单直观地展现用户账户安全状况，更清晰地引导用户提升安全等级，优化安全体验，消除用户的后顾之忧。①

从平安银行“网银2.0”的推出，可以看出其无论是从产品页面设计、操作流程还是功能模式上都充分体现了互联网时代“以用户为中心”“服务至上”的全新用户体验理念，满足了客户的个性化需求。过去高高在上的网银服务来到了客户中，从客户角度思考和设计运行模

---

① 平安银行个人网银2.0全新上线　开启智能化网银新时代. 中原财经，2015（11）.

式，满足客户使用上的方便和利益最大化。业界认为，平安银行“网银 2.0”的推出，开启了智能化网银的新时代，而随着互联网金融大潮的席卷，可以预见，这已不仅开启了网络智能化，而且将转变服务模式的银行业带向了互联网服务模式的新高度。

第二章

银行网点的轻型化改造

在互联网金融高速发展的带动下，银行客户需求正在发生改变，大众在支付、理财、投资等方面有了更加多样的选择，电子交易渠道的开通使得客户对银行物理网点的依赖程度也在降低。根据中国银行业协会发布的数据显示，2015 年，中国银行业离柜交易金额达 1762.02 万亿元，同比增长 31.52%，行业平均离柜业务率为 77.76%，同比提高 9.88 个百分点。同时，2015 年全国自助银行 17.05 万家，新增 2.06 万家，增幅为 13.74%；自助设备达 82.88 万台，同比增长 13.92%；创新自助设备 2.25 万台，无障碍自助设备 3354 台。银行物理网点的增长迅速放缓，部分银行甚至出现了负增长。2015 年，工商银行和中国银行在营业网点的数量上分别减少了 26 个和 6 个，其中工商银行已经连续两年出现了营业网点减少；部分股份制银行的网点增速也大幅下降，如民生银行在 2014 年增加了 166 个营业网点，而 2015 年仅增加了 80 个；兴业银行、中信银行 2015 年的网点数量也有着不同程度的减少。在中国银行 2015 年业绩发布会上，中国银行行长陈四清表示，虽然中行网点在大银行当中不算多，但已不准备再扩张物理网点。平安银行行长邵平在 2015 年业绩发布会上也表示，未来三年，平安银行物理网点发展数量将明显放缓，并将对部分区域分支行的网点数量予以压缩。过多、过于密集、布局不合理的物理网点只会徒增成本。① 招商银行行长田惠宇也早在 2014 年的第一次临时股东大会上表示，银行网点建设方面已经制订了五年规划。未来网点建设的基本策略是要轻型化，即不搞或少搞大规模的综合性网点，多建专业化小型网点，既能够保持网点的发展速度，降低成本收入比。此外，未来网点的开设将主要集中于经济

① 林晓丽. 电子渠道替代率上升　银行为减成本开始缩网店. http://www.zx017.com/Html/Manage/2016/4/6, 43, 4619791_1.shtml.

发达地区，除了建设物理网点，更要加大电子银行和互联网布局，进一步提高电子银行交易的占比。①

从以上数据可以发现，我国银行客户的行为模式和需求正在发生改变，客户的偏好从“面对面的柜面交易”向更为便捷的电子渠道转移。客户对银行网点的依赖越来越少，银行业交易渠道也越来越朝着电子渠道方向发展。

同时，据银行人士透露，零售最大的成本是租金和人员。股份制银行一家综合性支行网点一年运营成本是1000万元左右，个别大型网点算上营销激励要1500万元~2000万元，国有大型银行网点成本较股份制银行低。② 在传统网点业务功能逐渐被淡化，银行净利润增速逐渐放缓之时，这样的成本支出，显然是需要转型和改变的。

总体来看，银行网点的轻型化改造既是大势所趋，也是银行转型发展的机遇。

一、智慧网点建设成银行网点转型利器

中国银行业协会发布的《2014年度中国银行业服务改进情况报告》显示，2014年，中国银行业金融机构离柜交易达1167.95亿笔，比上年增加204.56亿笔，增长21.23%；交易金额达1339.73万亿元，比上年增加203.33万亿元，增长17.9%。丰富、方便、快捷的互联网电子金融服务，受到广大客户欢迎，使银行业平均离柜率达到67.88%，同比

---

① 杜雅文．招行新增网点将以轻型为主．http://roll.sohu.com/20140113/n393427223.shtml.

② 林晓丽．电子渠道替代率上升银行为减成本开始缩网点．http://www.zx017.com/Html/Manage/2016/4/6，43，4619791_1.shtml.

增加4.65个百分点。[①] 在互联网金融的汹涌来势推动下，过去大型银行引以为荣的、遍布全国的传统物理网点遭受冲击，银行方面必须与时俱进，进行改革，增加更多的服务功能和用户体验，防止未来尾大不掉现象的发生。

在互联网金融的冲击下，银行的网点是否有撤掉的必要呢？显然这不能一概而论。在我国的中西部地区，银行的传统物理网点仍然有着不可替代的作用。但综合来看，设立银行网点的重点区域从东部向中西部地区转移已是大趋势。

据统计，截至2014年年底，中国银行业金融机构网点总数达到21.71万个，新增营业网点6800多个，在全国49个金融机构空白乡镇、2308个城镇社区和318个小微企业集中地区均增设了银行网点，50多万个行政村实现了基础金融服务全覆盖。由此可见，在金融服务覆盖不足的地区，银行网点依旧发挥着重要的普惠作用。不仅如此，在一些商业银行看来，从现在开始布局西部地区网点，既可满足当地金融需求，更是银行本身的战略性考量。如恒丰银行在2015年3月26日正式宣布设立该行在云南省的首家二级分行——曲靖分行。恒丰银行有关负责人表示，正是考虑到云南面向西南开放桥头堡建设的推进，曲靖的区位优势、战略地位突显，为金融业的发展创造了良机。此外，另一个值得关注的现象是，外资银行在网点布局上的加速推进，随着《外资银行行政许可事项实施办法》的发布实施，汇丰银行、恒生银行等均开始了在物理网点上的新一轮布局。上海银监局提供的数据显示，截至2014年12月末，上海外资法人银行全国共设分行215家（含筹建）、支行487家，比5年前增长73%。上海外资法人银行网点从沿海发达城市不

---

① 羽冰．银行网点转型锁定“智慧金融”．经济日报，2015年4月9日．

断向内陆中西部城市扩张，目前已分布32个省区市。“恒生香港新增中小企业客户，有超过一半是来自内地的，无论是对公还是对私，中国内地背景的个人和企业客户增长量都非常大了。”恒生中国副董事长兼行长林伟中在接受《经济日报》记者采访时表示，现在很多内地企业都在“走出去”，中西部企业的需求增速可能比沿海地区还要快。因此，恒生中国在网点布局上，除了长三角、珠三角和北京地区外，也开始对西部进行补充。[①]

综合来看，传统银行物理网点不可能被完全撤销，但变化却是一定的，而这种变化更多的应该是银行对智慧网点的布局和打造，发展智慧金融。而智慧金融这一概念，也可以算是在互联网金融的带动下产生的，它的发端并不在银行领域，而是在互联网领域。可以说，智慧金融首先是一个技术问题，然后才是业务问题。互联网巨头们率先通过互联网技术打开了金融的新渠道，而再将移动平台、智慧技术、移动技术和大数据等进行综合构建，进一步扩大和利用它们。对此传统银行也在积极运用和布局，各大银行已经纷纷开启自己的“智慧网点”布局，努力利用互联网技术优化服务、改善体验和提升效率，角力智慧网点发展新蓝海。

（一）工商银行的智慧网点

所谓“智慧网点”的“智慧”，并不是简单的科技提升，而是将科技创新融入人性化的管理，从而引导和改变客户的业务办理习惯，提升客户的体验感受，进而使网点运营从业务结算型向营销服务型转变，有效提升网点产能。“智慧网点”还有别于“智能网点”，其建设的出发

① 羽冰．银行网点转型锁定“智慧金融”．经济日报，2015年4月9日．

点是要将人本管理与科技创新完美结合。[①]

工商银行是国内较早布局智慧银行的商业银行之一，早在2012年，工商银行就开始在深圳开立智慧银行网点，并不断迭代更新。2012年6月，工商银行深圳卓越时代广场支行作为第一期项目试点正式营业；2013年年末，深圳分行智慧银行网点第二期项目开始在东环支行试点；2014年5月工商银行在深圳龙华支行营业部扩大试点。2014年12月，工商银行先后在北京中关村、西单开设两家智慧银行网点。2015年，工商银行加大网点智能化改造力度，在江苏、广东、上海、重庆、福建、云南、山东、海南、湖北、内蒙古、甘肃等省份的多个城市建立智慧银行网点或者设立智能化服务体验区。在工商银行智慧银行新颖的形象和用户体验背后，其所体现的核心内容是商业银行积极应对当前银行传统网点面临的挑战，充分利用最新的信息技术成果，改造银行服务模式和业务流程，提高金融服务效率，贯彻以客户为中心的服务理念。[②]

（二）中国农业银行的“超级柜台”

2014年9月18日，中国农业银行首创研发的“超级柜台”新型运营服务模式正式推出。该模式打破了传统的银行业务处理流程，通过人工智能触屏引导，实现绝大部分个人客户非现金业务的快速处理，业务办理效率提高四至七倍。具体操作上，客户可在农业银行营业网点的“超级柜台”机器上，使用身份证自主发起业务申请，并可一次勾选多项产品，后台处理成功后，会打印出综合业务受理书，客户只需签名一次即可。受理业务确认后，系统会一次处理多个产品交易，且将一笔业

① 万娉慈．中信银行“智慧网点”开启全新“金融服务时代”．江门日报，2016年4月29日．
② 刘宏振．工商银行智慧网点创新银行服务模式．中国金融，2015年7月15日．

务同时分发给后台不同岗位人员并行处理，极大地缩短了业务办理所用时间。诸如，原柜台耗时平均约 20 分钟的理财产品风险评估、签约申购业务，在“超级柜台”机器上操作，仅耗时 4 分 30 秒。为了避免效率大幅度提升后导致的风险控制的弱化，农业银行“超级柜台”重构了银行传统的风险控制模式，客户身份由后台专业人员集中审核。同时，大堂工作人员进行操作辅导，并在业务操作成功后进行最终确认核实，实现前后台双重控制。“超级柜台”目前已覆盖个人开卡、电子银行签约、账户挂失、个人结售汇、西联汇款、跨境汇款等 50 多项产品。“超级柜台”已在深圳、北京、江苏、湖北、山东、广东等 6 家分行 240 余家网点应用。其中，北京 12 个网点布放 15 台“超级柜台”，单台日均业务量达 500 笔，远超过以往 1 名柜员的日均业务交易量。①

农业银行“超级柜台”通过用户的自助操作，能够完成理财产品面签、电子银行开办和银行开户等业务，相当于分流了一半左右的实体柜台业务量，效率的提升大大减少了银行的人力资源成本，推动了农业银行网点由交易处理向营销和服务上的转型，也使得银行服务成为开放式的平台，为未来银行搭载更多超空间服务奠定了坚实的基础，对银行物理网点的功能定位产生了深远的影响。

（三）中信银行的别样智慧网点打造

2014 年 3 月，中信银行首家智慧网点旗舰店在广州开门营业，之所以说中信银行的智慧网点是“别样”的，是因为中信银行将它的智慧网点与咖啡、甜点、图书等生活元素相融合，通过宽敞、舒适和雅致的环境给客户以“温暖、幸福、家一般”的感觉。中信银行打造的

① 孙璐璐．农行首创“超级柜台”面世．证券时报，2014 年 9 月 19 日．

"新形象、新服务、新体验"的"智慧网点"开启了全新的"金融服务时代"。

1. 优雅舒适，充满现代感的智慧环境

中信银行的智慧网点以中信银行的企业形象色红色为主基调，在体现中信企业风格的同时给人以较强的现代视觉冲击力；在智慧网点的装饰选材上，中信银行采用的是铝板、亚克力、布艺等新型环保材料，杜绝了光污染和环境噪音对客户的影响，给人以私密、舒适的体验环境。

2. 高效、快捷的客户动线管理

各家银行曾经为如何解决客户排队等候这一问题所困扰。为转变客户"到网点直奔柜台"的行为习惯，在硬件方面，中信银行重新调整了网点室内功能分区，一方面让客户尽可能在大堂经理和引导员的帮助下自助完成交易，另一方面为客户创造出更多沟通、交流及体验的机会。为此，中信银行根据客户动线规律和模块化布局思路，将智慧网点由表及里划分为了三层级，第一层级由欢迎引导区、自助银行区、营销体验区、贵金属展示区组成，主要提供迎客、咨询、体验、宣传、自助办理等功能。第二层级由电视营销区、非现金服务区、理财服务区、现金服务区四个区域组成，主要提供各类业务人工办理功能。第三层级主要是贵宾服务区和后台功能区，均为相对独立分区，最大限度地实现客户快速分流，有效避免不同层级客户间、内部员工与客户间动线的交叉干扰。同时，在科技支持方面，大堂经理通过手持厅堂营销平板电脑快速洞察客户类型、金融资产配置情况、销售记录等，对客户进行有效分流及针对性营销。①

---

① 中信银行智慧网点开启全新金融服务时代 . http://www. js. xinhuanet. com/2016 - 04/19/c_1118671756. htm.

3. 智能化、自助式的业务办理

在当今的移动互联时代，从2014年年末已披露的上市银行年报来看，全国个人网上银行客户数已超6.65亿，全年手机银行客户交易金额达到30万亿元，各家银行电子渠道对物理网点业务的替代率均超过80%。如何在银行网点实现更全面的线上线下互联互通？中信银行智慧网点做出了很好的示范。其网点除了配备常规的自助现金类设备外，还配备了智慧柜台、预填单机、网银体验机、手机银行体验机等大量电子渠道交易设备。尤其是中信银行智慧柜台的成功运行，实现了开卡、转账、理财签约等大部分个人非现金业务从高柜向低柜及自助设备迁移，并大幅提升了相关业务办理效率。智慧柜台具有友好的界面及流程设计，仿佛银行职员一步一步地亲身引导，使客户操作体验更加直观简便，仅一笔借记卡发卡业务就较柜面节省十分钟左右。同时，柜台员工也可联动获取客户预填单结果，并快速完成业务办理。此外，该网点大堂经理还可通过移动设备在线办理贷记卡申请，并实现现场制卡。客户可以通过自己的手机，扫一扫网点内随处可见的二维码，及时了解和购买感兴趣的金融产品。①

4. 多样性、立体化的营销体验

中信银行智慧网点将传统纸媒、实物展示与多媒体互动展示有机结合，将无形的金融产品有形化包装宣传，为客户提供视、触、听全新体验，有效增强网点营销的宣传效果。该网点营销体验区引入21.5寸触控一体机、手机、平板电脑等设备，将客户被动接受信息转变为客户主动浏览服务项目。同时，中信银行研发的数字标牌系统配合大尺寸拼接

---

① 中信银行智慧网点开启全新金融服务时代. http://www.js.xinhuanet.com/2016-04/19/c_1118671756.htm.

显示屏，不仅可以为等候客户提供最新政策及产品信息，还可举办现场营销及专题金融讲座。此外，在智慧网点搭建的三方展示平台及贵金属展示区，集中宣传合作公司产品及实物贵金属，能达到良好的立体交叉营销效果。智慧网点内的厅堂营销系统，拉近了客户与大堂经理之间的距离，当客户对平板电脑中某一产品感兴趣时，可直接点击“关注”或“呼叫大堂经理”，客户经理的手持设备就会收到信息，并尽快为客户提供细致的咨询服务。①

5. 生活化、个性化的增值服务

在社会公众的印象中，银行一直是庄重、严肃的场所。而中信银行智慧网点通过现代、时尚、舒适的设计，打破客户对传统银行的认知，在网点不仅可以办理金融业务，还可以喝咖啡、吃甜点、打游戏等。也许在不远的未来，去银行坐坐也会像去咖啡馆休息一样平常。中信银行智慧网点秉承“生活处处离不开金融”的理念，在网点内引入中信书屋、咖啡吧、甜品区、儿童游戏区等生活化区域，同时，还引入旅游、教育、医疗等非金融机构合作伙伴，为客户一站式服务解决多种问题，打造更加完整的生活金融圈，助力客户的幸福生活。②

6. 精细化的厅堂全流程管理

华为公司曾表示其成功秘诀就是“管好人、分好钱”，智慧管理的目的就是要解决好客户、员工、绩效的问题。中信银行智慧网点通过厅堂营销系统，实现有效的厅堂管理和销售管理。大堂经理通过刷卡或刷身份证有效识别客户身份，了解客户信息、查询客户销售线索记录、转

① 中信银行智慧网点开启全新金融服务时代. http://www.js.xinhuanet.com/2016－04/19/c_1118671756.htm.

② 中信银行智慧网点开启全新金融服务时代. http://www.js.xinhuanet.com/2016－04/19/c_1118671756.htm.

介等情况，并准确把握客户意向，让客户在办理业务的第一步就能有贴心的感受，大幅提高转介成功率。同时，大堂经理还可通过智能排队系统进行有效队列管理，进一步缩短客户等候时间。此外，网点负责人通过积分考核系统对员工的转介销售、积分计算、个人业绩等进行实时统计，并为晨夕会、绩效奖金等提供数据支持。[①]

中信银行智慧网点的推广，充分体现了其与时俱进的同时重视用户体验和服务，以客户为中心的企业经营理念说明了，把客户放在最核心的位置是银行网点转型的必然选择。

（四）广发银行的“智慧营业厅”

2013 年开始，广发银行在全国 600 多个网点铺设 WiFi，为客户提供免费的无线网络服务。通过改进网点设备，为客户提供省时、省心、省钱的服务，打造实实在在的银行“智慧营业厅”。在营业厅的电子银行体验区，客户不仅可以用自己的手机、平板电脑，也能用银行提供的最新款手机、电脑、平板等设备轻松查询账户、理财产品、贵金属行情等信息，还可以直接办理信用卡还款，缴纳水电煤，充话费，购买电影票、彩票、机票等增值服务。广发银行智慧营业厅的推广，就是为了配合其智慧金融的整体战略。

随着互联网金融的迅速发展和银行转型呼声的日益高涨，广发银行顺应形势，通过对市场、客户以及自身的深入分析，确立了科学的转型发展战略，积极布局智慧金融体系，全面多维度转型，力求成为银行业中的“最高效中小企业银行”和“最佳零售银行”，形成差异化竞争优势。

---

① 中信银行智慧网点开启全新金融服务时代 . http://www. js. xinhuanet. com/2016 - 04/19/c_1118671756. htm.

在网点建设方面，广发银行已经开始在全国热点区域的自助银行设立24小时智能银行，智能金融服务区里的VTM（Video Teller Machine，远程视频柜员机）使客户能通过视频设备，体验24小时一对一的远程服务，形成“以客户为中心”的立体化智慧金融服务体系，打通普惠金融“最后一公里”；在支付结算方面，随着智能手机和4G网络的快速发展，移动支付市场呈井喷式发展，广发银行领先同业推出了基于HCE技术、云端支付技术的“云闪付”服务。“云闪付”相较传统的移动支付产品，无需购买额外的硬件，也无需客户临柜重新开卡，其申请、交易流程都十分便捷。客户通过此服务，购物消费只需用手机在POS机上扫一下，就能直接付款。目前，广发银行已拥有超过800万网上银行客户和200万手机银行客户，电子渠道柜台替代率突破90%，远超同业平均水平，未来将以成立网络金融部为契机，通过业务整合和网络金融工具渗透，打造新的零售业务作业模式；在存款方面，2016年年初，广发银行推广了自助设备跨行存款业务，客户可在该行开通跨行存款功能的自助终端上，将现金存入其他银行的储蓄卡上，该业务的上线，结束了银行自助终端仅能跨行取款而不能跨行存款的历史，满足了客户多方位的金融需求，目前广发银行自助设备跨行存款功能可受理5家全国性银行（中行、中信、兴业、平安和民生银行）和95家区域性银行跨行存款业务，覆盖范围广。①

广发银行通过“智慧营业厅”的推广，完善和贯穿了其整个智慧金融的布局。

差异化的金融服务模式，抓住了互联网金融的发展机遇，拓展了自己的业务领域和模式，提升了客户总额，实现了从粗放式经营向精细化

① 广发银行“智慧金融”助推“普惠金融”．阳江日报，2016年1月20日．

管理的转型，推进了其由传统业务向新兴业务延伸的步伐。智慧金融的布局，挖掘了广发银行在互联网金融时代的新价值，方便客户在广发银行的物理网点、网上银行、手机银行、电话银行都能一站式地获得全方位、便捷、高效的现代金融服务。

（五）招商银行的 ATM“刷脸取款”业务

2015 年 10 月，一直走在互联网转型前端的招商银行宣布推出了“ATM 刷脸取款”业务，这是国内银行首次将人脸识别技术应用到自动取款机上。用户可通过“刷脸”、手机号码和密码实现取款业务。具体操作方法是，只要用户在 ATM 机屏幕首页点击选择“刷脸取款”功能，将脸对准摄像头，3～8 秒后系统给出验证结果；验证成功后，客户需输入手机号码；最后，输入取款金额和密码，就可完成取款。值得注意的是，“刷脸取款”中的重要一环，即“人脸识别过程”需要较高的技术含量完成，以保证取款人正确识别性。据招商银行相关工作人员介绍，招商银行的“刷脸取款”应用了“三维成像技术”，可帮助排除视频、照片等平面影像，还可进一步利用核心算法对人的脸部的五官位置、脸型和角度进行计算分析，保证较高的识别准确率。同时，有人的场景使用人脸识别，可以帮助招商银行收集大量可信片源。目前，招商银行每天收集到的客户数有 6 万多，随着片源库的快速增长，取款人的正确识别性将会越来越好。现在招商银行“刷脸”取款的每日限额为 3000 元。招商银行已对深圳和上海的少量 ATM 机进行改造，接下来还会对全行的 ATM 机进行评估，如果条件合适，会对这些机器进行改造。[①]

① 邓莉苹．这家银行好先进：不带卡不预约，走到 ATM 机面前刷脸就能取钱．每日经济新闻，2015（10）．

在互联网金融风起云涌的今天，人脸识别技术显然为银行的业务拓展提供了很大的想象空间，为更大化地优化用户体验提供了可能，无需插卡、无需预约的取款模式，为客户带来了不同于传统取款模式的全新的便利体验。

二、直销银行成银行业“互联网+”试水平台

随着互联网金融的迅速发展，面对转型变局，很多银行把直销银行作为其互联网金融发展的试水平台，直销银行的基本服务包括存款、贷款、理财等。很多银行还在不断发展和丰富自己的直销银行产品，用实际行动不断打破外界对直销银行的质疑。

截至2016年5月，国内直销银行已达60多家，股份行与城商行是其中主要参与主体。[①]

（一）直销银行的迅猛发展

所谓直销银行，是指金融业务的拓展并不以柜台为基础，打破了时间、空间、网点的限制，主要通过纯线上提供金融产品和服务，具有收益更高、服务更方便快捷、收费更低等主要特点。[②]

直销银行是互联网时代应运而生的一种新型银行运作模式，在这一经营模式下，银行没有营业网点，不发放实体银行卡，客户主要通过电脑、电子邮件、手机、电话等远程渠道获取银行产品和服务，因没有网

① 刘筱攸．三个例子说明60家直销银行怎么分化．http://money.sohu.com/20160509/n448368021.shtml.

② 江苏银行直销银行上线．http://finance.sina.com.cn/money/bank/ywycp/20140808/181819957442.shtml.

点经营费用和管理费用，直销银行可以为客户提供更有竞争力的存贷款价格及更低的手续费率。直销银行可提供线上和线下融合、互通的渠道服务。线上渠道由互联网综合营销平台、网上银行、手机银行等多种电子化服务渠道构成；线下渠道采用全新理念建设便民直销门店，其中布放 VTM（Video Teller Machine，远程视频柜员机）、ATM（Automatic Teller Machine，自动提款机）、CRS（Cash Recycling System，自动循环存取款机）、自助缴费终端等各种自助设备。早期直销银行产生于 20 世纪 90 年代末北美及欧洲等发达国家，因其业务拓展不以实体网点和物理柜台为基础，具有机构少、人员精、成本低等显著特点，因此能够为顾客提供比传统银行更便捷、优惠的金融服务。直销银行鼻祖是 1965 年成立于德国法兰克福的储蓄与财富银行（BSV）。在近 20 年的发展过程中，直销银行经受了互联网泡沫、金融危机的历练，积累了成熟的商业模式，成为金融市场重要的组成部分，在各国银行业的市场份额已达 9% ~ 10%，且占比仍在不断扩大。面对国内互联网金融的飞速发展，客户消费习惯的转变以及银行利率市场化步伐的加快，直销银行成了国内银行业应对互联网金融冲击的改革利器，其在 2014 年下半年以来更是迎来了阶梯式的增长。随着利率市场化进程的逐步加快，人民银行自 2012 年 6 月起允许存款利率上浮 10%，2013 年 7 月 20 日起全面放开金融机构贷款利率管制。种种迹象表明，国内利率市场化工作正在稳步推进，利率完全放开指日可待，这也为国内直销银行的发展创造了良好的市场环境。[①]

通俗地讲：有了直销银行，客户无需耗费长时间排队等窗口，无需通过层层手续办理存取贷，在手机端下载 APP 后，可以随时随地办理

① 直销银行 . http://baike. baidu. com/link?url = WNnU_HWSNOzhCdgdkUFv_4oeiX2Gp8wXM93t38Km-k_dyWG-Jo g6eb1jiYZOAQ7tm5-Xt_s1yk-xo8iANFyKK.

银行业务。本质上看：直销银行是互联网时代的一种新型银行运作模式，其存在不以营业网点和实体柜台为基础，客户主要以电脑、手机等远程渠道获取银行产品和服务。直销银行模式并不仅仅是将线下网点的金融超市搬到线上的“虚拟化”服务形式，更重要的是，直销银行给用户带来了与新形式相匹配的价值需求。表现在两方面，其一，收益方面，直销银行为客户提供更有竞争力的存贷款价格及更低的手续费率，降低了运营成本，同时按照存款期限最大化结转利息，回馈客户成为直销银行最核心的价值；其二，用户体验方面，国内直销银行以客户需求为设计初衷，因初始用户对新生的直销银行的理解是抽象的，所以初期推出的产品一定要是简单化的，但简单化的哲学背后是精于心，直销银行们深谙其道。① 直销银行能够为顾客提供比传统银行更便捷、更优惠的金融服务的显著优势，使其成为传统银行转型互联网金融服务的突破口。只需将直销银行账户和银行卡绑定，即可在线销售金融产品，不依赖实体网点的销售模式为银行业在互联网时代淡化规模效应，采取“轻型化”互联网金融发展战略提供了可能。据不完全统计显示，我国已有近40家银行推出直销银行，目前国内的直销银行大部分以卖金融产品如货币基金、保险理财和智能存款为主，此外还有账户管理、转账汇款支付等基础功能。

可以看到，直销银行已经在今天体现出其鲜活的生命力和发展潜力。对于城商行等网点少、有区域经营限制的中小银行来说，直销银行更是发展的契机和捷径。

（二）国内首家直销银行——民生直销银行

2013年7月，民生银行成立了直销银行部，2014年2月28日，国

① 孙亚平．中国直销银行哪家强．互联网周刊，2015（4）．

内首家直销银行——民生直销银行正式上线。其目标客户定位于“忙”“潮”“精”三类客户。上线伊始主推三款产品：如意宝、轻松汇和随心存。此后还相继推出了贵金属、小额消费贷款和公共缴费等产品。

如意宝产品是民生银行与加银基金、汇添富基金管理公司合作为客户提供的货币基金产品，签约“如意宝”的客户可选择民生加银基金公司旗下现金宝货币基金，或汇添富基金公司旗下的基金宝货币基金。该产品1分钱起投，签约后自动申购，T+0实时赎回，收益每日进账。如意宝产品与很多银行紧跟“余额宝”推出的“宝宝类”理财产品十分相似，具有自动申购、门槛极低、随时支取等特点，适合互联网客户，大大提升了资金的利用效率及灵活性。

轻松汇产品属于是一项基础资金汇划功能，主要承担用户由电子账户向绑定卡进行转账的转账汇款功能和用户从已签署跨行支付协议的绑定银行卡向电子账户转入资金的资金归集功能，全程快捷周到，帮助用户轻松汇款。

随心存产品是为直销银行客户提供的一款存款增值服务产品，产品起存金额为1000元，自动生成期限1年的随心存账户，在此存期内可随时支取本金，系统根据存款期限按最大化结转利息，保证存款人的存款收益。属于一款人民币储蓄增值服务产品，此产品适合储蓄类客户使用，安全零风险，灵活性高于定期存款。

2015年，民生直销银行曾内部测评过两款纯线上授信类产品“薪资贷”和“称心贷”。前者针对存量工资代发用户，后者则根据用户的消费记录和征信数据，提供五千元到几万元不等的消费类贷款，用以赊销。虽然这两款产品到目前为止并未正式对外开放，但是背后的意义不容忽视，如果将线上信贷空当填补，那么民生银行的直销银行业态，就与目前的微众银行和网商银行无异。此外，中国人民银行在2015年圣诞节发布个人账户管理新规后，直销银行可开立 II 类账户，功能扩容。民生直销银行随即在 2016 年首次开通缴费支付功能，这个简单的动作意义在于，客户可在民生缴费时直接选用直销银行电子账户内的活期余额或余额理财“如意宝”的份额，手机银行和直销银行的支付通道完全打通。对于商业银行而言，一旦功能补全，直销银行就像是另一块银行牌照，而不再仅仅是柜面获客渠道的补充。①

可以说，作为国内首家直销银行，民生直销银行突破了传统实体网点经营模式，利用纯互联网思维独立运营，主要通过互联网渠道拓展客户，具有客群清晰、产品简单、渠道便捷等特点。立足于客户的经营模式满足了互联网时代大众对金融服务的多样化需求，最早开创而逐渐建立起的累积优势在互联网金融大潮下为自己争取了更大的行业发展空间。

（三）低调上线的兴业直销银行

2014 年 3 月，兴业银行推出了自己的直销银行。

兴业直销银行主要有银行理财、代销基金、定期存款三类产品，主打银行理财和代销基金服务。平台推出 30 余款理财产品、400 余支基金，接通了近 10 家主要商业银行支付接口，包括工商银行、农业银行、建设银行三大行，以及招商银行、民生商银、光大银行、中信银行、平安银行几家主要股份行。与早其一个月上线的民生直销银行相比，兴业直销银行有其自己的业务特点和服务模式。

1. 操作上简单方便

兴业直销银行进一步简化了使用该平台的操作流程，不需要注册即

① 刘筱攸．三个例子说明 60 家直销银行怎么分化．http://money. sohu. com/20160509/n448368021. shtml.

可登录平台，一键购买的模式免掉了用户注册、登陆、跨行资金划转步骤，方便用户直接操作，节省用户时间。而且平台支持多家银行卡直接购买高收益理财产品，满足了用户对资产配置、财富保值增值的高要求和对理财“门槛”低的期望，简单、方便、高效。

2. 更为丰富的理财业务

相对于民生直销银行，兴业直销银行的理财业务更为丰富，其直接销售银行理财产品和代销基金产品。在售的银行理财产品均为兴业银行自家的银行理财产品；兴业直销银行已上线多家基金公司的基金产品，包括货币基金、短期理财基金、股票型基金、混合型基金等各种类型的基金产品。①

3. 更为划算的定存业务

民生与兴业直销银行唯一相同的产品为定期存款，二者都支持跨银行服务，即非民生银行储蓄卡、非兴业银行储蓄卡用户都可以跨行转账，进入其直销银行的电子银行账户办理定期存款业务。民生银行客服对于转入资金没有限制，具体要看用户绑定储蓄卡的银行对于转出资金的限额，对于用户从民生直销银行电子银行转出资金时，民生银行的单日上限为万元。兴业直销银行支持几家主要商业银行跨行转入资金，包括工、农、建三大行以及招行、民生、光大、中信、平安几家主要股份行，具体的转入资金额度各家银行规定不同。对于转出资金到账时间，民生银行对于5万元以下的小额资金不论是民生银行储蓄卡还是其他银行的储蓄卡都可以实现实时到账，但对于5万元以上的资金需要半小时到1个工作日的时间。兴业银行直销银行资金转出如果是兴业银行储蓄

① 殷燕敏．民生直销银行PK兴业直销银行．http://www.yinhang.com/a_2014_0328_196321.html.

卡则实时到账，如果非兴业银行储蓄卡则需要 1 个工作日才能到账。除了转账额度和到账时间的差异以外，兴业与民生直销银行定期存款服务的最大差异是利率规则上，兴业银行的定存业务与普通的银行定期存款业务没有差异，除五年期外其他期限定存利率都上浮为基准利率的 1.1 倍，如果定期存款提前支取，则按照活期利率结算。而民生直销银行随心存主要是指电子银行账户内客户电子账户资金达到起存条件 1000 元则自动生成期限 1 年的随心存账户，在此存期内可随时支取本金，系统根据存款期限按最大化结转利息，也就意味着当用户提前支取年的定期存款时是按照用户的投资期限取对应的利率。这种计息方式令定期存款更灵活且收益相对高，对投资者而言无疑是更有利。①

（四）从“工银融 e 行”到“工银直销银行”

2015 年 3 月 23 日，作为四大行之一的中国工商银行，率先推出了其直销银行平台——“工银融 e 行”。该平台旨在重点打造开放式的精品业务平台，在产品和功能上力求少而精，主要拥有电子账户开立、存款、投资、交易四大类核心功能，为客户提供电子在线注册、产品购买的一站式线上服务。在存款方面，有定期存款、通知存款和一款“节节高”产品；在投资理财方面，有工银瑞信薪金货币市场基金、工银安盛财富宝和财富稳利系列产品可以购买；在交易类产品方面，平台提供黄金、白银、积存金三个品种的在线交易。

“工银融 e 行”主要构建以客户为中心的亲民形象，重视客户使用体验，使客户可以不依托物理网点和柜员，通过互联网方式直接完成在

① 殷燕敏．民生直销银行 PK 兴业直销银行．http://www.yinhang.com/a_2014_0328_196321.html.

线注册、购买产品、获取服务，主要交易均通过互联网以一种线上线下融合金融服务模式不落地操作完成，为客户带来最大化的便捷和亲切感。

继“工银融 e 行”顺利推出后，工商银行持续发力、升级，于 2015 年 11 月重磅推出了“工银融 e 行”开放式手机银行，新版开放式手机银行是对原有手机银行体系的重构，实现工行品牌、功能和服务的全面升级，主打开放式、智服务和惠生活三张牌，其中“智服务”和“惠生活”共同组成了“智惠银行”的品牌理念。特点主要有：

1. 向工行、非工行客户全面开放

践行开放式理念，新版开放式手机银行“融 e 行”率先破除传统银行间的账户壁垒，向工行和非工行的所有客户开放，支持他行客户注册，只需要通过手机号和身份证号就能直接在线注册账户，并完成一笔任意金额的转账实现激活使用，开放式经营理念突显。

2. 注重体验和个性化服务

新版开放式手机银行立足智能化和个性化理念，方便客户自行定制个人的移动金融服务空间。“工银融 e 行”与该行自有电商平台“工银融 e 购”和即时通信平台“工银融 e 联”无缝对接，实现平台互联互通、协同联动、资源共享，整合多方资源，共同为客户打造优质的移动金融服务体验。外界把“工银融 e 联”称为“工行微信”，该产品定位于信息交互和服务汇聚的社交金融服务平台，方便客户经理与客户建立沟通联系。

3. 提供投资理财服务

为客户提供全方位、多样化的移动金融服务，新版手机银行倡导智能化理念，“工银融 e 行”品牌涵盖手机银行和个人网银服务。新版手机银行推出后，工行将推出新版开放式个人网银，分别为客户提供移动端和 PC（个人电脑）端金融服务。同时，原“工银融 e 行”直销银行更名为“工银直销银行”，为客户提供存款、基金、保险、理财、贵金属等多种投资理财直销服务及个性化直销银行服务。①

工商银行的直销银行作为一个全流程综合性金融服务平台，体现智能化的服务理念，注重体验的个性化服务模式，为客户带来了便捷、多样化的选择，无论是在功能上还是体验上都是一次飞跃式的突破。

（五）广发银行的泛金融服务平台——广发有米直销银行

2015 年 7 月，广发银行正式推出其自营自建的直销银行产品——广发有米直销银行。广发有米直销银行是广发银行围绕开放、分享、低门槛的普惠金融理念倾力打造的以“互联网 + 存、贷、汇、信息中介”为主体的“泛金融”服务平台体系。它以 PC（个人电脑）端和手机端为载体，向广大互联网用户提供高效、便捷、安全的基金、储蓄、黄金、保险等标准化和专属化的金融产品和增值服务，满足他们在不同应用场景下的金融服务需求。截至 2015 年 9 月下旬，广发有米直销银行注册客户数突破 180 万。广发有米直销银行在产品设计上充分考虑产品风险、资金流动性、收益率、投资门槛等维度。产品风险维度包含保本及非保本类理财产品，资金流动性包括固定投资期限短、中、长期及活期、T + 0、T + 1 型理财产品，产品收益率在 3% ~ 7% 区间内，投资门槛从 1 分至 1 万元不等，包含基金、保险、活期、定期、养老保障计划、代发工资等各类产品，充分满足了客户多样化的金融理财需求。平台首期推出的几款产品具有门槛低、收益稳健、

① 黄河新闻网长治频道．工行推出新版手机银行“融 e 行”功能服务全升级．http://cz.sxgov.cn/content/2016 - 01/15/content_6703522.htm.

流动性强等特点。客户可不受时间和空间的限制，轻而易举地完成财富增值。如“慧存钱”货币基金，T+0 赎回，1 分钱起投，0 手续费，7×24 小时快速提现，预计收益率可达基准活期存款利率 10 多倍。另一款“慧易保”保险理财产品，1000 元起投，预期年化收益率 6%，3 个月后随时免费领取，最长可持有 5 年，满足了客户对于一定期限内较高收益的投资需求。[①]

广发有米直销银行作为广发银行重点打造的“泛金融”服务平台，也是其在金融脱媒大背景下做出的应对之举，以充分满足客服在不同应用场景下的金融服务需求。广发有米银行在业务设置上，如直销银行手机移动 APP 端、官网 PC 端、官方微信、24 小时客服热线、官方微博、二维码等渠道的全面开通，充分体现了互联网时代的“用户至上”“体验为王”的服务理念。

（六）江苏银行直销银行上线

2014 年 8 月 10 日，江苏银行直销银行携“惠多存”“开鑫盈”等多款产品和应用正式上线，成为省内银行中首家推出纯线上、全天候的直销银行。

江苏银行直销银行以“快乐很简单”为品牌导向，利用互联网思维，定位年轻化的投资人群，探索全新的、快速的、便捷的服务模式，打造纯线上的智能化理财体验。江苏银行直销银行集金融服务、互联网优势、社交概念于一体，为用户提供更多的产品选择、更低的服务门槛、更及的时信息反馈、更安心的收益保障。江苏银行直销银行支持多家银行卡，用户只需通过网站或者登录手机客户端，动动手指便能享受

---

① 广发银行．广发有米直销银行．http://www.yinhang.com/a_2015_1029_414057.html.

便捷、快速的金融服务。截至2014年11月30日，江苏银行直销银行的交易客户数已突破47万，宝宝类产品“开鑫盈”的申购总数超过百亿元，全新的微金融投资频道“安鑫宝”一经推出，300万元的额度8分钟内瞬时售罄。①

1. 线上理财产品的开发

江苏银行直销银行积极开发丰富便捷的理财类产品以满足移动互联网客户的多层次、多元化理财要求。江苏银行直销银行融入了跨界的互联网理念，集支付、中介、销售和生活于一体，只需要在智能手机终端上下载APP，一次注册后，就可以通用多个应用APP，轻松体验纯线上银行服务。

“惠多存”是一款现金管理类智能增值服务。存款即是理财，随来随存，随来随取，让金融服务更加便捷。根据客户自身资金管理的需要，可以设定一定的金额限制，当金额超过设定后，直销银行直接将账户内的活期结算账户转入到增值服务账户，让客户乐享最大化存款利率的智能存款类产品的高收益。②

“开鑫盈”则是一款精心挑选专门定制的货币基金产品，为江苏银行直销银行客户提供可观回报、安全可靠的理财类产品。在权威机构发布的2014年第二季度银行理财能力排名中，江苏银行综合理财能力位居区域性银行第二位，理财产品发行量已经超越部分全国性商业银行，半年销售额超过700亿元。特别值得肯定的是该行历年来全部按照预期收益兑付，这充分印证了江苏银行稳健经营的品牌和客户为先的经营

---

① 江苏银行直销银行与开鑫贷第一次亲密接触：全国首家接入网贷服务平台．http://economy. jschina. com. cn/system/2014/12/06/022843175. shtml.

② 江苏银行直销银行上线．http://finance. sina. com. cn/money/bank/ywycp/20140808/181819957442. shtml.

理念。①

2. 嵌入不一样的应用场景

同国内其他直销银行相比，江苏银行打造了不一样的直销银行，走上了差异化之路，强调互联网的体验性，推出了独特的应用：在直销银行APP内嵌入不一样的应用场景——“容易付”和“社区帮”应用APP，形成独特的系列化综合应用服务。

“容易付”APP是为小微商户、垂直连锁化经营的个体工商户量身定做，提供便捷的线上收单服务，填补了传统金融服务难以覆盖的客群。商户可以下载商户版，客户下载普通版，通过手机APP客户端，就可以实现收付款。这种方式更加贴近客户的使用环境，让客户摆脱钱包束缚，销售账单、消费账单一应俱全。

“社区帮”APP主要是方便用户与社区邻居进行交流，分享生活点滴。通过打造专属的社交平台，传统银行布局社区金融，进而形成直销银行与社区银行的线上线下战略合围。通过一体化的服务平台，江苏银行可以为社区家庭提供贴心定制式管家服务，促进邻里交流、互帮互助，为和谐社会建设做出了贡献。可以说，“社区帮”APP是一款包含信息及时通、社区社交圈、O2O金融服务，为业主提供集社区生活和银行服务为一体的移动服务。②

3. 全国首家正式开启直销银行与开鑫贷的第一次亲密合作

2014年12月，江苏银行在全国首家正式开启直销银行与开鑫贷的第一次亲密合作，主导支付基础设施的搭建，江苏银行直销银行作为合

---

① 江苏银行直销银行上线.http://finance.sina.com.cn/money/bank/ywycp/20140808/181819957442.shtml.

② 江苏银行直销银行上线.http://finance.sina.com.cn/money/bank/ywycp/20140808/181819957442.shtml.

作方为开鑫贷提供客户身份认证、银行卡鉴权、总分账户搭建、资金通道的合作、资金监管与通道合作，为网贷平台搭建多银行资金通道。

2014年的这次江苏银行与开鑫贷的合作，开创了自助互联网金融管理的新模式，树立了“直销银行+多元理财+网贷平台”的新标杆。首先，进一步拓展了网贷平台的获客来源，所有借记卡的客户既能将零散资金投资直销银行“惠多存”或“开鑫盈”等增值类余额理财，也可以购买开鑫贷多款标的产品，实现资金零闲置。其次，江苏银行发挥自身专业的银行优势，为网贷平台建立了账户体系。全国各地的平台用户可以随时转账至直销银行电子账户，进行余额理财，遇到心仪标的可以使用电子账户的资金实时购买，资金不需要充值和提现，明显提升了金融效率，实现留存资金的增值，也大大增加了网贷平台的客户黏性。此种合作模式下，广大用户享受了多重便利：一是资金交易的便捷，江苏银行为用户疏通了支付渠道，用户无需充值提现，资金直接完成账户划转，轻松获取便捷的服务；二是提高了资金的使用效率，相应的业务到期日可实现T+0资金到账；三是手续费的减免，目前所有的资金支付和划转省去了充值、提现和转账的手续费用。[①]

早在2012年，江苏银行就与开鑫贷构建了“结算银行+小贷公司+开鑫贷”的三维合作模式，江苏银行主导支付结算的专业化服务，开鑫贷平台提供网贷平台的专业化服务，加上小贷公司提供线下小微金融服务的专业化服务，用户只需到江苏银行开立账户、开通网银，便可在网贷平台上绑定账户，即可直接进行资金汇划并享受多种金融服务。[②]

① 江苏银行直销银行与开鑫贷第一次亲密接触：全国首家接入网贷服务平台．http://economy. jschina. com. cn/system/2014/12/06/022843175. shtm.

② 江苏银行直销银行与开鑫贷第一次亲密接触：全国首家接入网贷服务平台．http://economy. jschina. com. cn/system/2014/12/06/022843175. shtml.

由此可见，江苏银行是具有商业超前意识的。对于P2P交易资金托管业务这一块，很多银行都已介入，而江苏银行是直接将合作平台的账户体系搭载在其自身直销银行上，等于为自己做了一个交叉导流获客的渠道，领跑于国内同类直销银行。

（七）平安橙子银行的年轻人市场战略

平安银行旗下网络银行子品牌——橙子银行于2014年8月开始试运营，11月正式上市。橙子银行作为平安集团旗下平安银行推出的直销银行，以数字化金融服务平台为模式，主要依托互联网提供服务，采取线上线下相结合的经营策略，目标市场主要为“80后”“90后”年轻人。

从2014年11月~2015年11月的整整一年时间，平安橙子银行客户总数就已突破450万。其中，2015年以来新增400万客户，即平均每天新增约1.25万人，客户规模和客户增长速度均位居行业前列，且18~35岁之间的年轻客户占到客户总数的70%。[①]

平安橙子银行通过互联网的方式，致力于为客户提供更简单的金融服务和更智能的理财，主要有以下几个特点：

（1）客户1分钟即可直接通过电脑、智能手机、平板电脑开立银行电子理财账户。橙子银行账户可直接在线开立，无需持有平安银行储蓄卡，无需至任一网点，只需在线提交提供姓名、手机号码和身份证号，就可通过简单三步直接完成银行级电子账户的开立。

（2）橙子银行账户与标准银行账户为同一安全级别，账户内资金仅可转出至本人橙子账户绑定的本人任一银行的借记卡账户，保障资金

① 平安橙子银行客户数量突破450万．信息时报，2015年11月23日．

安全。

（3）橙子银行精选平安银行当期收益领先的理财系列产品，兼备高收益与灵活性。

（4）橙子银行为平安信用卡消费提供自动记账服务，通过“平安橙子银行”手机客户端能实时编辑记账信息，随时记录客户的消费信息。

（5）其推出的“平安盈”金融服务更支持直接还款的功能，主打“边赚边还”模式，符合年轻人消费理财习惯。①

与其他直销银行相比，平安橙子银行具有鲜明的特色：

（1）在目标客户群上，平安橙子银行的目标客户群则主要是“80后”“90后”年轻人。平安橙子银行的页面上也鲜明地打出了“年轻人的银行”的口号，配合不同行业年轻人的个性感受，主打年轻人市场，卖点精准。

（2）平安橙子银行增加了智能记账和理财规划。这项功能在国内外都被证明是有需求的。国内有挖财、卡牛等公司最先提供了手工“记账软件”，又有公司陆续上线如“挖财钱管家”“U51钱管家”，这些工具可以帮助用户抓取所有银行卡下的交易记录，升级成了智能记账，包括支付宝在“支付宝钱包”里也上线了“记账本”的功能。而平安银行的“一账通”早在2008年就实现了上述功能。平安橙子银行理财规划中“设置愿望”功能也比较精巧，用户设置完“未来愿望”后，平安橙子银行可以根据用户的收支情况搭配各种理财产品推荐，帮助用户在指定时间内完成心中目标。一个“设置愿望”的功能，撬动了理财产品购买和“智能记账”的使用，用户既可开源又能节流。②

① 橙子银行. http://www.0460.com/view/173762.html.

② Newell. 平安的橙子银行是什么——权威直销银行深度报告. http://www.betawm.com/a/zhuantiyanjiu/20140822/29702.html.

（3）平安橙子银行被定义为国内首家“直通银行”。截至2016年3月底，橙子银行有客户630万，资产规模约100亿元。同一时间点，江苏银行直销银行客户数是220万，资产规模200亿元；民生银行直销银行客户数是300多万，资产规模近400亿元。有业内人士指出，橙子银行或许是将同一客户在银行开立的存款或理财账户余额与资产全部刨除，不计入直销银行资产规模内。这也就直接引出了橙子银行与同业的最根本不同——定位。平安橙子银行绝对不是存量用户的增值服务平台，而是完全脱离平安银行现有业务的全新用户入口。增量用户通过橙子银行进来后，平安银行再进行分层管理。①

从平安橙子银行的市场目标和自我定义可以清晰地看出，平安橙子银行并不是将互联网金融产品在一个新平台上做简单的堆砌叠加，而是有目标、有方向的尝试创新。平安橙子银行有别于其他直销银行的年轻人目标市场群体定位和创新的金融服务模式推广，为其带来了别样的市场优势。年轻人作为未来银行客户资源的中流砥柱，直接影响着银行未来的发展布局。在竞争激烈的互联网时代，精准挖掘年轻人的消费理财需求，以差异服务取胜显然是再明智不过地选择，平安橙子银行的推出是为平安银行互联网时代的转型战略又增加一个重要的发展平台。

（八）光大银行的“阳光银行”

2015年8月18日，光大直销银行——阳光银行正式发布上线。在投资理财方面，光大阳光银行主页面上有具体的操作演示版，个人经过

① 刘筱攸．三个例子说明60家直销银行怎么分化．http://money.sohu.com/20160509/n448368021.shtml.

注册后，即可将自己的银行卡与直销银行账户捆绑，然后在阳光银行平台上进行理财投资。目前，有财富保、定存宝和阳光宝三种投资理财产品，其中财富保的预期年化收益率达到7%。除投资理财功能外，光大阳光银行还依托该行的云缴费和云支付两大业务优势，提供云缴费、预约外币，以及购买奥运纯金典藏品等功能。光大阳光银行依托云缴费和云支付两大业务优势，全面打通了理财、融资、电商等多重渠道，更帮助光大银行打破了地域限制与银行卡归属限制，使其产品可以面向全国的受众群体。①

多年来，光大银行始终在积极探索和构建互联网金融战略，从技术应用、安全防护、用户服务、社交分享以及个性化理财等多角度，进行全方位的互联网化金融服务升级。2012 年起光大银行便携手支付宝打造电子账户体系，2013 年首推“瑶瑶缴费”奠定会员制基础，到 2014 年联手百度实现金融产品输出，如今光大银行在缴费、支付等领域都拥有绝对实力，这都为阳光银行的最终亮相奠定了基础。据介绍，阳光银行是国内首家采用 HTML5 技术（HTML 是 Hyper Text Markup Language 的缩写，超级文本标记语言的意思）的直销银行，这让其在产品迭代、使用体验和系统适应上表现突出，同时推出的 PC + 移动端两套应用，差异化地将服务内容做了区分，实现了服务需求的无缝对接。在用户极为关注的安全方面，阳光银行具有五大特色：整套安全体系通过了国家信息技术安全研究中心检测，并拥有专属密码控件、微信变动通知、保险赔付、交易实时监控四大有力措施，全方位保障资金使用安全。其会员 + 客户的服务体系，将专业金融与生活服务加以区分，灵活服务不同需求人群，降低注册门槛。同时，阳光银行还聚焦“梦想”这一主题，

---

① 肖刚．“阳光银行”正式上线．贵州商报，2015 年 9 月 8 日．

推出梦想计算器，为每个人量身打造专属的个性化理财方案。①

直销银行作为国内银行互联网金融转型布局的重要角色，很多银行把其作为进一步打通互联网金融平台的先行者。光大银行也不例外，其成熟的银行服务经验与现代互联网金融技术相结合，将消费金融、产业金融、普惠金融、移动金融总体整合，打通了跨界合作资源，将更智能化和生活化的服务场景应用到直销银行之中。

① 任晓．光大直销银行“阳光银行”上线．中国证券报·中证网，2015年8月19日．

第三章

试水 P2P 网贷平台

近年来，P2P 网络借贷平台在国内呈现出爆发式的增长态势，它以高收益的骄人姿态闯入人们的视野，并在互联网投资理财领域快速占领阵地。自 2007 年我国第一家 P2P 网贷平台诞生以来，全国 P2P 网贷平台超过 3448 家，平均每日网贷客户数 30 余万人。截至 2015 年 9 月，累计实现交易额 9700 亿元，贷款余额 3100 余亿元。在一路高歌猛进的 P2P 发展态势下，有关其倒闭、跑路等新闻也不绝于耳，人们在享受其高收益高回报诱惑的同时，也为其不安全性搅得胆战心惊，生怕自己放在 P2P 网贷平台的钱财哪天被席卷一空。在这样的冰山火海下，具有强大风控能力的传统银行业涉足 P2P 行业，足以显示极大的投资信任优势。

在 2015 年 7 月，中国人民银行等十部委联合印发《关于促进互联网金融健康发展的指导意见》及《非银行支付机构网络支付业务管理办法（征求意见稿）》，要求建立客户资金第三方存管制度，明确规定“从业机构选择符合条件的银行业金融机构作为资金存管机构，对客户资金进行管理和监督，实现客户资金与从业机构自身资金分账管理”。这意味着，当前占据 P2P 资金存管主流地位的第三方支付公司将重回支付通道定位，银行介入该领域将成为主流。①

一、招商银行试水 P2P 网贷业务

招商银行作为一家拥有先进思维和创新理念的银行，一直走在行业的前列，在互联网金融浪潮推动下，它不负众望，率先认准了商机，积

① 陈周锡．浙商银行推出网贷资金存管全案　涵盖 P2P 生态圈．http://business.sohu.com/20151009/n422873358.shtml.

极试水 P2P 网贷业务。

2013 年，一则“招商银行低调杀入 P2P 网贷”的消息一石激起千层浪。4 月，招商银行正式推出了专门面向中小企业客户的互联网金融服务平台——小企业 e 家，即被外界解读为 P2P 网贷平台。小企业 e 家于 9 月开始进行为期一个月的投融资平台试运行，试运行期间平台共发布融资项目 8 期，实际参与业务体验投资人 826 人，投融资交易金额合计 3835 万元。在该平台上，投资人投标、支付等业务在填写个人基本信息后就可以在投资平台完成，投资后的信息查询同样整合在小企业 e 家的会员中心。对于没有理财经验的投资人而言，平台简便的操作步骤降低了投资难度。① 在该平台上，无论是个人还是小企业均可注册登录，并对其中的融资项目进行出资，以 1 万元为最低门槛。从付款方式来看，该平台支持包括银联渠道在内的多种支付方式，出资人并不限于招商银行已有客户，其中还支持部分银行的信用卡支付。② 2015 年年底，招商银行小企业 e 家在经历短暂关闭后，自 2016 年 2 月上旬重启运行，截至 2016 年 3 月，投融资交易金额已超过 1.5 亿元。除了自建小企业 e 家，在 P2P 网贷领域，招商银行还积极与互联网金融公司进行战略合作。2015 年 2 月，招商银行与融道网、你我贷签署战略合作协议，在 P2P 领域进行合作创新尝试。2015 年 11 月，招行与拍拍贷在上海举行签约仪式，正式涉足 P2P 资金存管，未来拍拍贷的客户资金将由招商银行提供一系列账户资金划付服务。值得一提的是，在招商银行小企业 e 家投融资平台的“出资意向征集”页面，醒目打出“e + 账户”天天增值的图标。这是一款现金增值货币基金产品，其特点在于，

① 搜狐证券．招行试水类 P2P 网贷．http://stock.sohu.com/s2014/6530/s401941898/.

② 李鹤鸣．招行隐秘试水 P2P 一天吸金 5000 万　支持信用卡支付．南方都市报，2013 年 10 月 17 日．

只要开通这一账户，里面的余额会自动申购这款基金产品，2013 年 11 月 6 日显示的七日年化收益率为 4.733%。同时，账户里的资金可用作购买该网站入驻商户的商品，刷卡消费与基金认购实现 T+0 划拨。这就与阿里金融推出的余额宝异曲同工。在“小企业 e 家”网络平台上，除“投融资”一项外，还有“商城，商机”及“e+俱乐部”等栏目，其中有“求购”“供应”的供需方信息发布，企业商品展销，交易产品涵盖了从办公软件、网络传真到珠宝茶具等商品的撮合交易。有观察人士认为，招商银行意在打造 B2C 平台，全面进军互联网金融。[①]

招商银行的 P2P 网贷平台与同类 P2P 理财产品相比，虽然门槛更高而收益略低，但其银行背景下所具有的强大风险控制优势，对于偏好低风险的中国投资者来说，显然是十分具有优势的。总体来看，招商银行试水 P2P 网贷更多的是一种尝试和铺垫。一方面为小微贷款需求找到了新的运行模式，而且作为融资“中间人”的招商银行规避了贷款额度、存贷比等的监管，增加了自身的中间业务收入。另一方面，其平台产品中类余额宝功能产品“e+账户”成了为其全面进军互联网金融做出的多方铺垫之一。

二、最早涉足 P2P 资金存管的民生银行

P2P 行业在经历“雨后春笋”“野蛮生长”“倒闭跑路”等一系列跌宕起伏的发展历程后，逐渐迈向理性发展阶段，同时，整个行业做好风控的呼声也日益强烈。而对于拥有强大风险控制优势的银行来说，进军 P2P 网贷平台，显然具有很多先天优势，而 P2P 等网络交易平台也

① 刘丹．招行试水 P2P 反击互联网金融．财经国家周刊，2013（11）．

急需将资金托管在银行。

2015 年 2 月，民生银行举行了“网络交易平台资金托管系统”产品新闻发布会，该系统是民生银行专为 P2P 等网络交易平台提供的集实名验证、支付结算、资金托管、余额理财等多项功能为一体的综合性金融服务平台，成为业内首家由总行统一开发、通过全程电子化的系统对接方式，为市场参与者及网络交易平台提供资金托管的银行。包括积木盒子、人人贷、民生易贷等多家 P2P 公司已与民生银行进行系统对接。[①] 截至 2015 年 11 月，民生银行已经与搜易贷、京东金融、58 金融、开心贷、投哪网、银湖网、首金网、e 路同心、积木盒子、PPmoney、民生易贷、翼龙贷、58 金融、人人贷、金信网、网利宝等 16 家平台签订了资金存管协议，而新的资金托管合作平台也在不断洽谈和对接中。民生银行除了为平台提供资金托管服务之外，还提供资产推荐、综合授信等服务。[②]

三、推出“网络借贷资金存管综合服务方案”的浙商银行

2015 年 10 月 9 日，浙商银行在杭州召开 P2P 存管业务推介会，正式发布“网络借贷资金存管综合服务方案”，吸引 P2P 网贷平台、第三方支付公司及 P2P 网贷系统开发商等多达数百家企业前来参会。会上，浙商银行分别与 P2P 网贷平台普惠金服、金储宝、国诚金融、珠宝贷，第三方支付公司环迅支付、融宝支付、国付宝，P2P 网贷系统开发商融都科技、帝隆科技、雄猫软件、英迈思签订了战略合作协议。据浙商银

① 民生银行涉足 P2P 平台资金托管业务．京华时报，2015 年 2 月 11 日．

② 涉足 P2P 资金存管业务的银行有哪些．http://p2p.cngold.org/c/2015－11－30/c3735879.html.

行行长助理吴建伟介绍，相较于目前多数银行仅支持一种存管模式的方案，浙商银行此次推出的“网络借贷资金存管综合服务方案”服务更全面、模式更广泛。它包括银行存管、联合存管以及账户管理三种合作模式；服务对象也从原本单一地向 P2P 网贷平台提供存管服务，延伸至为 P2P 网贷平台、第三方支付公司、P2P 网贷系统开发商等 P2P 网贷生态圈的主要参与者提供全面合作方案。其中，“银行存管”是指 P2P 网贷平台的每个投资人、借款人在浙商银行 P2P 网贷存管系统开立或指定存管账户，通过存管账户办理充值、投资及提现、划拨等交易的一种存管模式。该模式提供银行级的资金存管服务，适用于对资金存管要求严格的 P2P 网贷平台；“联合存管”是 P2P 网贷平台在浙商银行开立 P2P 平台交易资金账户，同时开立投资人、借款人子账户，用于记录每个投资人或借款人的充值、投资及提现、划拨等交易的一种资金监管模式，该模式适用于银行与第三方支付公司共同对 P2P 网贷平台交易资金实行监管，助力现有的第三方支付公司 P2P 资金监管进一步符合监管部门要求；“账户管理”是指 P2P 网贷平台在浙商银行开立存管交易资金账户，银行按合作约定提供账户资金证明的一种资金监管模式，该模式为新设立的 P2P 网贷平台提供最基本的资金监管服务，也适用第三方支付公司就此方式与浙商银行开展合作，共同为 P2P 网贷平台提供资金监管服务。除了为 P2P 网贷平台、第三方支付、系统开发商提供全面的银行存管及综合服务，作为浙商银行“网络借贷资金存管综合服务方案”的核心，其专为网络借贷平台量身打造的资金存管服务系统，可为平台及其用户提供存管账户开立、充值、投资、还款、提现、交易信息管理、账户信息查询、对账清算等八项服务，为 P2P 金融生态系统各主体量身定制，灵活确定系统对接方案，打造专属交易接口，提供多元化、个性化投资理财服务方案和金融服务产品，为 P2P

网贷平台用户提供便捷注册、无缝对接的操作体验，提供网关、代扣、线下等多种充值、提现方式，提供 PC、APP、微信等多渠道便利操作。在安全保障方面，浙商银行提供一人一户、P2P 网贷平台自有资金与交易资金隔离、资金流信息流匹配、交易双因子校验、加密传输等安全防范措施，为 P2P 资金存管提供银行级的系统安全保障。在资费方面，浙商银行将采取最优收费政策和最佳系统合作方案，按平台网络借贷年交易额 1‰或 3 万元/年的标准收取存管费。对于优质平台，还将给予最优收费政策。而对于 P2P 网贷平台用户，浙商银行还可为其提供存款优惠计息、投资理财产品等增值服务。①

四、独具先天优势的银行系 P2P 网贷平台

随着 P2P 网贷行业井喷式发展，P2P 网贷问题平台跑路事件接连发生，问题平台频出显然成为了整个 P2P 网贷行业的常态。面对这一尴尬窘境，很多 P2P 网贷平台积极寻求与传统银行的合作，希望借助银行来帮助自己做好自律监管和保障用户的利益。P2P 网贷业务发展中有两个关键性的安全问题，一个是客户的交易资金和网贷平台自有资金隔离，另一个是资金划拨和结算的安全，而传统银行恰恰可以弥补这两个方面的安全短板。所以，从某种意义上说，传统银行发展 P2P 网贷平台十分具有先天优势。而且传统银行无论在资金量还是品牌影响上都与 P2P 网贷平台有着重量级的差别。甚至在银行涉足 P2P，与 P2P 网贷平台进行合作时，媒体也普遍认为，这样发展下去，就算 P2P 网贷平台

---

① 陈周锡．浙商银行推出网贷资金存管全案　涵盖 P2P 生态圈．http://business.sohu.com/20151009/n422873358.shtml.

跑路了，但资金也不会丢失，可见公众对银行涉足 P2P 网贷行业给予了极大的期望和信任。此外，传统银行对 P2P 网贷业务的涉足也算是重拾自己过去不愿意做的小微贷款，将一些过去没被自己纳入客户目标的群体对接到 P2P 网贷平台上来，操作起来并不困难。未来如果有更多的银行介入 P2P 网贷业务，市场化的竞争将引导资金利率达到更适度的水平，从而产生良币驱逐劣币的效应，这对规范整个 P2P 网贷业务的意义也将十分明显。

第四章

搭建银行系电商平台

互联网时代，银行业在积极转型的路上可谓努力探索，“无所不包”。面对电商行业如火如荼的发展之势，银行业也不甘示弱，利用自己可提供贷款和担保等方面的优势，积极开发网上商城，搭建属于自己的电商平台。而银行系电商最大的特色就是通过自主搭建平台，除了销售日常商品，还销售各种金融产品。在互联网金融的大背景下，银行业涉水电商已经是大势所趋。

一、国内首家由银行建设、经营的电子商务金融服务平台——善融商务

“善融商务”是中国建设银行推出的以专业化金融服务为依托的电子商务平台，是国内首家由银行建设、经营的电子商务金融服务平台。其为从事电子商务的企业和个人客户提供产品信息发布、在线交易、支付结算、分期付款、融资贷款、资金托管、房地产交易等全方位的专业服务。建设银行“善融商务”由 B2C 商城、B2B 商城两大平台共同组成，服务于从事电子商务的企业供应商、企业采购商和个人消费者。企业供应商可在平台上进行商品发布、在线交易、供应链融资等；采购商可在平台上进行批量采购，发布求购信息及申请融资贷款等；个人消费者可在商城上购买衣、食、住、行、文化、娱乐等日常生活所需的各类商品，还可批发商品、进行分期付款、个人融资、房地产交易等。不论是个人客户还是企业客户，只要在任何一个平台注册用户，即可同时体验两大商城的在线服务。①

随着互联网的进一步普及应用，中国建设银行已将“善融商务”

① 建设银行善融商务商城. http://jianhang. kameng. com/news14787/.

发展成为其跨界业务的全新领域，而“善融商务”本身“亦商亦融，买卖轻松”的特色服务理念也正被越来越多的消费者和商家所接受。“善融商务”作为银行系电商平台，也充分体现了有别于大众电商平台的金融优势和独特服务模式。

在支付方式上，“善融商务”的在线支付方式除类似淘宝、京东商城的担保支付方式外，还有信用卡分期支付和个人贷款分期支付。有了这两种“善融商城”独有的支付方式，用户再也不用为手头资金是否充裕而担心，想购买心仪的商品只要在线提交信用卡分期或个贷分期申请即可，建设银行工作人员将主动与用户联系并办理相关业务，花明天的钱，提前享受购物乐趣。

在电商与金融的充分融合上，建设银行“善融商务”个人商城为个人实名客户提供了集贷款申请、审批、签约、支用、查询等全流程在线贷款服务。客户可根据自身资信及消费需求申请包括，个人小额贷款、个人消费额度贷款、个人权利质押贷款、个人住房贷款、个人汽车贷款等个贷产品。在购物的时候，还可选择信用卡分期、贷款支付或组合支付（普通支付+个人融资分期支付）。这充分体现了电商服务与金融服务的结合。此外，建设银行“善融商务”企业商城对融资贷款服务也体现得十分突出，相关产品比较丰富，包括网络联贷联保、网络大买家供应商融资、网络速贷通、e点通等，客户可以线上提交贷款申请，查询贷款审批进度等，方便实用。从中不难看出，其融资产品的设计是依托电子商务这一网络环境为基础的，并可通过电商交易的生态圈来促进交易量和融资贷款规模的双增长。例如：“网络联贷联保”是利用网络平台组建联保体，联保体成员之间互相担保，向建设银行联合申请贷款。“网络大买家供应商融资”则是由供应商以网上大买家的订单为依据，向建设银行申请贷款。“网络速贷通”需要凭借用户网络信用记录，有效的抵质押担保，向建设银行申请贷款。①

建设银行开通“善融商务”网上商城，作为建设银行旗下的交易平台，支持担保支付、在线个人贷款和分期付款，是建设银行致力打造的国内创新型电子商务金融服务平台，是其触网电商进一步扩展其金融理财服务的重要一步。

二、中国工商银行的“融e购”电商平台

“融e购”是中国工商银行推出的消费采购、销售推广、支付融资一体化的金融服务平台。在工商银行的规划中，“融e购”的定位是打造消费和采购平台、销售和推广平台、支付融资一体化的金融服务平台，希望它成为用户流、信息流、资金流“三流合一”的数据管理平台，未来“融e购”将成为工商银行转型互联网的重要平台。2013年5月，中国工商银行“融e购”电子商务平台项目启动。2014年1月，中国工商银行“融e购”电子商务平台正式上线。2015年3月，工商银行“e-ICBC”发布，以“融e购”电商平台为主要平台。2015年8月，工商银行新闻发言人介绍了工商银行“e-ICBC”2015年上半年发展情况。2015年上半年，工商银行“融e购”电商平台交易额累计达到2044亿元，同比增长26.8倍，发展成为涵盖B2C、B2B、B2G业务、功能齐备的综合性电商平台。“融e购”商城已汇集数码家电、汽车、金融产品、服装鞋帽、食品饮料、珠宝礼品、交通旅游等十几大行业数百个知名品牌近万件商品。截至2015年7月，从“融e购”卖出的苹果手机13万台，而京东则不到12万台，这个数据的意义在于给一直以

① 建设银行善融商务商城. http://jianhang. kameng. com/news14787/.

来质疑银行系电商的人予以有力的回击。数据显示，“融 e 购”对外营业 14 个月时，注册用户已达 1600 万人，累计交易金额突破 1000 亿元，交易量进入国内十大电商之列。[①]

“融 e 购”有以下四个方面的服务特色：

（1）用户订单高于人民币 600 元即可在线申请逸贷业务，操作可全线上，全自助完成，瞬时到账，让消费者即时享有商品和服务。

（2）“融 e 购”商城支持工商银行用户积分抵现支付订单，成为工商银行用户超过万亿积分重要的消费平台。

（3）“融 e 购”以厂家直营为主，搭建厂家到客户的直接销售渠道。

（4）工商银行 1.5 亿个人网银用户可以凭网上银行用户名和密码直接登录“融 e 购”商城，无需另行注册。[②]

此外，工商银行开通的“融 e 购”电商平台，始终秉承“名商、名品、名店”的宗旨，积极拓展名品和名店渠道，为用户提供更多的消费体验和保证。在跨境电商业务领域，工商银行凭借全球网络覆盖和丰富的海外客户资源，具备了开展跨境电商业务的天然优势。工商银行利用其在境外馆所在地设有银行分支机构的优势，可以直接选择当地机构的当地客户入驻，并对客户资质和上架商品进行严格审核，确保上架商品均为正品，推动海外市场同期热门品牌及时上架。与此同时，还可将国内优质商品反向销售到国外，成为一个集结国内外名品名店的大型电商交易平台。目前工商银行已经开通了西班牙馆、韩国馆、新西兰馆、新加坡馆等多个跨境消费专区，为消费者选购全球优质商品提供了新平台。下面为读者介绍两个较有代表性的海外馆。

---

① 银行系电商认真起来，传统电商都要怕 . http://tech. ifeng. com/a/20150810/41414571_0. shtml.

② 融 e 购 . http://baike. sogou. com/v73022777. htm.

一个是“韩国馆”。2015 年 10 月末，“融 e 购”正式上线了韩国馆。首批上线的商品精选了韩国最具代表性的 30 余款热销商品，涵盖营养保健、潮流饰品配件、美妆产品三大类。为确保消费者购买到货真价实的名优商品，“融 e 购”韩国馆的上线商品由韩国知名在线电子商务公司 InterPark 公司统一采购并保证品质。[①] 韩国馆的上线可谓是迎合时下的大众消费趋势，在韩货越来越受追捧的今天，像韩国雪花秀、后等知名护肤品牌一直受到国内明星和普通民众的追捧，连 MCM 这些韩国本土品牌包包也大有赶超欧美 LV（路易·威登）、Gucci（古奇）等国际一线大牌的时尚流行热度，备受国人的热捧，此外，韩国高丽参、食品也备受国人喜爱。近乎疯狂的追捧就意味着巨大的商机和利润，开拓韩国名品市场本身就是电商的正确选择，显然“融 e 购”抓住了这一点。此外，尽管各大电商都在争抢这一市场，但由于这一市场所带来的巨额利润也让这一领域鱼龙混杂，各种假冒商品充斥其中，让人难以辨识。而“融 e 购”以其良好的银行信誉度极大地增加了消费者的好感和信任度，很好地帮助其在激烈的电商市场中找到自己的独特优势，成功站稳脚跟。

另一个就是“新加坡馆”。2015 年 11 月 6 日，“融 e 购”正式上线了新加坡馆。新加坡馆首批上线的商品精选了新加坡老字号龙标燕窝类热销商品，随后营养保健、潮流饰品等行业的其他知名品牌也陆续登场。[②] 新加坡馆上线的一大特色就是它的建立是由工商银行新加坡分行电商团队自主运营，是首家由境外分行自主运营的“融 e 购”海外馆，标志着“融 e 购”拓展海外市场的脚步又向前迈进了一步，模式也更加本地化。

---

① 工行“融 e 购”韩国馆正式上线. http://www.afinance.cn/bank/yhxw/201512/990814.html.

② 中国工商银行“融 e 购”新加坡馆正式上线. http://www.zgnt.net/content/2015-12/02/content_2435398.htm.

同时，“融 e 购”还积极创新线上消费服务模式，搭建起了旅游频道、购房中心、汽车城等子消费平台，并在其中嵌入线上消费信贷服务，为客户提供优质的线上消费体验。在旅游消费领域，“融 e 购”销售的大理旅游综合产品近 3 亿元；在住房消费领域，“融 e 购”与国内 20 多家知名房企合作，2015 年上线了 100 多个城市的近 500 个楼盘项目，销售房产 1 万多套，交易额超过 140 亿元；在汽车消费领域，已入驻汽车城的汽车商户达 450 余家，累计销售汽车 3.65 万台，全线上交易额超过 40 亿元。[①]“融 e 购”的创新线上消费服务模式充分体现了互联网金融时代用户为王、重视用户消费体验的理念，极大地满足了广大用户丰富化、多层次、多样化的消费需求。

三、中国交通银行开放式金融电商平台——交博汇

“交博汇”是中国交通银行推出的新一代网上商城。“交”代表交通银行，“博”代表博览会，具有多、广、大的含义，“汇”有汇聚、交汇的意思，通“会”。交博汇平台由企业馆、金融馆和商品馆三部分构成。企业馆提供在线供求发布、交流洽谈、订单达成、资信认证、网上支付等功能，是整合要素市场、供应链、小企业信贷的中小企业服务平台；金融馆以网银销售的金融产品为基础，扩展贵金属、保险基金直销、子公司金融产品等，是由理财专家提供实时咨询的销售和服务平台；商品馆由交通银行电子支付商户、品牌联盟商户、新拓展优质传统企业构成，是以加盟和链接方式搭建的开放式购物平台。[②] 该平台是银

---

① 工行“融 e 购”电商平台提供优质线上消费体验 . http://bank.cngold.org/c/2015 - 12 - 01/c3737840.html.

② 交通银行官网 . 交博汇介绍 . http://shenzhen.tsyw.bankcomm.com/rjxz/25934.htm.

行同业内最为全面的 B2B 和 B2C 综合电子商务平台，通过“交博汇”，企业可以在十分钟内建立一个自己的网上商务平台，实现商品销售、企业采购、企业收款、品牌推广、在线促销、信息资讯、金融理财、融资授信等众多服务。

交博汇平台主要致力于构建面向中小企业的网络化社区，企业可在线发布供求、交流洽谈、撮合下单、网上支付等，银行则提供相应的资信认证、资金清算、融资贷款等服务。在此基础上，结合要素市场、供应链金融、小企业信贷等交通银行特色业务，扩展中小企业综合金融服务。交通银行将依托“交博汇”这一品牌，以金融服务为核心，以网络信贷、供应链金融、要素市场等为切入点，为企业客户提供全流程电子商务解决方案，为个人客户提供全面综合财富管理服务。①

2014 年 3 月，交通银行网上商城——“交博汇”全新升级，一举推出“首家积分消费百货店”概念的银行系电商平台，在持续提升对交行 6000 万借记卡、3000 万信用卡持卡人服务的同时，提高了为更多互联网用户服务的水平。此次交通银行“交博汇”的升级，是将“积分乐园”创新的业务模式分享给交通银行个人客户，升级版的交通银行交博汇商品馆体现了四大优势：第一大优势是更丰富的商品和营销资源。升级后的交博汇商品馆涵盖实物商品、商旅预订、本地生活、品牌专卖、团购秒杀、联盟商城、航空里程等约 30 万种商品，苹果、三星、周生生、宝洁等优质品牌尽在其中；同时商品馆与艺龙网、优众网、第五大道、万表网等大牌电商合作，分享优质电商的产品和营销资源。第二大优势是更灵活的支付手段。客户可灵活使用积分、现金、分期和刷卡金在“交博汇商品馆”购买产品或服务；更有分期免息免手续费、

① 葛晓亮．“交博汇”企业馆正式开馆．苏州日报，2012 年 4 月 12 日．

白金信用卡专享积分85折等优惠。交通银行信用卡和借记卡均可支付，且无需柜面开通网银。第三大优势是更优质的服务水平。新商品馆全场免运费，且通过“统一入仓，物流整合”与“指定优质物流商”相结合的政策，确保配送服务的高水准。第四大优势是各类账户畅行无阻。交博汇会员、原信用卡“积分乐园”会员以及网银账户都可以跨站登录到“交博汇”。对交通银行来说，引入“积分乐园”优质资源和基因升级后的交博汇并不仅仅是为客户提供一个线上购买平台或支付渠道，而是一种更方便的购物体验，包括方便的购买流程、丰富的商品种类、优惠的价格、优质的服务、多组合的支付方式等，这些都形成了区别于其他电商的独特优势。以支付方式为例，积分+现金或刷卡金的选择，既能让客户享受到积分价值和折扣商品双重优惠，同时也给了用户选择更多排列组合的自主权。①

总之，交通银行“交博汇”的升级给其整体业务经营带来了更有利的影响，例如，打通的电商平台后台将拥有更统一的管理，与合作商户的议价能力更强、获取的数据将更丰富更完整、更易开展金融产品的交叉销售等，未来交通银行还可能推出面向全行零售客户的忠诚度计划。② 同时，交通银行“交博汇”的升级打造，使互联网商业模式与金融的又一次深度结合，表达了交通银行在互联网金融时代利用互联网技术打造全行核心竞争力的决心。它打破了过去只是将金融产品和业务叠加堆砌到平台上的简单模式，界面内容更为丰富和人性化，让用户在使用上更加灵活方便，进一步提升了用户的使用体验。“积分乐园”创新

① 交通银行“交博汇”全新升级. http://finance.sina.com.cn/stock/usstock/mtszx/20140303/102018385069.shtml.

② 交通银行“交博汇”全新升级. http://finance.sina.com.cn/stock/usstock/mtszx/20140303/102018385069.shtml.

业务模式进一步打通了借记卡与信用卡的客户链及产品链，让客户享受到更为方便、更为优质的服务，也为进一步培养用户忠诚度提供了条件。业界认为，交通银行开放式金融电商平台的打造，将会引领整个银行系电商的变革浪潮，接下来我们只需拭目以待了。

四、中国银行的“中银易商”

2013 年 10 月，中国银行推出“中银易商”电子商务平台，布局网络银行。该平台将中国银行的产品和服务结构、封装，开放给客户和合作伙伴，借鉴“众包”的开发模式，构建“金融生态圈”。其网络商务平台部分包括在线产业链金融、在线微金融、在线商城等，为客户提供在线信息服务、在线商洽、在线交易、在线融资、跨境服务等；虚拟支付平台部分利用移动互联网新技术，将银行实体账户与积分等虚拟货币关联，形成统一的、跨平台的虚拟支付体系。

现在，中国银行又推出了“中银微银行”和“中银易付”，将金融产品和服务与 NFC、二维码支付、微信等融合，提供“碰一碰”“扫一扫”“摇一摇”等支付方式。大数据平台部分利用大数据技术，构建业务预测、客户分析、精准营销、风险管理等服务；把现有的银行业务变成一个简单的服务，运用微化的服务，解决业务微化的个性问题，打造生活化、全球化、虚拟化和个性化的中银易商特色。[①]

中国银行自推出“中银易商”品牌以来，围绕支付、理财、融资、跨境、产业链及综合服务六大业务领域，陆续推出了一系列网络金融产

① 李静瑕．中行推出“中银易商”布局网络银行．http://business.sohu.com/20131025/n388945906.shtml.

品与服务。在支付领域，响应京津冀一体化与沿长江经济带国家发展战略，在同行业首发全国一体化通关电子保函，不断加强在线移动支付与跨境电商结算等创新型业务领域的发展；在网络理财领域，不断完善在线金融超市功能，在天津地区试点推出针对特定群体的“养老宝”网络余额理财；在网络融资领域，打造“中银E贷”线上融资新模式，与阿里“一达通平台”合作推出“E贷通”，与中国联通“沃易购平台”合作推出“沃金融”等产品；在跨境领域，利用传统出国金融业务优势，面向个人跨境客户群体推出在线出国金融服务，积极打造跨境金融服务生态；在产业链领域，深入发掘企业客户行业特征，拓展在线产业链金融综合服务生态，率先推出“航运在线通”，研发上线了“车商在线通”；在综合服务领域，围绕数字物管、联盟商家、社区业主与生活服务等推广E社区服务，构建新型的社区金融服务生态。[1]

“中银易商”是中国银行与时俱进，完善互联网金融业务结构的一项重要举措，其在深挖互联网金融资源的过程中，不断创新业务模式，增加新型的金融产品和服务，为银行发展带来新的利润增长点。同时，其还在数据挖掘中进一步了解了客户的个性化需求，积累了客户消费资源，为其网络银行的整体构架打下良好的基础，由此带动了中国银行手机银行、社区银行等一系列新型金融服务模式的发展和推广。

五、中国农业银行的“E商管家”

中国农业银行“E商管家”电子商务服务平台是以企业为核心，

① “中银易商”荣获中国互联网金融领军榜“年度创新品牌”. http://mn. sina. com. cn/news/zh/2015－01－09/detail-iavxeafs0542069. shtml.

集商品展示、在线交易、在线融资为一体，并配套经销商管理、财务管理等功能的综合性金融服务平台。“E 商管家”电子商务服务平台主要包括企业商城、企业商城管理、多渠道支付。企业商城主要提供给核心企业、经销商使用，用于网上下单、订单支付、转账汇款、信息交易查询。核心企业通过商城介绍其基本信息、展示其商品、下游经销商注册成为商城用户后，可以在商城中订购商品、转账汇款以及查询交易信息；企业商城管理为企业商城提供后台支持，全流程、一体化管理商城信息，为“E 商管家”入驻的核心企业电子商务提供一整套功能支持。对电子商务的核心模块如销售、出货、财务、经销商管理及数据分析，可按照入驻企业要求实现个性化的灵活配置；集网上支付、手机支付、k 宝、k 令、k 码支付等多种支付渠道于一体，适合客户多种方式资金支付结算（后续将扩展跨行支付，智付通支付）。[①]

“E 商管家”电子商务服务平台在充分利用互联网、大数据等先进技术的基础上，为传统企业电商化转型提供了极大的便利，为企业提供了包括资金流、物流与信息流等方面全方位的帮助，有效推动了传统企业的转型步伐。具体表现在以下几个方面。

一是对核心企业：企业无需自建订货平台，由该行提供平台，企业无需任何硬件和软件投入，即可实现企业电商化。全程交易结算电子化，有利于企业的资金管控。企业人员可以实时查询交易付款信息，加快资金、物流周转速度，提升经济效益。提高企业财务管理工作质量，优化应收、应付款的管理，降低财务工作劳动强度，受理交易不受时间限制，业务处理能力强。

二是对下游经销商：只要登录“E 商管家”平台，就能随时看到

---

① 叶琪. 中国农业银行“E 商管家”电子商务服务平台. 九江日报，2015 年 4 月 28 日.

上游企业的各类商品的图文信息，选购商品更直观。提供线上直接选购产品、下单、支付结算一站式服务，安全、方便、快捷。可以实现7*24小时，随时、随地、随需付款，不受银行实际限制，不排队，足不出户就付货款。免费为经销建立订单及台账管理，平台交易手续费全免。

整体上，企业通过“E商管家”电子商务服务平台能够全面打通实体渠道与网络销售、订单采集与资金收付、生产经营与市场营销，实现对自身以及供应链上下游财务结算、采购销售、营销配送等的全方位管理。企业无需自行搭建平台，利用农业银行提供的“E商管家”金融云服务，即可完成在电子商务领域的快速部署，成功构建实体与虚拟、线上与线下有机结合的交互式、立体化经销网络和管理体系，极大地减少企业转型电商的时间和资金成本。①

“E商管家”是农业银行顺应互联网金融大潮、积极应对互联网金融变革所推出的全渠道电子商务服务平台。农业银行强大的网络技术、客户资源和金融网点分布优势为传统企业转型电商提供了强大的服务保障。通过农业银行“E商管家”，传统企业无需自建电子商务平台，就能快速实现企业电商化，完成“银行搭台，企业唱戏”的优化配置模式，对于银企合作新模式的探索具有较为鲜明的借鉴和实践意义。

六、中国光大银行的“购精彩”

2015年10月28日，中国光大银行旗下的“购精彩”商城正式上

---

① 叶琪．中国农业银行“E商管家”电子商务服务平台．九江日报，2015年4月28日．

线。截至2015年年底，光大银行“购精彩”商城上线一个月，注册用户已经超过7万户，销售额近5000万元。光大银行“购精彩”商城主要通过差异化的商业模式及服务提高其核心竞争力。作为光大银行旗下品牌，商城由各地分行和企业联合建设，依托光大银行的优势资源，为消费者提供优质的商品及金融服务。该平台在开业之初推出“三重大礼注册即领”活动，新用户注册即可获得10元商城通抵券一张；首单消费就送1118个彩蛋，彩蛋可用来体验光大银行理财产品，最终获得到期后的收益部分；同时“购精彩”还推出每月逢8日、18日和28日特价抢购、理财产品优惠以及新品上线活动。[①]

光大银行“购精彩”商城具有三大特色：首先是构建“金融+生活”生态圈，光大银行“购精彩”商城将客户的金融需求与生活需要有机结合，构建“金融+生活”一体化生态圈。为此，光大银行“购精彩”商城围绕与客户生活密切相关的需求，实现了商品交易、支付及融资等金融功能的无缝结合，在满足客户网购需求的同时，培养客户使用电子渠道实现金融服务的习惯。其次是打造“自有+输出”综合电商解决方案。光大银行整合优势资源，一方面自建“购精彩”商城吸引优质商户，另一方面给有需求的企业提供电商服务平台解决方案。与此同时，光大银行将发挥其在支付结算领域的优势，融合存、贷类产品，吸引优质对公客户，带动客户开通并使用相关配套服务，提升银企合作的深度与广度。目前光大银行已与中国黄金集团合作成功上线黄金电商平台，成为客户在互联网上购买中国黄金集团优质商品的重要入口。最后是启动“互动+互通”特色模式。光大银行打通线上“阳光银行”与“购精彩”商城的“金融+生活”闭环，通过“阳光银行”

① 肖刚．光大银行推出“购精彩”商城．贵州商报，2015年12月1日．

低起点、高收益的理财产品与“购精彩”商城的购买流程相结合，实现线上全体系的互融互通，形成以专业化金融服务为依托的电子商务金融服务平台。①

光大“购精彩”商城的推出，完善了光大银行的客户服务体系，打造了一个丰富、便捷和专业化的电子商务金融服务平台。光大银行“购精彩”商城在模式上还进行了很多创新。比如其推出的“消费送彩蛋活动”，即客户在光大银行“购精彩”商城消费的每一元都可获赠一个彩蛋，彩蛋可用于体验光大银行理财产品，并获得到期后的全部收益。这种不同于传统电商平台的“边购物边赚钱”创新消费模式，不仅能增加客户的购物积极性，也有利于银行理财产品的推广，可谓一举两得。

对于非科班出身的传统银行来说，做电商平台大多是“别有用心”，光大银行也不例外。就像其商城“金融+生活”一体化生态圈的理念，就是希望通过向客户提供精品、直销、专卖的优质商品，在满足客户网购需求的同时，培养客户使用电子渠道金融产品的习惯，实现商品交易与金融服务功能的无缝对接，创新出更为贴近市场、更加符合客户需要、更有效率和价值的金融服务。②

由此可见，产品销售并不是“购精彩”商城的重点，其核心主要是以客户为中心，服务客户、配套金融产品，在商业模式上进行多种尝试，以此来铺设光大银行的整个互联网金融网络。

七、银行系电商平台的优势

在互联网金融大潮来临之际，传统银行业并没有像公众设想的那

① 光大银行“购精彩”商城上线.http://finance.ifeng.com/a/20151028/14045097_0.shtml.

② 肖刚.光大银行推出“购精彩”商城.贵州商报.2015年12月1日.

样“坐以待毙”或是“措手不及”，而是积极应对，变革转型，谋求突破。在发展银行系电商这点上做了积极的尝试，拓展了市场领地。但是，精于金融服务业务的传统银行，并不十分擅长做电商业务。从这两年银行系经营电商平台的业绩中就可以看出，但这也不是什么“丢人”事儿，银行经营电商业务毕竟不是科班出身。

银行系电商平台中做得比较好的，要数工商银行的电商平台，较为典型的案例是截至2015年7月27日，工商银行电商平台“融e购”卖出的苹果手机已达13万台，而京东则不到12万台。① 这样的成绩就说明了一个道理，传统银行做电商平台是完全可以的，成绩不佳只是时间问题，关键是对形势的把握和对自身业务优势的定位。

形势我们大家都知道，互联网金融大发展、大变革，整个经济圈都在喊转型、突破、跨界，这里就不再赘述，主要谈谈银行系做电商的优势。银行系电商并不是单纯地将线下商品搬到线上来卖，而是与银行金融产品结合，与银行原有企业客户实现多业务模式对接，更可喜的是，用户可以在其平台上轻松实现分期付款，合理规划消费行为，而这最后一点，更是符合现在倡导的消费金融理念，一旦整个链条熟练贯通起来，打通了传统银行的任督二脉，打通了企业和个人之间从借贷、生产、消费、支付的全闭环模式，实现产品消费、投资理财、保险、外汇等一条龙服务，发展前景不可限量。

---

① 银行系电商认真起来，传统电商都要怕．http://tech.ifeng.com/a/20150810/41414571_0.shtml.

第五章

与运营商合力布局互联网金融

面对前所未有的互联网科技创新，传统银行业已经从不以为然、不知所措，转变成积极应对、不断创新和努力变革。为此，银行在转型的同时开展了多方面的合作布局，将包括互联网技术在内的多行业先进模式与其银行内部核心业务进行整合，积极拓展金融领域空间。

金融行业与通信行业在现代经济发展过程中，一直保持着相互促进、共同发展的态势。一方面，现代金融业为现代通信业创造了更多的盈利空间和机会；另一方面，现代通信技术的高速发展也带动了现代金融业的服务领域扩大化和整个金融业发展创新，给其带来了新的业务利润增长方式，特别是在 3G、4G 移动通信技术高速发展的今天，金融业、通信业的相互渗透和结合呈现出明显加速的趋势，各种新业态、新应用不断涌现。2013 年以来，互联网金融在国内呈现出快速发展的态势，有力地推动了信息通信行业与金融行业的融合，在极大地满足广大用户需求的同时，也相应带来了新的投资机会和发展机遇。

一、招商银行与中国联通合作开展互联网金融业务

2014 年 9 月，中国银监会批复同意招商银行旗下全资子公司香港永隆银行与中国联通筹建“招联消费金融有限公司”，这是自 2013 年 9 月底，银监会宣布扩大消费金融公司试点城市范围后，首家获批筹建的消费金融公司，也是我国第一家在《内地与香港关于建立更紧密经贸关系的安排》（即 CEPA）框架下申请筹建的消费金融公司。为了促进合作的顺利进行，双方都以最快的速度完成了各自主管部门的审批。招商银行表示，永隆银行作为招商银行集团在港全资金融机构，符合 CEPA 项下的试点条件。双方的合作是对 CEPA 框架基本安排的重要实践，能够有力地促进内地与香港在金融领域中的深度合作。此举将作为永隆

银行及其母公司招商银行应对互联网金融挑战的重要举措之一，也是招商银行创新发展零售金融的一次有益尝试。筹建中的招联消费金融有限公司将在深圳前海注册成立，公司注册资本为20亿元人民币，由招商银行下属永隆银行与中国联合网络通信有限公司各出资10亿元。随着业务发展，新公司将进一步完善法人治理结构，并适时引入新的投资者，探索混合所有制的运营与发展模式。中国联通与招商银行合作开展互联网金融具有明显的互补性优势。招商银行的优势在于，具有市场化金融环境中的运营经验、较强的金融服务创新能力和丰富的客户资源，具有在发达地区开展消费金融业务的丰富经验。中国联通的优势在于，具有强大的网络支撑和运营能力，能够将先进的互联网技术应用到消费金融领域，进而创造消费金融运营的互联网金融模式，具有庞大的客户资源和丰富的线上线下渠道资源，能够为新公司产品的营销和客户服务提供强大支持。在此基础上，双方将进一步发挥招商银行在零售金融中的产品研发、渠道资源、风险管理等优势，同时积极借鉴招商银行多年来形成的金融业务运营能力，依托双方的海量客户群和数据资源，在消费金融领域开展战略性业务合作，积极探索和创新互联网运营模式，致力于为广大客户提供优质的消费金融服务，并借此希望在启动内需、促进绿色消费和推动国内产业转型等方面发挥应有的作用。[①] 2014年6月，招商银行联手中国联通，低调筹建深圳市联招信息科技有限公司，探索互联网金融创新业务。这就意味着，招商银行试图以合资公司的方式，将其互联网金融推至体外独立运营。新公司将采用“银行+运营商”模式，独立探索互联网金融创新业务。

---

① 韦敏．中国联通与招商银行合作开展互联网金融业务．http://news.163.com/14/0904/12/A5A1PSV800014AEE.Html.

总之，招商银行与中国联通通过整合各自资源优势进行战略合作，将进一步深化资本与技术资源的融合与发展，既有利于双方产业链的布局，也将为彼此在战略及业务协同方面带来积极的影响，为广大用户提供更丰富、更专业的金融服务。

二、浦发银行与中国移动的战略合作布局

2015 年 6 月 2 日，浦发银行与中国移动旗下全资子公司——咪咕文化科技有限公司（以下简称“咪咕文化”）在北京签署《战略合作协议》，双方在互联网金融、消费、文化及新媒体领域开启全面合作，携手进军互联网市场。浦发银行表示，此次战略合作将有效地实现双方优势互补、互利共赢。双方将不断完善协同创新的合作机制，把咪咕文化在数字内容领域的优势，和浦发银行创新金融服务的能力相结合，共同提升双方产品、渠道、市场竞争力，合力打造具有竞争力的互联网应用场景，创造更契合客户使用习惯、提升客户体验的新金融模式。①

2016 年 1 月，浦发银行与中国移动在北京签署新五年战略合作协议。根据此次战略合作协议，双方将深化战略合作关系，由跨界产品创新提升为跨界品牌合作，由项目合作提升为全面市场营销合作，共同研究与构建移动通信与金融业融合的合作生态圈，深化“和金融”业务体系，以提升双方公司的经营价值。过去五年，浦发银行与中国移动以股权为纽带，开展了互利共赢的全面战略合作。双方共同打造了“和

① 中国移动携手浦发银行开启互联网合作新篇章 . http://finance. ifeng. com/a/20150602/13749777_0. shtml.

金融”业务体系，开创了“通信 + 金融”跨界创新的先河；联合推出全国首款 NFC（近场支付）手机支付产品，开启了无卡数字化支付时代。双方在基础银行领域、基础电信及行业应用等领域均开展了有效的合作，各自发挥了行业优势，实现了互惠互利。新五年双方将以提升战略合作经营效益为目标，以深化“和金融”品牌推广为引领，在支付结算、理财业务、产业链合作和客户服务等领域开展深度融合，以及规模化推广，以市场拓展和客户服务为导向，面向个人、法人和供应链客户开展市场营销合作，扩大市场经营效益。双方将持续开展 NFC 手机支付产品的创新，共同研发联名卡二代联机应用产品，进一步降低 NFC 业务使用门槛，扩大目标客户群，加快推进 NFC 业务用户规模更上一个新台阶。①

浦发银行与中国移动 2015 年和 2016 年的两次“战略合作协议”签署，在互联网金融跨界合作的今天显然是十分醒目的，但事实上，浦发银行与中国移动的合作战略布局由来已久，而且在移动金融及移动电子商务、客户渠道及资源共享等领域早已取得了众多突破和成绩。

早在 2010 年，浦发银行与中国移动就以股权为纽带，开展了互利共赢的全面战略合作。2012 年年末，浦发银行将移动金融服务作为全行重点突破领域，在手机支付、微信银行、互联网金融等领域，浦发银行移动金融服务取得了长足进步，并与中国移动合作打造了“和金融”品牌服务体系，面向中国移动上下游企业客户提供“和利贷”网络贷款业务，面向中国移动的个人客户提供“和理财”“和支付”网络金融服务等，双方通过平台对接、产品共建为中移动产业链的客户提供优质

① 霏雯．中国移动与浦发银行签署新五年战略合作协议．http://www.cctime.com/html/2016－1－29/1135271.htm.

服务。2015 年以来，浦发银行进一步打造互联网金融云平台，为客户提供网络支付、网络融资以及集团化网络金融服务。[①]

浦发银行与中国移动的战略合作是一场具有长远战略眼光、顺应时势的创新变革，双方对于金融服务与移动互联网和新媒体文化领域深度融合创新发展的积极探索，积累了丰富的战略合作经验，对于银行与运营商之间的合作共赢，具有较为突出的借鉴意义。

三、积极与运营商合作，抢占移动支付领地

移动信息技术的出现打破了地域、时间、行业间的阻隔，使移动支付科技条件日趋成熟，移动金融成为各家银行的新战场，同时也为银行提供了拓展金融业务的新型空间。自 2011 年以来，国内多家银行将互联网金融发展瞄准移动支付技术业务，纷纷与运营商签署战略合作协议，把抢占移动支付领地提升到长期发展战略的高度。包括光大银行、浦发银行、华夏银行在内的多家银行都纷纷利用移动支付技术，与中国银联以及各大运营商达成战略合作协议，积极拓展手机移动支付市场，布局互联网金融。

（一）首家与三大运营商签约合作的中国光大银行

2013 年 11 月，中国光大银行在北京与中国电信集团正式签署手机支付业务战略合作协议，双方今后将在手机支付、手机钱包、金融智能卡研发、手机支付客户端、线下受理环境等领域展开广泛合作。迄今，

① 中国移动携手浦发银行开启互联网合作新篇章 . http://finance. ifeng. com/a/20150602/13749777_0. shtml.

光大银行已先后完成与中国移动、中国联通、中国电信三大通讯运营商的签约，成为业内首家与三大运营商签约手机支付战略合作的银行，奠定了业务全面腾飞的坚实基础。

据了解，本次战略合作协议签署后，中国光大银行与中国电信集团强强联合，资源共享，共同促进手机支付在技术支持、系统对接、商业应用等方面的战略安排。凭借着无可比拟的便捷性和灵活性，手机支付已成为当前支付领域发展的重要趋势之一。光大银行自 2013 年 6 月末推出手机支付业务以来，连续四个月位居同行业第一。光大银行“阳光 e 付”是最新的手机支付业务，目前已面向中国移动、中国联通、中国电信的客户开展。用户只需在具有 NFC 功能的手机上安装应用程序，并加载光大银行电子现金账户，关联光大银行借记卡或信用卡，即可在上百万台具有“闪付”标识的中国银联 POS（终端销售）机上实现无现金、无卡片的手机支付。同时，在北京、天津、兰州、湖南、贵州、广州等地还可刷手机乘公交，坐地铁。为鼓励用户体验，光大银行还推出了“开办阳光 e 付，充 100 送 100”的优惠活动：凡首次开通光大银行“阳光 e 付”业务并向电子现金账户一次性充值 100 元及以上的客户，即可获赠送 100 元手机话费。光大银行相关负责人表示，“阳光 e 付”是该行创新业务的重要部分之一，体现光大银行“打造国内最具创新能力银行”的战略愿景。光大银行将充分借助手机支付所带来的发展机遇，通过创新提升客户体验和广泛的产业链合作，抓住手机支付这一重大信息技术变革所带来的发展契机，开创未来金融业发展的新格局。[①]

---

① 刘佳玮．光大银行成业内首家与三大运营商签约合作银行．华西都市报，2013 年 11 月 29 日．

光大银行对于整体移动金融的发展方向是，未来将逐步实现网络银行、手机银行、短信银行、自助银行、远程银行、移动支付一体化的新模式，全力打造“网络里的光大银行”。随着移动支付技术的发展和相应支付技术标准的确定，移动支付成为未来支付主流已经是不争的事实。未来，支持 NFC 技术的手机销售量和移动支付交易额将不断增加，移动支付前景不可限量，银行与运营商的合作对于未来掘金移动支付市场，开创互联网金融新格局具有重要意义，也为进一步推进银行与运营商之间创新互联网金融合作模式、延伸服务领域、共同发展壮大提供了更广阔的平台。

（二）与中国移动首推手机支付银行卡产品的浦发银行

2013 年 10 月，中国移动与浦发银行合作推出 NFC 手机支付新产品，这款新产品是我国第一款正式上市的具有自主知识产权、基于 SIM 卡（用户身份识别卡）的手机支付银行卡。据 NFC 产业网了解，浦发银行携手中国移动推出的 NFC 手机支付卡已经正式亮相并在北京、上海、广东、厦门、福建、安徽、湖南、甘肃、南京、哈尔滨、新疆等城市成功推行。

（三）华夏银行与运营商的合作布局

早在 2011 年，华夏银行就与中国联通在北京签署了战略合作协议。协议的要旨是双方将深入开展基于 3G 技术（第三代移动通信技术）的金融信息化服务，进行更加紧密的金融业务合作，全面实现互利共赢。2014 年 7 月，华夏银行又与中移电子商务有限公司签署互联网金融框架合作协议，双方将在直销银行、互联网理财销售、互联网融资、客户联合营销等方面进行全面合作。华夏银行高度关注移动支付业务的发展，早在2011年就已经组建了专门的移动支付业务团队，联合国内相关单位共同研究移动近场支付技术。2012年华夏银行与中国银联开展合作，试水移动支付业务。从一系列举动中我们可以看出，华夏银行对于银行与运营商之间的合作早有布局，目标就是抢占互联网金融市场，争夺未来移动支付领地。

第六章

创新支付手段　深度布局移动支付领域

互联网金融的迅速发展带动了移动支付领域市场的火热，支付宝、财付通、微信钱包等第三方支付渠道发展迅猛，几乎占据了线下支付的各大领域，支付手段和形式越来越向便捷化的方向发展，并逐渐呈现虚拟化的趋势。

2015 年，全球移动市场支付交易规模首度超过 PC 端交易规模，纵观全年交易规模增长情况，移动支付已进入高速稳健的发展路径之中。在国内，近年来移动支付领域市场表现也十分抢眼。

2015 年上半年，我国手机支付、手机网购、手机旅行预订用户规模分别达到 2.76 亿、2.70 亿和 1.68 亿，半年度增长率分别为 26.9%、14.5% 和 25.0%。[①]

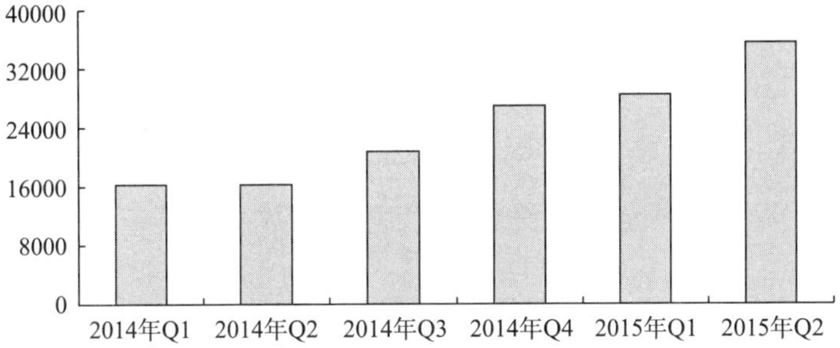

2014～2015 年中国移动支付交易规模情况图

注：Q 代表季度。

数据来源：中商产业研究院。

同时，随着智能手机成为人们日常生活中必不可少的一部分，依托于手机等移动终端的移动支付蓬勃发展，表现出强大的市场潜力。据比达咨询发布的《2015 年上半年中国移动支付研究报告》显示，2015 年上半年，中国第三方移动支付市场规模达 40261.1 亿元，环比增速为

---

① 中商产业研究员. 2016 年中国移动支付行业发展研究分析. http://www.askci.com/news/chanye/20160325/134369455.shtml.

24.8%。餐饮业作为生活服务业的重点领域，更是成为第三方支付企业线下争夺的焦点。传统银行卡刷卡支付市场正在被移动支付等新兴势力蚕食。在支付宝、微信钱包等第三方移动支付先声夺人之后，面对“互联网+”带来的冲击与挑战，传统银行纷纷开始转变思路，拥抱“互联网”，加大金融变革创新的步伐，积极加入移动支付的竞争行列。

一、兴业银行的移动支付布局

有着“同业之王”美誉的兴业银行，在移动支付领域不断创新布局。

（一）推出国内首款可穿戴移动支付产品

2015年5月27日，兴业银行携手中国银联和咕咚公司在上海举行新闻发布会，宣布推出为广大运动爱好者量身定制的兴业银行“兴动力”信用卡。该信用卡具有两大突出亮点：一是配套国内首款可穿戴移动支付产品——带有支付功能的手环，打破传统信用卡的卡片介质与刷卡支付模式；二是首创运动卡路里兑换信用卡积分权益，用户无需消费，通过运动就可源源不断地赚取信用卡积分。“兴动力”信用卡通过“积分+”计划，让用户的运动卡路里能兑换信用卡积分。这种“积分+”计划打破了信用卡消费积分的传统模式，用户只需打开咕咚APP，记录在运动时消耗的卡路里，就可以按照“1大卡=1信用卡积分”的标准将运动消耗的卡路里兑换成信用卡积分。考虑到持卡人的商旅出行需要，“兴动力”信用卡白金卡持卡人可享受一年两次境内机场贵宾厅服务、24小时非事故道路救援服务、最高1000万公共交通工具意外险等权益。发布会上，兴业银行透露，已成功研发国内首款可穿戴移动支付信用卡，未来将以手环形式与“兴动力”信用卡配套使用。该手环除具有传统运动手环的功能外，还加载了符合银联标准的安全金融芯片，持卡人可通过咕咚 APP 等途径进行空中写卡、查询、圈存等账户管理，并可通过 NFC 进行支付交易。用户只要佩戴这款手环，就可在全国带有“闪付（Quick Pass）”标识的 530 万台机具上轻松消费支付，可用范围相当广泛，如商场、地铁、便利店等。上市的“兴动力”信用卡共有白金卡（精英版）、金卡、普卡三款产品，均为银联标准 IC 信用卡。值得一提的是，为提升用卡体验，兴业银行尤其注重移动支付手环的安全性能开发，不仅为持卡人提供 72 小时失卡保障服务，还设置了多道安全屏障：如在手环中放入存储银行卡信息的专用安全芯片，与手环的运动芯片形成物理隔离，增强移动支付的安全性；通过多重加密程序，确保手环与手机间可安全地通过蓝牙传输金融数据；手环的 NFC 天线经过特别设计，只在 2～3 厘米内产生效力，短距离通讯有利于降低卡片盗刷风险等。兴业银行同时建议持卡人设置联机交易密码，为移动支付手环的安全使用再增保障。[①]

兴业银行可穿戴移动支付信用卡的推出，结合了自身的客户资源优势、银联的支付优势和国内最大运动社交平台咕咚的平台优势，三强联合，打造了一个充满活力的新型移动支付方式，使未来发展空间充满想象。

（二）云闪付——将手机秒变“信用卡”

2015 年年底，兴业银行在移动支付领域再度发力，于 12 月推出“云

① 兴业银行“兴动力”信用卡面市　首创可穿戴移动支付 . http://business. sohu. com/20150527/n413902843. shtml.

闪付”产品，将手机“摇身一变”变成“银行卡”，客户消费时无需随身携带银行卡，挥挥手机就能实现“秒付”。为持续完善客户体验，提升为客户服务能力，兴业银行不断扩大“云闪付”产品的适用范围，在2016年2月率先支持Apple Pay①，所有该行带有银联标识的个人卡持卡人，可以将兴业银行的理财卡、信用卡加载到iPhone（苹果手机）、Apple Watch（苹果智能手表）和iPad（苹果平板电脑）上，在线下实体店或线上APP商店畅享更便捷的消费支付体验。与扫码支付相比，线下实体店支付时无需扫描二维码，也无需打开APP，只要靠近带有“云闪付”标志的POS机，通过指纹验证，听到“滴”的一声支付就完成了。手机APP内支付时，甚至简单到只需指纹，无需多余操作。基于手机安全芯片、token（支付标记）技术、指纹认证等一套安全保障机制，该行推出了300元以下支付免密免签方式，为客户带来极大的方便。安全性方面，在多位参与“云闪付”相关项目检测认证的专业人士看来，金融机构自主安全可控的“云闪付”移动支付体系与手机厂商的合作，既符合移动支付国际发展的潮流，契合了开放合作、交流共享的互联网精神，又平衡了自主创新发展与跨界技术融合引进的尺度。

“云闪付”产品是兴业银行在不断加大金融科技创新力度下做的又一突破性尝试，就像银行业内人士普遍认为的，随着科技革命与支付产业的深度结合，客户的支付渠道向移动互联网端迁移，支付习惯向即时需求、即时响应、即时解决转变，支付行为向无线碎片化、零星化、随机化发展已成为大势所趋，在此背景下，兴业银行“云闪付”产品以更安全、便捷的支付体验必将为客户带来全新的移动支付体验。

---

① Apple Pay是苹果公司在2014年苹果秋季新品发布会上发布的一种基于NFC的手机支付功能，即苹果支付，于2014年10月20日正式上线。

（三）企业移动支付利器——兴业管家

移动支付，对于个人用户而言早已司空见惯，对于企业来说却一直是“可望而不可及”。这一遗憾终于成为历史。2016 年 4 月 5 日，随着兴业银行企业移动支付产品“兴业管家”正式面世，企业也步入了“借助手机随时随地便捷支付结算”的移动新生态。其实“兴业管家”早在其正式上线之前，就已在兴业银行部分客户中试运行了三个月，并累积了近千用户。2016 年 4 月 1 日起，“兴业管家”软件已入驻百度手机助手、豌豆荚、华为市场、360 市场、安卓市场、应用宝等安卓应用市场和苹果 App Store（苹果应用商店）。“兴业管家”是以手机为主要载体，集账户管理、财务审核、转账汇款、支付密码编制、账户查询、移动办公于一体的一款企业管理 APP，能够帮助企业尤其是中小微企业提升企业营运效率、降低企业成本。“兴业管家”的服务宗旨是，既能管钱，又能管事，做中小微企业的贴心管家。[①]

“兴业管家”具有很多可圈可点的服务优势：

（1）“兴业管家”使用手续方便快捷，企业用户只需到兴业银行的营业部，用营业执照与身份证签约绑定支付棒、下载客户端、激活用户名，短短三个步骤即可轻松搞定。

（2）“兴业管家”对企业推出了汇款转账享受手续费全免的优惠，为企业提供方便快捷服务的同时，也为企业实实在在地节约了成本。

（3）在资金支付审批流程上，“兴业管家”实现了随时随地即可完成资金支付审批的用户体验。用户只需要在手机上登录“兴业管家”，

---

① 兴业银行全国首推企业移动支付利器 . http://news. xinhuanet. com/fortune/2016 - 04/06/c_128867596. htm.

页面即显示账户查询、转账汇款、密码编制、日常事务四个业务处理模块。点选“转账汇款”，就进入到资金支付审批界面，设计简洁，指令一目了然。除文字外，在流程中还可以附加照片、语音等多种形式的凭证或背景资料，这为用户审批企业日常的资金支付提供了充分的决策依据。审批完成后，系统会自动跳转到资金支付界面，联动生成支付指令，用户只需插入支付棒，确认付款金额轻点“提交”，款项便能通过手机顺利汇出，整个过程不到10秒，确保资金汇往指定账户，安全快捷。这意味着，需要长期奔波在外，需要随时随地做资金支付审批的企业主从此可以摆脱时空限制，灵活掌控企业资金动向。特别值得一提的是，在使用“兴业管家”处理支付事项的过程中，支付棒起到了不可或缺的作用。据兴业银行专业人士介绍，支付棒是配套手机支付的一种新型加密设备。它内含第二代增强型Ukey①，以及可与银行计算机网络结合的票据验证无线支付密码器功能，加密传输技术经国家商用密码办公室和中国金融认证中心（CFCA）双重认证，安全可靠，可确保客户资金安全。同时，“兴业管家”具备的支付密码在线编制功能，使得财务人员办理票据汇款时，无需手持支付密码器找主管授权，在手机上就可以向主管提交支付密码编制申请，同样主管也在手机上直接审批，灵活快捷。②

（4）相比大型企业，众多中小微企业由于人财物投入相对有限，日常办公支持系统的智能化水平往往不高，直接影响办公的效率与管理的规范化。“兴业管家”的诞生，充分满足了中小微企业对办公移动化

---

① Ukey是一种通过USB（通用串行总线接口）直接与计算机相连，具有密码验证功能的可靠高速的小型通讯设备。

② 兴业银行全国首推企业移动支付利器．http://news.xinhuanet.com/fortune/2016－04/06/c_128867596.htm.

的全方位需求。“兴业管家”与传统企业网银和手机银行的差别在于，它不仅能无缝连接企业资金的审批与支付流程，为企业提供随时随地随身的支付结算服务，还将服务延伸到企业内部，具备智能化的移动办公和日常事务审批功能。该产品依托互联网云技术，为企业免费提供快捷、高效的移动办公；依托即时通信技术，可以将待办事项等消息实时传送给登录用户，弥补了企业网银指令流转需人工电话通知的不足。对中小微企业而言，“兴业管家”拥有的“云上管事”特质，包括在手机上实现员工信息全面生成、业务权限实时变更，以及日常出差、请假、报销等内部事务管理，既能降低企业采购和维护办公系统的成本，又有助于提高企业信息化水平，提升管理效率。①

（四）NFC“手机钱包”业务

2014 年 6 月，兴业银行携手中国联通推出 NFC“手机钱包”业务。据悉，兴业银行“手机钱包”可在全国各类消费场所带有银联“闪付”标识的 POS 机具上使用，消费者只需将开通“手机钱包”功能的手机靠近“闪付”感应区域一刷即可。除闪付功能外，该行“手机钱包”还提供“手机钱包”充值、查询明细、ATM 取款、银行卡管理等一系列服务，使手机成为集通讯上网、日常消费支付、银行卡管理三大功能于一身的智能服务平台。安全性方面，兴业银行“手机钱包”设计了多重安全机制：一是使用支持 SWP（SWP 是 Windows 虚拟内存用的交换文件）协议的 SIM 卡，这是一种高安全性智能芯片卡；二是“手机钱包”客户端通过实名制号码绑定、密码控制等策略保证通讯访问安

---

① 兴业银行全国首推企业移动支付利器 . http://news. xinhuanet. com/fortune/2016 - 04/06/c_128867596. htm.

全；三是交易时需读取SIM卡芯片信息，这是目前业界公认最为安全的支付方式之一。[①]

随着移动互联技术的迅速发展和人们日常消费支付习惯的日趋便捷化，可以预见，兼备便捷性和安全性的“手机钱包”必将成为未来的主流支付方式。

（五）联手微信为商家提供移动支付服务

2015年11月2日，兴业银行通过与财付通支付科技有限公司（腾讯公司下属的专业在线支付平台）合作，为各类商户提供微信支付的签约、对接、管理、资金清算等移动支付服务。为迎接移动支付的发展浪潮，兴业银行积极支持广大商户开通微信支付业务。兴业银行北京分行已经为中国黄金旗舰店、每克拉美钻石商场、通州上科华联商厦、中国妇女旅行社、悦宝园早教中心等多家商户开通微信支付。商家只需和兴业银行签约开通微信支付功能，即可享受微信支付的相关服务。利用兴业银行自己开发的二次清分系统，商家还能实现“多级清分”“收支两条线”等独特功能。[②]

二、中国建设银行的移动支付布局

（一）联合中国银联推出龙卡云支付

2015年9月，中国建设银行联合中国银联推出龙卡云支付，为客户提供更为快速便捷的秒付消费支付体验。建设银行的龙卡云支付主要

① 兴业银行“手机钱包”面世　未来移动支付成主流．http://money.sohu.com/20140606/n400513419.shtml.

② 莫旗．兴业银行联手微信为商家提供移动支付服务．http://www.bj.xinhuanet.com/hbpd/jrpd/jrpd/2015－11/25/c_1117259303.htm.

有以下三个特点：

（1）全新申办形式，空中办卡更随心。龙卡云支付全新推出空中办卡的方式，为所有拥有建设银行信用卡和借记卡的客户提供即办即用、秒速开卡的服务。客户仅需在具备 NFC 功能的安卓手机上下载安装“建行随芯用”客户端，点击“申请新卡”，添加已有的信用卡或借记卡，即可完成申请。申请信息验证通过后，云支付卡将自动下载并激活，客户便可开始使用手机进行交易。

（2）全新支付体验，手机闪付更舒心。龙卡云支付的秒付功能成就了一种全新的支付体验。解锁屏幕、开启 NFC 功能、靠近标有银联“闪付”标志的 POS 机，当客户听到 POS 机的“嘀”声后，手机就会提示支付卡号、交易金额等信息，客户在 POS 机上输入密码，签名后即可完成支付交易。目前，全国已有 500 万台支持银联“闪付”功能的 POS 机，为龙卡云支付客户提供更丰富的选择。

（3）全新消费保障，三重防卫更安心。龙卡云支付采用最新的支付令牌、动态密钥、云端验证三大核心技术，实现安全支付三重防卫。客户的龙卡支付卡信息通过支付令牌储存在云端服务器中，保证客户信息安全；动态密钥和云端验证技术，可动态实时完成支付令牌和动态密钥的核实验证，有效防范伪冒卡风险。同时，建设银行还通过设定龙卡云支付单笔交易 5000 元的限额以及先进的实时监控干预系统，进一步提升资金交易的安全性。①

（二）向中国建设银行龙卡用户推出 Apple Pay

所谓 Apple Pay，是美国苹果公司与中国银联于 2015 年 12 月 18 日

① 移动支付网．建设银行推出 HCE 龙卡云支付　支持信用卡和借记卡．http://www.mpay-pass.com.cn/news/201509/15181434.html.

正式开始合作，在中国推出的移动支付服务。该项服务可以让银联卡持卡人轻松将他们的银联卡添加到 iPhone、Apple Watch 以及 iPad 等设备上，令其享受更为方便、快捷和安全的日常消费体验。

安全性和私密性是 Apple Pay 的核心所在。添加信用卡或借记卡时，实际的卡号既不存储在设备上，也不存储在苹果产品的服务器上。系统会分配一个唯一的设备账号（Device Account Number），对该账号进行加密，并以安全的方式将其存储在设备上的安全芯片（Secure Element）中。每次交易都使用一次性的唯一动态安全码进行授权。通过苹果公司带来的业界领先的安全技术，中国的用户可以体会到个人信息、交易资料及信用卡和借记卡信息受到保护的安全感。在支持的商店中，Apple Pay 可以通过 iPhone 6s、iPhone 6s Plus、iPhone6、iPhone 6 Plus 和 Apple Watch 使用。在 APP 中通过 Apple Pay 在线购物非常简单，不必手动填写冗长的账户表单，也无需反复输入送货和账单信息。在 APP 中为货物或者服务支付时，Apple Pay 适用于 iPhone 6s、iPhone 6s Plus、iPhone6、iPhone 6 Plus、iPad Air2、iPad mini3、iPad mini4 以及 iPad Pro。①

2016 年 3 月，中国建设银行正式向建设银行龙卡用户推出 Apple Pay，成为国内首批支持 Apple Pay 服务的银行之一。建设银行龙卡持卡人使用 Apple Pay 在支持 Apple Pay 的商店和 APP 中进行消费，即可享受简单、安全、私密、随心的移动支付新体验，所有支持银联闪付交易的 POS 终端机均可使用 Apple Pay。目前建设银行绝大多数的龙卡信用卡和借记卡产品都已支持 Apple Pay，包括所有带银联标识的龙卡信用卡（龙卡变形金刚卡除外）和龙卡 e 付卡，以及除特殊卡种外的龙卡借记卡（含准贷记卡），可满足广大龙卡持卡人的使用需求。据了解，

---

① 崔峥．中信银行成为首批支持 Apple Pay 服务银行．青岛财经日报，2015 年 12 月 23 日．

添加卡片及使用 Apple Pay 十分简单方便。龙卡持卡人通过 iPhone 手机自带的 Wallet 客户端、Apple Watch 和 iPad 设置中的"Wallet 与 Apple Pay"功能，按照屏幕提示操作，轻松几步即可将龙卡添加至设备中并完成激活。在线下实体商户消费时，无需唤醒 iPhone 或打开 APP，持卡人只需将 iPhone 靠近银联闪付 POS 终端，将手指放在 Touch ID（指纹识别）上，或按两下 Apple Watch 的侧边按钮，将其显示屏对准银联闪付 POS 终端，输入卡片交易密码后即可完成支付。在 APP 中在线购物时，持卡人不必填写冗长的账户信息、送货信息和账单信息，只需选择 Apple Pay 作为支付方式，将手指放在 Touch ID 上并输入卡片密码即可瞬间完成支付。此外，安全性和私密性是 Apple Pay 的核心所在，添加龙卡信用卡或借记卡时，实际的卡号既不存储在设备上，也不存储在 Apple 的服务器上。系统会分配一个唯一的设备账号并对该账号进行加密，并以安全的方式将其存储在设备的安全芯片中。每次交易都使用一次性的唯一动态安全码进行授权，保证使用的安全和私密性。①

互联网金融大潮正以前所未见的速度改变着人们的生活和消费习惯，唯一让人瞩目的就是消费者的支付方式，支付方式的多样化为企业带来挑战的同时也带来了无限商机。建设银行龙卡云支付和 Apple Pay 的推出，较为全面地满足了用户对移动、便捷、安全支付方式的需求，将更为有利地提升建设银行的现代金融服务水平、改善客户服务体验，抢占移动支付高地。

三、浦发银行的移动支付布局

在移动支付布局方面，浦发银行也早早排兵布阵。在 2010 年 11

① 江俊欣．建设银行开启移动支付新体验．中山商报，2016 年 3 月 1 日．

月，浦发银行就与中国移动结成战略合作伙伴，携手推进移动金融业务。此项合作为浦发银行带来400亿元的资本，大大提高了浦发银行的资本充足率；在移动金融方面，浦发银行发行了80多万张移动联名卡，联合开发NFC-SWP手机支付产品，还开发了手机远程支付，签约客户124万户，交易金额达96亿元。①

（一）推出NFC手机支付产品

2013年5月24日，浦发银行推出NFC手机支付产品，从而成为国内唯一一家将银行卡完整植入手机SIM卡的银行。与其他同样做手机支付的银行相比，只有浦发银行全流程实现了空中化，从空中发卡、空中充值、空中换卡，所有卡片的相关动作均可在手机上完成。浦发银行NFC手机支付产品可在全国各类消费场所120余万台标有银联“Quick Pass闪付”标志的POS机具上使用。未来，随着支付环境的不断发展，手机支付银行卡还能在出租车、公交等公共交通领域使用。在产品使用上，客户如已持有具备NFC功能的三星S3、HTC 1XT等手机，只需要升级操作系统，并更换SIM卡后，即可通过手机下载实现手机支付功能。非浦发银行客户也可到浦发银行或中国移动指定网点申请。②

（二）布局近场支付领域

2014年2月12日，浦发银行和上海地铁、中国移动在上海人民广场站共同宣布推出“中国移动浦发银行手机支付地铁应用”（简称

① 王熙喜．浦发银行布局移动金融　发首张NFC手机支付银行卡．http://www.tvoao.com/a/103513.aspx.

② 王熙喜．浦发银行布局移动金融　发首张NFC手机支付银行卡．http://www.tvoao.com/a/103513.aspx.

“中移动浦发手机支付地铁应用”）。使用该服务的用户，在原有移动手机刷卡乘坐地铁的基础上，可实现技术标准升级，同时新增浦发金融服务，进一步方便市民和外来游客。据介绍，上海地铁的每座车站至少有两组兼具支持此项应用的进出站专用闸机，并贴有“中移动浦发手机支付通道”字样，易于辨识。用户乘客开通该功能后，只要挥挥手机，就能轻松乘坐上海地铁。上海市民如已持有具备 NFC 功能的中国移动定制手机，只需更换 NFC-SIM 卡后，通过手机上的“手机钱包”客户端软件申请加载“中移动浦发联名卡”，并到浦发任意网点或通过中移动浦发联名卡手机客户端软件开通“上海地铁功能”即可享受该服务。在金融生活 E 时代，今后市民乘坐地铁无需再为到站购买单程票和排队充值而烦恼。使用“中移动浦发手机支付地铁应用”可在手机上自助在线实时完成电子现金充值、查询等常规业务；也可携带手机至浦发营业网点、ATM 等服务渠道进行充值查询；或在地铁站点服务中心对最近十笔的地铁进出消费交易进行查询。使用该服务进站乘坐地铁消费金额与地铁单程票相同，更可享受地铁站内的联程换乘、累计优惠等优惠服务。其便捷的方式以及多渠道的充值查询服务将为市民带来更多智慧地铁的美好体验。同时，中移动浦发手机支付服务还具有基于移动近场支付的金融消费功能，上海市民可持支持该服务的 NFC 手机在包括徐家汇、静安南京路、浦东嘉里等商圈在内的全市 2 万多商家 16 万台标有银联“Quick Pass（闪付）”标识的 POS 终端上，进行 1000 元以内的小额快捷支付或选择贷记账户进行大额联机交易，可广泛应用于吃、穿、乐、行等各个生活场景，是用户随心随行的移动钱包。[①]

① 高改芳．浦发银行手机支付可以在上海乘地铁．中国证券报，2014 年 2 月 12 日．

（三）布局远程支付领域

浦发银行2013年在业内首家整合推出手机“拍拍付”智能收付款功能，用户只需通过手机银行“拍一拍”或“听一听”便可汇款。浦发银行布局远程支付领域后又在手机银行推出了“宝宝类”产品“普发宝”，具有理财低起点、高收益、随时购买、快速赎回等特点。此外，继2013年成功推出以微理财、微取款为特色的“真正的微信银行”。2014年浦发银行继续率先推出了微信闪电理财、微信汇款、微旅行、微信黄金交易、微信结购汇、微信融资易等业内首创的移动金融服务，实现了涵盖投资、取现、融资、生活服务的微信理财闭环。①

（四）构建“移动金融生态圈”

2014年6月27日，浦发银行、中国移动和复旦大学联合发布了移动金融3.0标准，首次描绘了未来移动金融生态圈中，用户便捷的金融体验以及商业银行全新的服务模式。阐述移动金融未来发展的态势，为移动金融生态圈的参与者把握行业未来发展提供了科学、权威的判断依据。随着移动互联网技术和智能终端设备的日趋成熟和普及，移动金融将进入以“移动金融生态圈”为主导的3.0时代。网上银行手机化，可以称为移动金融1.0时代；随着智能手机和NFC等技术的出现，银行能够为客户提供近场和远程一体化的金融服务，移动金融由此步入2.0时代。目前，以浦发银行NFC手机支付产品的推出和规模化应用为代表，国内主要商业银行基本实现移动金融2.0。2013年6月发布移动

① 上海浦东发展银行股份有限公司电子银行部．深度解读浦发银行“三三五”移动金融战略．中国金融电脑，2015（2）．

金融 2.0 标准后，浦发银行立即投入力量研究移动金融 3.0 时代的特征及各方需求，希望在市场竞争中夺得先机，夯实移动金融领先银行的市场地位。移动金融 3.0 时代带来的直接改变之一，是用户将能直接参与金融生产。以用户购买商业银行理财产品为例，目前银行服务模式都是 B2C，即银行发行标准化的产品，用户选择和自己需求最接近的产品购买。但在移动金融 3.0 时代，商业银行可以基于大数据分析，邀请用户主动提出需求，比如期限、金额、风险偏好，等等，当具有同类需求的用户达到一定数量时，商业银行将发行相应产品以满足客户需求，从而实现“价值共创”。与此同时，随着移动技术的进步，金融很可能成为与颜色、重量、温度等相似的事物基本属性之一。在移动金融 3.0 时代，当用户看到某个心仪的商品，借助可穿戴型移动设备，除可立刻识别商品的基本属性、购买渠道、价格外，还能实时了解通过哪家银行信用卡能够享受优惠、是否能够申请消费贷款等金融信息，如果客户有需求，借助移动金融服务只需按几个键就能购买并完成所有金融服务流程。在移动金融 3.0 标准下的全新生活方式中，金融不再是孤立的存在，而是被自然地融入用户行为之中，用户在哪里，金融就在哪里。浦发银行将继续围绕用户需求与体验，积极应用最新技术手段，不断完善自身产品与服务，并将与行业各参与方、学术界密切合作，为推动全行业进步不懈努力。[①]

（五）成立国内首个定位于移动支付产业链环境安全建设的公益平台

近年来，国内移动支付产业迅猛发展，尤其是随着阿里巴巴、腾

---

① 上海浦东发展银行股份有限公司电子银行部．深度解读浦发银行“三三五”移动金融战略．中国金融电脑，2015（2）．

讯、百度等互联网巨头相继加大在移动支付产业中的布局，移动支付产业增长已经超越了三位数。而移动支付在给人民生活带来便利体验的同时，其安全性问题也日益凸显，手机被盗、支付木马、短信劫持等在PC时代成为常见的安全隐患，并已在移动支付领域迅速蔓延，成为制约移动支付产业破局的关键。长期以来，浦发银行始终以确保客户资金与信息安全为己任，把严控风险作为业务发展的前提与基石，在安全领域进行了持续而深入的探索。浦发银行的移动金融服务产品，严格遵守监管机构制定的统一标准，采取了多因素、全方位的安全认证手段，为客户建立起了牢固的安全防控体系，在移动金融安全领域积累了较为丰富的经验。2014年5月22日，浦发银行联合腾讯公司，宣布共同发起旨在加强移动支付安全产业链协作的"移动支付安全联合守护计划"，成立了国内首个定位于移动支付产业链环境安全建设的公益性平台。"移动支付安全联合守护计划"通过移动支付产业链的合作，打造全体系的支付安全保护链条，提供系统性的安全解决方案，全面保护消费者利益，为消费者的移动支付安全保驾护航。[①]

（六）推出"E-GO"虚拟信用卡

浦发银行于2014年12月推出了专为"网购族"设计的"E-GO"信用卡。与传统的实体信用卡不同，该信用卡为一种可在已有信用卡账户下进行设置的虚拟小卡片。浦发信用卡持卡人可通过在线申请，将线上与线下消费完全进行区分，以"E-GO"信用卡作为线上独立账户进行网络消费。较为特别的是，"E-GO"信用卡持卡人可根据个人的需求

① 上海浦东发展银行股份有限公司电子银行部．深度解读浦发银行"三三五"移动金融战略．中国金融电脑，2015（2）．

和用途，通过浦发银行官方网站分别申请 VISA、美国运通、万事达、银联四个品牌的虚拟卡，随开随用。也就是说，持卡人可根据自己的实际消费需求进行申请，享受不同发卡组织的刷卡优惠，同时调整“E-GO”卡线上透支额度、单次消费额度、使用期限等交易限制，降低信用卡信息泄露和盗刷的风险。默认支付限额方面，“E-GO”信用卡的单笔网上支付限额为 3000 元，单日累计支付交易限额为 5000 元人民币，如单日交易超过默认限额，需致电客服中心申请大额支付。[①]

（七）支持 Apple Pay 支付方式

2016 年 2 月 18 日，Apple Pay 正式登陆中国，对国内移动支付市场及用户生活产生巨大影响。Apply Pay 使用简单、安全而且确保私密，每次交易都需使用一次性的唯一动态安全码进行授权，支付时也需本人 Touch ID 或密码，从而确保只有本人才能使用。浦发银行是首批支持 Apple Pay 的金融机构之一，旨在通过结合全球领先科技，向广大持卡人提供焕然一新的支付方式、更便捷的支付体验及全方位的金融安全。不仅如此，浦发银行还推出多重大力度的回馈活动，让用户们不仅能体验无卡支付的便捷安全，更能通过全新的移动支付方式获得实惠的福利。据悉，浦发银行在引入 Apple Pay 支付方式之后，持卡人将无需携带钱包及信用卡，只需关联有“银联”标志的卡片，通过 Touch ID 进行指纹验证即可完成支付，在全国超过 700 万台支持银联“云闪付”的 POS 受理终端均可使用。根据中国人民银行的部署，到 2017 年 5 月，所有 POS 机终端都将支持非接触支付功能。在 2016 年 6 月 30 日前，浦发银行信用卡持卡人只需通过 iPhone 的 Wal-

① 变码支付和虚拟信用卡—最新方便付钱手段介绍. 江南晚报，2014 年 12 月 23 日.

let APP 成功添加浦发银联信用卡并完成支付，便可获得多重好礼。最令 iPhone 手机果粉们惊喜的是，此次浦发银行信用卡为果粉们策划了一场特别有意义的参观美国苹果公司总部之旅，值得果粉们期待，也充分激起他们的好奇心。只要是浦发银行信用卡持卡人，抢鲜体验就有机会赢取参观美国苹果公司的福利，毕竟美国苹果公司可能是世界上最神秘的企业总部了。据悉，将会有 15 位幸运者产生，获得前往美国 12 日之旅的机会。①

随着互联网技术的迅猛发展，手机越来越成为人们日常不可或缺的重要生活工具，衣、食、住、行几乎样样都离不开它，可以说，掌握了手机端口，就相当于掌握了移动支付的半壁江山。浦发银行显然意识到了这一点，重点在手机端口进行铺设，并已形成了包括手机支付、手机银行、手机汇款、手机缴费等在内的多系列移动支付产品线，以跨界合作的方式形成了比较显著的先发优势，囊括了出行、购物、理财等全方位移动金融服务，为用户提供了源源不断的安全、便捷服务，而且在技术创新、服务理念和产品体系等方面，浦发银行始终保持行业引领，树立了“移动金融领先银行”的市场形象。

四、中国银行的移动支付布局

中国银行作为国内最早发行信用卡的银行，一直以来不断致力于服务创新和改善客户体验，准确把握市场脉搏，顺势而为。在移动支付业务蓬勃发展的当下，中国银行更是把握业务机遇，积极布局移动支付市场。在移动支付领域，中国银行已经打造了“中银长城 e 闪付”移动

① 浦发银行现已支持 Apple Pay 支付体验再升级．东方早报，2016 年 2 月 24 日．

支付品牌，并陆续推出了声波支付以及基于SIM模式、全手机终端模式的手机支付等一系列产品服务，不断丰富客户的支付体验。除此之外，中国银行还积极打造“E中银”品牌，丰富支付、资管、交易、融资等产品线，打造跨境、产业链、O2O等特色场景。

中国银行旨在通过移动支付领域布局为客户提供便捷、安全的金融服务，为中国银行持卡客户打造“有卡就能付”的支付环境。

（一）“中银移动支付”APP应用

2013年12月，中国银行推出“中银移动支付”APP应用，用户在手机或平板电脑上安装该应用，即可随时随地轻松完成移动购物支付。“中银移动支付”APP应用整合了中银快付、手机银行支付、协议支付等多种移动支付产品，全场景覆盖日常移动支付需要，旨在为客户打造量身定做的手机收银台。除了在线支付功能，“中银移动支付”APP应用还可查询电子支付交易记录，开通、关闭各类电子支付交易功能并设置交易限额。“中银移动支付”APP面向所有中国银行信用卡持卡人，无需开通手机银行业务，客户通过苹果应用商店（APP STORE）、安卓电子市场、中国银行门户网站（www.boc.cn）和手机网站（wap.boc.cn）免费下载并安装APP后，即可享单笔1000元以下的移动支付额度。对于开通中国银行手机银行并持有认证工具的中国银行客户，可用手机完成更高金额支付。①

（二）支持Apple Pay服务

2016年2月18日，中国银行作为首批合作银行之一，开始正式支

① 中国银行推出“中银移动支付”. http://kuaixun.stcn.com/2013/1225/11032794.shtml.

持 Apple Pay 服务。带有银联标识的中国银行借记卡和信用卡持卡人可以轻松将他们的卡片添加到 iPhone、Apple Wacth 及 iPad 上，即可在线下“银联云闪付”商户及线上 APP 实现便捷安全支付。此外，中国银行将持续打造数字信用卡移动支付优惠商圈建设，陆续推出 Apple Pay 消费送积分、消费满额返现、消费立减等活动，进一步提升客户体验。中国银行始终致力于推动金融创新的发展，相信 Apple Pay 的推出，将为客户带来了更加精彩的支付体验。①

（三）在移动支付领域积极寻求合作

2016 年 3 月，中国银行与华为公司在深圳举行了 Huawei Pay 合作签约仪式，标志着双方将进一步深化在移动支付领域的合作。中国银行携手华为公司，整合双方在支付服务、用户体验等方面的优势，将为中银长城 e 闪付再添新成员，也将为消费者带来更加方便、快捷、安全的移动支付体验。②

此外，中国银行已先后与铁路 12306、大麦网、格瓦拉电影票等知名商户合作开展移动支付业务，涵盖了人们的日常出行及休闲娱乐领域。持有中国银行借记卡或信用卡的客户，在以上商户手机客户端购物，通过输入银行卡卡号、手机号后四位以及短信验证码即可完成支付，享受“有卡就能付”的便捷支付体验。为了客户资金安全，“中银快付”将单笔支付额度控制在 1000 元，并采用银行安全认证机制，在提供便利的同时更多地考虑客户资金支付安全。③

---

① 朱伟延．中行积极布局移动支付．新疆日报，2016 年 1 月 24 日．

② 长城 e 闪付添新成员．杭州日报，2016 年 3 月 21 日．

③ 中国银行布局移动支付．打造指尖上的金融服务．北京晨报，2014 年 10 月 16 日．

五、招商银行的移动支付布局

（一）较早布局移动支付领域

招商银行的移动支付业务布局起步较早，并在多年的技术实践中取得了较大的成果。

2010~2011年，招商银行紧跟移动支付潮流，探索创新应用，与富士康、捷德公司在富士康员工手机上试水了第一个移动支付项目，提供在富士康园区内的消费功能；2011年，招商银行与运营商论证了Sim Pass方案，就基于数据短信的空中圈存方案展开预研，深入研究了空中圈存方案的系统原型；2012年，Google Wallet（谷歌钱包）发布，手机钱包成为热点。招商银行在深入研究其技术架构的基础上，启动与HTC的移动支付合作项目，推出了国内银行界第一个基于电子现金账户的手机钱包产品；2012年，招商银行全面启动了与运营商基于SWP-SIM的移动支付产品研发。在合作过程中，针对TSM（Trusted Service Manager的简称，指为了满足当前的现实需求而定义的平台，一般简称为应用管理平台）个人化场景进行了大量优化，定义了个人化过程引擎，实现了“空中开卡”技术。①

在多方尝试的过程中，招商银行逐渐认识到手机终端搭载NFC通信技术具有用户体验好、技术门槛高、安全能力强等优势，将成为金融行业的主流应用技术，并把它定为招商银行移动支付的战略发展方向。2013年，招商银行基于NFC技术在Android平台全终端手机上率先实

---

① 周天虹．招商银行移动支付业务发展及未来布局．http://news.rfidworld.com.cn/2015_04/e67dd45f7930a565.html.

现了 Tokenization（标记化）技术，并以此技术为基础，结合此前“空中开卡”等技术优势，整合了安桌系统移动平台的业务流程、生命周期和用户体验，推出了全新的手机金融产品“一闪通”。招商银行客户无需携带银行卡，只需要有 NFC 通讯功能的手机，通过手机银行空中操作，即可将手机变成银行卡（兼容安卓系统和苹果系统两大主流移动平台，同时支持借贷记卡），轻松操作银行业务。①

（二）推出移动金融产品“一闪通”

2014 年 12 月 10 日，招商银行宣布其移动金融产品“一闪通”正式上市，该产品将手机与银行卡合二为一，业务范围涵盖手机支付、手机 ATM 存取款及兑换外币和网点服务等。至此，用户只要拥有与招商银行合作的手机，就可以不需要随身携带银行卡。“一闪通”的操作非常简单，在带有 NFC 功能的 ATM 机上，只需将手机置放在识别区域，然后点击屏幕中的相应选项，就可以在无卡情况下直接提取银行卡内的现金。同理，在 POS 机上也可以执行这项操作，手机内置芯片会被 POS 机自动识别，用户可以亲眼见到银行卡内金额在手机屏幕上发生的变化。目前中国银联、恩智浦、华为、三星、OPPO 等均与“一闪通”建立起了合作，后续也将有更多厂商和机型支持该产品。②

在安全保障方面，招商银行“一闪通”具有三个世界级的安全特性，其一为安全硬盘的技术，即根据一定的规则为每一个“一闪通”对应的手机终端生成一个特定的数字串，这个数字串和银行卡一一对

① 周天虹．招商银行移动支付业务发展及未来布局．http://news.rfidworld.com.cn/2015_04/e67dd45f7930a565.html.

② 陈紫薇．招商银行推“一闪通”刷手机即可支付提现．http://www.sootoo.com/content/537232.shtml.

应；其二，“一闪通”使用了符合中国人民银行标准的顶级安全芯片标准的存储加密技术，这项技术由全球芯片厂商恩智浦半导体提供；其三，用户如果发生手机丢失的问题，可以随时通过拨打招商银行的热线，登录网银，或者在掌上银行切断其丢的替身和银行卡关联的连接。[①] 具体操作上，招商银行秉承移动金融服务的安全可靠性原则，以1000 元为分割线，将用户卡内金额划分为两区。用户可以将卡内金额或信用额度转入闪付中，也即手机内的银行卡替身，就可在不高于1000 元的消费额度内实现无密码的方便快捷安全支付。

（三）以虚拟货币入手，进军移动支付领域

2015 年 12 月，招商银行信用卡与自动贩售机品牌友宝展开合作，推出“招行积分扫码支付——友宝自动售货机全场饮品 99 积分起兑”的活动。“招行积分付”正式上线，这是银行业内第一个积分扫码支付产品，也意味着招商银行信用卡开始以虚拟货币入手，进军移动支付。关于“招行积分付”这一新型支付方式，用户在指定友宝自动售货机前，打开招商银行信用卡官方 APP 掌上生活，扫描商品二维码，支付 99 积分或 199 积分即可兑换饮料类商品。招商银行信用卡开启了以信用卡积分为虚拟货币的先河，强调积分的精神价值——乐趣，在业内独树一帜。“小积分，大乐趣”的经营理念深得千万持卡人的喜爱与肯定，在这种理念指引下，招商银行信用卡从客户需求出发，密集推出了多个创新性积分产品：从春节的积分红包到七夕的积分传情，让积分成为社交的载体；从“9 分单色球”——积分实时抽奖到“9 分坦克

① 陈紫薇．招商银行推“一闪通”刷手机即可支付提现．http://www.sootoo.com/content/537232.shtml.

战”——积分闯关游戏，让积分好玩更好赚；从“小积分，微慈善”到“积分慈善众筹”，让积分有趣的同时更温暖；从积分买房、积分阅读、手游分发再到积分扫码支付，让积分来连接一切场景。据悉，由于每台自动售货机是一个小型自助便利店，通过此次合作，招商银行信用卡的线下积分兑换商户将从目前的6000多家扩展到30000多家，实现积分线下消费场景的又一率先布局。①

招商银行作为国内第一家进军积分移动支付领域的银行，一举打破了传统移动支付模式，引入了虚拟货币形式，迅速挤入移动支付市场，与百度钱包、支付宝和微信钱包这些移动支付巨头一论高下，其与友宝的合作，是移动支付领域具有标志性意义的举措。鲜明地展现了其在互联网金融大潮中所表现的强大市场敏感度和创新力。

（四）与滴滴出行达成战略合作

2016年1月，招商银行和滴滴出行联合宣布达成战略合作，未来双方将在资本、支付结算、金融、服务和市场营销等方面展开全方位合作。按照合作协议，滴滴将接入招商银行“一网通”，将“一网通”设定为乘客支付方式之一。届时，用户可直接在滴滴出行APP中通过绑定各银行的银行卡，以一网通在线支付车费。双方在发布会上透露，对于下一步的具体合作，双方正在紧锣密鼓地推进。发行联名信用卡及借记卡的行动，最快有望于2016年第二季度开始。届时，所有客户通过招商银行渠道以及滴滴出行的客户端均可以申请联名卡，除享受到招商银行“M+卡”的所有金融优惠外，联名卡的持卡人在滴滴平台上支付

---

① 招行首推积分扫码支付 移动支付瞄准虚拟货币．财经网，http://money.163.com/15/1209/17/BADJTBLF00253B0H.html.

将能获得多倍积分、专属优惠券以及滴滴提供的专属额外服务和特权。在专车快车服务方面，招商银行线下营业网点将为滴滴司机提供注册服务，司机携带身份证、驾驶证、行驶证前往指定银行网点即可办理注册快车、专车司机的手续。据悉，目前全国已有北京、深圳、天津、青岛、厦门、成都、杭州、长沙、上海九个城市的50个招商银行网点提供该项服务。另外，招商银行和滴滴出行也将合作试水汽车金融。招商银行将成为滴滴司机购车分期合作的唯一银行，分期购车将对所有司机开放，分期金额依据司机个人信用报告和滴滴的数据来综合评估。招商银行还将与滴滴在跨境现金池、跨银行现金管理、美元资产管理及汽车贷款等方面深入合作。招商银行信用卡正在研究，让持卡客户以积分换取支付服务。①

作为国内首次通过与移动互联网公司合作进入移动支付场景领域的商业银行，招商银行此次与滴滴出行这样一个应用场景的合作，较大地拓展了其移动支付领域的市场空间，是其推动移动互联网金融战略的重要一步，也是“外接流量”的重要尝试，填补了不习惯使用微信和支付宝支付手段，而希望通过信用卡来支付滴滴出行费用人群的使用空白。通过双方的合作，招商银行可以拓展移动互联网和平台端的获客渠道，把互联网公司的流量转化为银行客户，极大地提升了互联网公司的商业价值。在这个合作过程中，招商银行不仅扮演了现金后台的角色，未来还将成为滴滴出行的战略投资方。

（五）在移动支付领域拥有多个“国内第一”的招商银行

在大力发展移动支付战略的过程中，招商银行取得了多个“国内

① 卓泳，张帆．招商银行进军移动支付市场．南方日报，2016年1月29日．

第一家”的殊荣：与HTC合作的项目，是国内第一家在通用手机上推出电子现金账户的银行；与中国联通合作的项目，是国内第一家推出基于SWP-SIM卡方案的银行；国内第一家实现手机全终端“空中开卡”的银行；国内第一家实现Tokenization技术的银行；“一闪通”是国内第一家在手机上实现银行卡全生命周期管理的银行。[①]

招商银行作为国内极其富有活力和创新精神的商业银行，始终将“因您而变”作为自己的服务理念，在无数次的变革浪潮中积极求变，不断探索，刷新了无数记录，成就了无数个第一。也正是这些让人印象深刻而又耳目一新的记录和第一不断地推动着其成长和飞跃，促使其成为行业的翘楚，每每站在时代最前沿。相信未来招商银行在进一步探索银行经营之道上将会有更多的尝试和突破。

六、中信银行的移动支付布局

2012年12月6日，中信银行与中国银联签署移动支付合作协议，正式加入移动支付大战。协议签订后，中信银行成了首批使用银联应用管理平台（TSM，Trusted Service Management）的银行之一。银联应用管理平台拥有“空中发卡”功能，可以将银行信息直接下载到通信运营商的SIM卡里面。用户可以借助手机在银联“闪付”终端上进行刷手机消费。

（一）携手顺丰推出“中信顺手付”移动支付APP

2015年4月28日，中信银行与顺丰集团宣布合作推出共有品牌

① 周天虹．招商银行移动支付业务发展及未来布局．http://news.rfidworld.com.cn/2015_04/e67dd45f7930a565.html.

“中信顺手付”支付账户 APP，据了解，该产品是国内首个由银行业与物流业共同开发的移动支付 APP，既能提供转账收款、网购、理财、信用卡等功能，也能实现简单易操作的快递业务，该 APP 推广阶段的“一分钱寄件”“运费返现 5%”等优惠颇具吸引力，直接解决了网购用户的支付与运输两大主要问题。用户在“中信顺手付”APP 上支付顺丰运费可获得 10% 返现，并累计至“顺丰金”账户。①

当天同步面世的还有中信顺丰联名信用卡，主要面向网购人士尤其是海淘爱好者，目标是能够成为“剁手党”们的网购利器。卡片分为银联单币卡、VISA 全币通卡、万事达全币通卡三款，持卡用户开卡的同时，即自动开通“中信顺手付”账户，并与联名卡绑定快捷支付。持卡用户能在全球进行消费或者取现时免除 1.5% 的货币兑换手续费，而境外消费最高能获得 10% 的返现。此外，使用中信顺丰联名卡消费产生的积分也直接累积为“顺丰金”，而“顺丰金”可作为现金通用于“中信顺手付”体系下相关服务及产品的消费。除此之外，持卡用户还可享受顺丰旗下电商平台“顺丰优选”、顺丰转运服务“海购丰运”的 VIP 会员权益。②

中信银行携手顺丰推出的“中信顺手付”，作为国内首个由银行业与物流业共同开发的移动支付 APP，可谓迎合了当下的网购潮流。众所周知，互联网的飞速发展带来了消费场景和消费模式的巨大变革。人们不再局限于到各大百货商场、超市进行购物，更多人把消费场所转移到网络上，消费场所的多样化使得消费模式从固定物理地点的消费转变成

① 中信银行携手顺丰推“中信顺手付”移动支付 APP. 中国电子银行网，http://www.qzwb.com/spec/content/_5098177.htm.

② 中心顺手付是什么？中信顺手付有哪些功能？. 信用卡网，http://ka.southmoney.com/zhuanti/zhishi/29009.html.

多元的随时随地消费，消费者可以随时通过移动设备进行消费。而满足这种新型消费模式有两个核心要点——先进的支付手段和便捷的物流。中信银行很好地将这两个核心要点进行整合，发挥自己的支付优势，与顺丰的物流优势强强联合，为网购一族提供“最后一公里”的优质服务。以物流来打开自身的移动支付市场布局，可谓是慧眼独具、目光深远。双方通过共享客源、共享渠道、共享资源，积极构建一个完整的O2O生态圈，为用户带来了智能、秒付的手机支付体验，让无卡支付走进千家万户。

（二）携手华为打造第一款移动支付应用

2015年9月8日，中信银行信用卡中心携手华为共同宣布，正式推出基于全终端支付解决方案的手机支付应用——中信华为钱包电子信用卡，这是中信银行信用卡中心携手华为倾力打造的第一款移动支付应用。此次跨界合作，使手机成为用户最可靠的移动银行卡包，让用户获享更快捷、更方便、更安全的无卡支付体验，同时也是中信银行信用卡大力布局移动支付的标志性举措。此次中信银行与华为的移动支付合作，搭载了华为于同一天在国内正式发布的年度旗舰产品“Mate S”①终端。据介绍，“Mate S”将在超过30个国家和地区率先上市销售，其中包括中国、德国、日本、法国、西班牙等国家，但仅在中国区推出“手机刷卡”功能。该功能实现基于手机eSE（全终端）安全模块+NFC+指纹识别功能的全手机模式移动近场支付，用户只需在“Mate S”华为钱包APP内绑定中信信用卡，即可在线开通等额度的电子信用卡，该电子信用卡支持银联PBOC（中国人民银行）3.0标准及其

① Mate S是华为全新旗舰机。

Quick Pass（闪付）近场支付，用户可以在银联 POS 机上刷手机即可完成极速便捷的熄屏支付，更具有指纹验证 + 验密的双重安全屏障，真正获享安全、快捷的无卡支付体验。与二维码支付相比，中信华为钱包电子信用卡加载的指纹验证支付具有更高的安全性。它使用了金融安全芯片级的安全解决方案，指纹信息管理、加密、验证、存储程序均运行在芯片的安全操作系统中，安卓系统和第三方应用软件都无法访问该区域，保证了指纹的运行环境安全。同时，“熄屏支付”的极速快捷是该电子信用卡的另一大特色。用户在结账时只需持手机靠近 POS 机，即可熄屏唤起支付页面，在手机上轻轻一按进行指纹验证，就能完成 200 元以内的小额支付，如消费金额超过 200 元，也只需在 POS 机上再键入信用卡密码就能快速完成付款。在整个过程中，用户不需在手机上跳转多级页面就能一步进入手机支付验证页，既方便快捷，又有安全保障，畅享前所未想的无卡支付新体验。此外，该电子信用卡支付还具有广泛的应用场景。截至 2015 年上半年，境内支持 NFC 支付的银联“闪付” POS 机终端已经超过 500 万台。与此同时，中信银行还将逐步结合线下的特色商圈和自主铺设的四合一 POS 终端网络体系，将信用卡积分、优惠活动融入应用场景，广泛覆盖电影院、咖啡馆、超市等日常消费场所，让用户不仅可以享受“刷手机”的便捷支付，同时还可以以闪付方式获得中信信用卡“9 元看电影”“9 分享兑”等丰富多彩的信用卡优惠。①

中信银行与华为的移动支付领域合作，再一次印证了互联网金融时代银行业与其他行业跨界合作的可行性和必然性。中信银行在支付领域

① 江肖．中信银行、华为力拓移动支付　首推指纹识别近场支付．新浪江苏，http://jiangsu.sina.com.cn/news/xfzn/2015－09－17/detail-ifxhytwr2135968.shtml.

上的先天优势与华为手机终端技术的强强联合，充分实现了金融产品和移动互联网技术的完美结合。此次跨界合作，让用户拥有了更快捷、更方便、更安全的无卡支付体验，将现代人不可或缺的手机与银行卡之间建立了更加紧密的联系，是中信银行信用卡开始布局移动支付的标志性举措。

（三）推出手机“云支付”

为进一步优化客户支付体验，提高客户日常消费支付效率，2015年12月，中信银行联合中国银联，共同推出了新一代NFC网络支付方式——手机“云支付”。此种支付方式可以使手机像银行卡一样直接在POS机上“刷卡”完成支付，在免除出门携带银行卡的同时，还保证刷卡过程中的支付信息不被泄露，真正实现了客户消费的安全支付。手机“云支付”是一种基于NFC-HCE技术的手机近场支付，具备NFC功能的智能手机可通过手机应用模拟出一张银行芯片卡“云卡”。开通“云卡”后，持卡人便可通过手机完成支付交易。同时，为满足客户随时随地的消费需求，手机“云支付”支持在无网络、无手机信号环境下完成支付。使用者无需解锁手机，不用花费流量打开APP，更不需要扫码支付等一系列操作，只需点亮手机屏幕、在POS机感应处挥动手机即可完成支付。简化支付过程的同时，“云支付”也在支付信息安全方面进行了有效升级。与以往的脱机近场支付方式不同，“云支付”为联机交易支付，使用者在进行支付交易时用户的账户数据生成一个加密令牌，支付过程中在线实时验证令牌，省去了向支付账户提前圈存的步骤，更加保护了支付信息的安全。①

---

① 中信银行手机“云支付”没信号也能用．天津日报，2015年12月30日．

中信银行与中国银联联合推出的手机“云支付”极大地满足了客户的消费体验，特别是其推出的无网络、无手机信号环境下也能完成支付的功能，充分满足了用户需求，扩展了移动支付的使用范围，免去客户由于网络或者手机信号不佳而不能使用移动支付手段的困扰，具有极强的场景使用性，充分体现了中信银行以客户为中心、重视客户体验的经营服务理念。

（四）支持 Apple Pay 服务

对于 Apple Pay 服务，国内大多数银行都抱着开放的态度积极接受和推广，以期联合起来，与国内先期推出的支付宝等支付平台平分秋色。中信银行也于 2016 年 2 月正式向用户推出 Apple Pay 服务，加入移动支付领域的合作大军，成为首批支持 Apple Pay 的金融机构之一。

中信银行所支持的 Apple Pay 服务，作为一种将让移动支付焕然一新的快速、安全的支付方式，是一种结合了近场通信手段和指纹识别安全措施的第三方支付方式。简单来讲，得益于 iPhone 6 和 iPhone 6s 中创新的近场通信（NFC）天线，只要持卡人将手机绑定了中信银行借记卡或信用卡，一个简单的动作就能完成店内支付，无需打开 APP，也无需唤醒显示屏。只要将 iPhone 靠近非接触式读卡器，并将用户的手指放在 Touch ID 上，就能轻松享受极速“秒”付体验，比现有的任何一种支付方式都更加方便和安全。[①]

（五）支持 Samsung Pay 服务

2016 年 3 月 29 日，中信银行正式宣布与三星电子、中国银联联手

① 中信银行正式支持 Apple Pay 服务．中国经济网，http://finance.sina.com.cn/roll/2016－02－18/doc-ifxprupc9382660.shtml.

合作，成为首批支持 Samsung Pay（三星支付）服务的银行。Samsung Pay 在中国正式上线后，中信银行的银联信用卡、借记卡持卡人，将在最新的三星移动设备上率先体验到 Samsung Pay 服务，享受到广泛、安全、便利的银联“云闪付”体验。Samsung Pay 是三星推出的一款手机应用，为移动支付提供便捷安全的平台，它能够令拥有 Samsung Pay 功能的用户安全地在手机等移动设备上管理和使用自己的银行卡，并透过手机上充分优化的操作体验，轻松进行支付。目前，凭借广泛性、安全性以及便利性三大差异性优势，Samsung Pay 在韩国、美国市场一经上线，就迅速受到市场的广泛欢迎，并成了一种时尚。未来在中国，与银联“云闪付”相结合将会吸引更多的用户使用。

广泛性与安全性是 Samsung Pay 的核心优势。Samsung Pay 支持创新的 MST（磁信号安全传输）技术，结合 NFC 技术，既可用于支持“云闪付”的终端 POS 机，也可以用于传统的磁卡式 POS 机，因而能够在绝大部分有 POS 机的线下商家中使用，让拥有 Samsung Pay 的用户真正实现走遍天下都不愁的畅快体验。

针对用户最关心的安全问题，Samsung Pay 通过指纹认证、支付标记，以及三星独家拥有的移动安全解决方案 KNOX 技术①为用户的安全保驾护航。交易时，动态变化的支付标记代替真实的银行卡，避免了银行卡信息泄露，KNOX 技术则让 Samsung Pay 从硬件到软件层面都获得了安全防护。如果手机丢失，机主还可以通过 Find My Mobile（FMM）功能远程删除手机中的资料和信息。

未来，中国大陆的三星盖乐世手机系列 Galaxy S6 edge +、Galaxy

① KNOX 技术，是三星一款基于开源 Android 平台的安全解决方案，可以通过物理手段和软件体系相结合的方式全面增强安全性，同时完美兼容安卓和谷歌生态系统，为企业及员工个人带来行业领先的企业移动安全解决方案。

Note5 用户将可以通过软件升级使用手机上的 Samsung Pay 客户端，接下来 Samsung Pay 将扩展到更多的三星设备上，包括新款的盖乐世手机系列 Galaxy A5（2016），A7（2016）以及 Galaxy A9（2016）等型号手机，让更多三星手机用户享受到移动支付服务带来的安全和便利。①

中信银行作为首批支持 Samsung Pay 服务的银行，充分体现了其在抢占移动支付市场领域上先进、开放和融合的姿态。其在布局移动支付领域过程中，积极与各行业做跨界整合和合作，力求为客户提供全方位安全、便捷的移动支付使用体验，积极开发线下移动支付市场，完美实现金融服务与移动互联技术的跨界创新。

（六）引领移动支付潮流

面对移动支付的广阔市场前景，中信银行信用卡中心不断加快对移动支付领域的布局，抢占消费场景的入口，在移动支付领域取得了很好的成绩。

截至 2015 年 12 月 25 日，中信银行信用卡社会化平台整体累计用户量突破 3000 万，其中，手机 QQ、微信公众号用户量双双突破千万大关，成为国内首家实现手机 QQ、微信公众号双平台用户破千万的金融机构。②

中信银行现在已经拥有自有信用卡移动端“动卡空间” APP、“中信顺手付”移动支付 APP、中信华为钱包电子信用卡和手机“云支付”等移动支付端口，为消费者建立了一个涵盖生活、消费、金融的多元化

---

① 中信银行成为首批支持 Samsung Pay 服务银行．中信银行官网，http://bank.ecitic.com/eabout/zxjycg/2016/03/250265.shtml.

② 纪媛．中信信用卡布局社会化平台 用户突破 3000 万．大众网，http://www.dzwww.com/finance/yinhang/sdyh dt/zxyh/201601/t20160114_13687859.html.

移动生态场景，并首创权益分享机制，开启了金融社交时代的大门。

七、中国农业银行的移动支付布局

（一）推出“手机 POS”产品

2014 年 6 月，中国农业银行“手机 POS”产品在上海举办的 2014 年亚洲移动通信博览会（GSMA）上成功亮相。该产品是国内同业中首批推出的移动支付终端，是农业银行移动支付创新领域的重要成果，进一步提升了农业银行的商户服务水平，开拓了全新的业务发展空间。

农业银行“手机 POS”产品通过音频、蓝牙、USB 等多种通信方式与智能手机（安卓/苹果平台）连接，持卡人在便携式读卡设备上完成刷卡后，通过手机屏幕确认即可完成交易。该产品受理银联、VISA、万事达等多个国内外卡卡种，支持磁条卡、接触与非接触式 IC 卡的使用，并具有电子签名、防移机监控、终端智能管理等多项创新功能。与传统 POS 机具相比，成本更低、便携性更高，广泛适用于餐饮、保险、物流和会展等多个行业。亚洲移动通信博览会上，农业银行特别针对餐饮商户和中小个体商户，分别提供了基于手机 POS 的平板点餐和进销存管理等行业收单综合解决方案。①

（二）与微信支付合作推出“条码支付”手段

2014 年 11 月 6 日，中国农业银行在上海发布其与微信支付合作的“条码支付”手段。发布会上，农业银行工作人员以点餐支付为例演示

---

① 农行手机 POS 成功亮相 2014 年亚洲移动通信博览会．中国农业银行官网，http://www.95599.cn/cn/branch/h n/news/201406/t20140625_485943.htm.

了“条码支付”的场景。餐饮类商户使用农业银行开发的平板电脑应用“PAD点餐宝”，在电子版菜单上直接下单，随即生成二维码。消费者只需要使用手机微信“扫一扫”，就可以在微信钱包完成支付。[①]

农业银行与微信支付联合推出的这项“条码支付”服务有效地提升了用户的支付效率，实现了银行、微信、商户和用户之间的无缝对接，达到了四方共赢的效果。银行方面，既拥有庞大的客户资源，又有布局移动支付领域、拓展支付渠道和功能的要求；微信方面，作为一个以社交软件平台起家的一方，也急于希望通过合作打开庞大市场，进一步扩展自己的使用功能和体验，特别是对其自身微信支付体验上的推广，也需要新的尝试和变化；商户方面，在餐饮行业竞争异常残酷的今天，当然欢迎多种模式的合作尝试来发展自己，提高自己的竞争力。通过端口这一获客手段获得更多的客户资源信息，利用现在的大数据分析客户的偏好，从而达到精准营销、留住客户，进一步发展更多客户的目的；用户方面，当然是越方便、越便捷越好，特别是现在的新新人类，喜欢尝试新事物，崇尚自由和简单，只要服务恰当，用户体验好，必然会得到他们的接受和喜爱。

（三）推出“变码支付”服务

输入信用卡卡号、有效期以及信用卡背面的cvv2码，即可轻松完成部分网络支付及跨境“海淘”支付。可以说，这种无需密码的支付体验是不少“网购族”再熟悉不过的支付流程，但与实体店的现场支付相比，这种便捷支付方式所隐含的盗刷风险也是许多持卡人放心不下

---

① 吕雯瑾．条码支付产品有效提升了支付效率．http://finance.qq.com/a/20141106/066936.htm.

的隐忧。2014 年 12 月，中国农业银行为持卡人推出的“变码支付”服务就能有效降低网络交易的支付风险。据悉，农业银行推出的“变码支付”可通过即时申请信用卡虚拟卡号，为信用卡客户提供独立于实体卡卡号的“变码”新卡号。所有农业银行信用卡持卡人只需在网络支付前致电农业银行电话客服，便可即时免费获取一组全新的卡号、有效期及 cvv2 码，然后使用这组与主卡完全不同的“虚拟变码”完成安全支付，避免可能因信息泄露引起的盗刷风险。据农业银行上海分行的专业人士介绍，农业银行为信用卡用户所提供的“虚拟变码”默认最长有效期为三个月。持卡人可在申请“变码”的同时设置支付限额，并可随时随地要求再次免费“变码”。为最大限度地保证持卡人的资金安全，如持卡人未自行设置限额，农行“变码支付”的单笔支付限额为 1000 元，单日累计支付交易限制为 3000 元人民币。[①]

从农业银行推出“变码支付”的信息中我们可以看出，农业银行也早早认识到了网购与推广移动支付手段之间联系优势，提前布局，积极发展创新业务。不过，农行在起步阶段服务模式还比较老套，还需要致电农业银行客服获取一个新卡号，当然这可能与农业银行保证客户的持卡安全有关。但在越来越重视客户使用体验的今天，在安全使用前提下，最大化地保证客户使用上的便捷性才是银行最需要履行的服务职责。我们从农业银行后续的一系列业务推广中可以看出，银行业在积极拥抱互联网金融方面，也经历了一个循序渐进的认识和发展过程。

（四）推出云闪付信用卡产品

2015 年“双十二”，中国农业银行作为首批银行，联手中国银联推

---

① 变码支付和虚拟信用卡——最新方便付钱手段介绍．江南晚报，2014 年 12 月 23 日．

出基于NFC近场支付技术的农业银行“HCE云闪付”服务，开启移动支付新时代。该产品基于标记令牌、动态密钥等创新技术，可为持卡人提供在手机端空中办卡、即办即用、联机闪付等多项功能，是农业银行加快信用卡360度服务升级，全方位提升客户用卡体验，迎接互联网金融浪潮的又一创新产品。

农业银行此次推出的“云闪付”信用卡产品，以支持NFC功能的安卓手机为载体，将客户已申办的农业银行信用卡以映射方式呈现在手机端。持卡人只需通过掌上银行客户端即可完成该产品申办、激活、查询、注销等各项操作。消费时，客户仅需解锁屏幕，在有银联“闪付”标识的POS机前一挥后输入密码即可，实现了手机与信用卡的“合二为一”。“云闪付”采用的最新令牌技术和动态密钥技术，将有助于保障信息安全，防范伪卡风险。①

农业银行“云闪付”产品主打“简单”“快捷”“安全”“普惠”四个理念。

1. 简单的产品申请流程

一直以来，“以客户体验为中心”是农业银行产品研发的不懈追求，在“云闪付”产品设计之初，研发团队对申请流程进行反复讨论和优化，依托后台系统及数据分析，在原有发卡流程基础上实现“云闪付”申请流程精简和再造，确保客户申请流程更加“简单”。两款农业银行“云闪付”产品无需前往线下网点签约开通，均具有空中发卡，即办即用的特点，实现了手机和银行卡的合二为一。客户只需通过相应的手机客户端入口进行申请，根据页面提示操作，两分钟即可完成全部

---

① 中国农业银行推出云闪付信用卡产品．http://m.abchina.com/cn/AboutABC/NewsCenter/201512/t20151218_814648.htm.

申请发卡流程。农业银行“HCE云闪付”产品针对安卓系手机，依托农业银行掌上银行，客户在 Andriod 4.4.2 以上版本 NFC 手机上下载并安装农业银行掌上银行，自助注册或直接登录掌上银行后，仅需“申请”“填写信息”“激活”“设置默认卡”四个步骤即可完成“HCE云闪付”卡的申请和设置。①

2. 挥卡闪付快速便捷

农业银行云闪付产品均采用非接联机方式，无需提前圈存，支付更加方便快捷。使用农业银行“云闪付”时无需打开 APP，“HCE云闪付”客户只需解锁屏幕，将手机靠近标有“Quick Pass（闪付）”标识的 POS 机具即可轻松支付。此外，农业银行“云闪付”产品还支持小额免密，在已经完成小额免密改造的线下商户（如麦当劳等）使用农业银行“云闪付”，300 元及以下金额免输密码、免签名，瞬时即可完成支付，真正实现“一闪即付”。②

3. 核心技术，保障用户使用安全

农业银行“云闪付”产品采用最新的支付标记技术，确保客户真实卡号及个人信息不会留存在手机中，不与商户共享，保障客户使用安全。农业银行“云闪付”通过软件模拟生成虚拟安全芯片的技术，同时对存储信息进行加密，进一步提升安全性。农业银行“云闪付”的每笔交易均通过后台系统进行实时的安全认证，最大限度地保证支付安全。此外，多位业内权威人士也表示，基于金融机构自主安全可控的“云闪付”技术体系符合国家关于金融支付安全的监管要求。同时，通过应用多种领先的技术手段，以及与国内外手机厂商开展技术合作，符

① 农行云闪付　掀起移动支付新浪潮．上海证券报，2016 年 4 月 22 日．
② 农行云闪付　掀起移动支付新浪潮．上海证券报，2016 年 4 月 22 日．

合移动支付创新发展的国际潮流，也为我国移动支付自主发展提供了绝佳平台与新的契机。[①]

4. 产业合作，普惠金融

从1989年发行第一张信用卡——金穗准贷记卡，2004年发行贷记卡，到2015年，农业银行几乎完整参与并见证了我国银行卡产业发展的每一个重要历程。如今，农业银行拥有4.74亿个人客户，1.4亿掌上银行客户，已发行银行卡达8.71亿张。作为国内大型银行卡发卡机构之一，农业银行始终把促进跨行业合作，为广大客户提供普惠金融服务作为一个重要课题。而此次与银联合作推出“云闪付”产品则是一个典型成功案例。在产业合作层面，以“云闪付”产品作为桥梁，银行、银联、手机厂商、收单机构与商户等多方共同参与，构建了一个开放式的产业平台。这个平台以提升客户支付体验为宗旨，各方互有合作却又相对独立，共同推进“云闪付”技术标准、商业模式与受理渠道的发展和完善。可以预见，伴随着“云闪付”等移动支付的推广普及，传统基于芯片卡多应用的银行卡行业合作模式将逐步完善，银行与合作伙伴的合作方式也将越来越多样化。移动金融的发展，也为更好地实现普惠金融，有效服务广大县域农村居民提供了可能。众所周知，县域农村金融服务的特点是客户分布广、金融网点少，移动金融则是自助型服务，能够使农业银行以更高的效率、相对合理的运营成本向更广泛的客户提供普惠式金融服务。近几年，农业银行投入了大量资源在县域农村支付市场的建设上，初步形成了以移动支付终端为代表的金融产品体系。未来，农业银行将依托包括“云闪付”在内的多种产品和服务，继续致力于探索农村便民基础金融服务环境建设和农民小额电子支付习

① 农行云闪付　掀起移动支付新浪潮．上海证券报，2016年4月22日．

惯培养。[①]

农业银行“云闪付”产品的推出，进一步加速了农业银行与各种消费场景之间的融合，为其整个移动支付布局打开了全新的发展局面，也为其后续接入 Apple Pay 服务，进一步打通移动支付场景打下了坚实的基础。

（五）支持 Apple Pay 服务

2016 年 2 月 18 日，中国农业银行作为国内首批支持 Apple Pay 服务的银行之一，与中国银联、苹果公司合作推出信用卡 Apple Pay 服务。该服务基于支付标记技术，以苹果设备为载体，将客户的信用卡信息存储于设备的安全模块中，实现空中发卡、实时激活、近场支付、线上支付等功能，客户仅需携带苹果设备就可在带有银联闪付标识的商户进行挥卡支付，为客户带来便捷且安全的支付体验。Apple Pay 是农业银行开展互联网金融，全方位提升客户用卡体验的又一创新举措。近年来，农业银行以客户体验为中心，加快推进信用卡“指尖”产品研发，此前推出的安卓“HCE 云闪付”深受市场青睐，2016 年推出的 Apple Pay，为客户带来了丰富的增值服务，有利于农业银行营造在移动支付产品领域的优势。[②]

与之前推出的云闪付产品相比，2016 年农业银行推出的 Apple Pay 服务，在支付体验上做了进一步的升级。与将手机靠近标有“Quick Pass（闪付）”标识的 POS 机具完成支付相比，Apple Pay 则采用自动唤醒模式，客户无需解锁屏幕，直接将手机靠近 POS 机具并验证指纹即

---

① 农行云闪付 掀起移动支付新浪潮．上海证券报，2016 年 4 月 22 日．

② 中国农业银行国内首批支持 Apple Pay. http://www.boraid.cn/company_news/read_433241.html.

可，同时，Apple Pay 还支持线上支付，在开通 Apple Pay 的 APP 上实现一键支付。[①]

（六）追求卓越，不断发展

在移动支付领域的布局上，中国农业银行秉承开放、包容、创新、合作、共赢的发展理念，运用互联网思维，顺应市场需要和政府政策导向，开发和吸纳了一系列安全、便捷的新型支付产品和服务，包括对“变码支付”“条码支付”“手机 POS”等“指尖”产品的开发和推广，大大提高了其银行卡支付在渠道、服务和功能上的创新水平，为农业银行持卡用户提供了丰富而优质的使用体验，打造了一个跨行业跨领域的农业银行移动消费生态圈。

八、银行移动支付大有可期

移动支付从 2012 年崭露头角，现在已经正式进入了全面井喷的阶段。对于移动支付这块诱人的“奶酪”，第三方支付平台、银行、手机运营商等都在积极布局，尝试各种基于移动支付领域的创新业务，金融服务的移动化趋势已经在我国确立。

根据中国人民银行发布的《2015 年第三季度支付体系运行总体情况》，2015 年第三季度，全国银行机构共处理电子支付业务 271.38 亿笔，金额 553.07 万亿元，移动支付业务 45.42 亿笔，金额 18.17 万亿元，同比分别增长 253.69% 和 194.86%。

从中国人民银行发布的数据可以看出，在移动支付领域，传统银行

① 农行云闪付　掀起移动支付新浪潮．上海证券报，2016 年 4 月 22 日．

业虽然在开始时被支付宝、微信支付等第三方支付平台抢得了先机，但在互联网金融瞬息万变的今天，移动支付的王者之战其实才刚刚开始，而后来的银行业显然取得了不俗的成绩。而作为拥有大量用户基础的银行业来说，布局移动支付除了抢占市场，其主要目的还是为用户提供更为完善的金融服务，移动支付前景大有可为。

支付宝作为移动支付领域的先行者，在“智慧菜场”的布局上已经宣告失败，事实证明，老百姓在买菜这种事情上还是习惯于真金白银的交易。这也给布局移动支付领域的传统银行提了个醒，还要把战略目标瞄准当下年轻人身上，毕竟老年人群体还是不习惯移动支付这种交易手段的。

做得风生水起的微信支付也让很多用户望而却步，这源于微信转账提现收费的新规，这着实让网民吐槽了一把，而目前银行业已经有近70家银行的手机银行实施跨行转账5万元以下暂时免费或永久免费。其中，平安、中信、浙商、宁波、江苏、包商、渤海等银行个人网银和手机银行渠道跨行转账均免费。

由苹果公司推出的Apple Pay服务于2016年正式登陆中国，在其苹果手机耀眼的明星光环下，苹果支付手段可谓强势来袭，为国内支付技术的创新大潮又添巨浪，也为国内的移动支付格局提供了新的机遇和挑战。而对于与支付宝等第三方支付平台争抢地盘的传统银行业来说，目前的形势显然是机遇大于挑战，这从银行业纷纷支持Apple Pay服务这一行为即可看出。银行纷纷利用这一自带光环的支付手段来与支付宝等国内第三方支付平台“一决高下”。

中国社会科学院金融所发布的《中国支付清算发展报告（2014）》指出，支付终端一直是支付领域创新的永恒话题，谁拥有了终端技术谁就占领了发展的主动权。在未来，必将呈现“无终端不支付、强终端强支付”的局面。长远来看，未来支付终端体系，将是以手机为主、电脑为辅的二元时代，电视、电话只是起补充作用，ATM 机和 POS 机等传统终端可能会在支付领域被逐步边缘化，甚至淘汰。在移动支付发展过程中，由于涉及的产业链环节众多，如银行、支付企业、软件厂商、手机厂商、运营商等，还没有形成可持续的、各方共赢的行业发展格局，业务模式与定位尚不清晰，导致行业主体之间缺乏明确的权责分担机制，也使现有的业务拓展和竞争往往停留在低水平阶段，这是移动支付发展面临的核心挑战。[①] 有问题就有挑战，有挑战就有机遇。对于银行业来说，移动支付发展格局的大幕刚刚开启，真正的主场者还未可知，银行作为国家金融服务体系发展的主力军，有机会、有能力，也有责任把这块领域深耕好。

① 中国社科院报告：支付终端的发展将日益多元化．凤凰网财经，http://finance. ifeng. com/a/20140429/122116649_0. shtml.

第七章

涉足“电商贷”业务

在互联网金融迅速发展的今天，伴随着国内大众创业、万众创新浪潮的席卷，传统的银行服务模式已经难以满足小微企业的需求，特别是新兴贸易体——电商企业的资金运转需求。在此形势下，阿里巴巴、京东等电商平台都纷纷推出自己的小微电商贷款，帮助小微电商企业在无抵押物、无担保人的情况下完成贷款。

如今，许多中小型电商企业已经使用了电商平台推出的小贷业务。比如在很多淘宝卖家的管理平台上，可以直接显示授信额度，这是蚂蚁微贷根据卖家运营情况算出的额度。蚂蚁微贷给的额度虽然不是很高，但用户急用钱时十分方便。曾有数据统计显示，蚂蚁微贷的户均贷款额度为 4 万元。截至 2014 年年底，蚂蚁微贷已经累计投放贷款超过 2500 亿元。蚂蚁微贷多数产品支持以日计息，随借随还，符合小微企业资金需求短、平、快的特点。此外，2012 年 12 月，苏宁易购宣布面向全国上游经、代销供应商主推供应链融资业务，“苏宁小贷”金融业务全面开放；2014 年 5 月，唯品会拿到了小贷牌照；同年 10 月，京东金融也推出“京小贷”，其为京东商城开放平台商家提供的金融产品，年化贷款利率 14% ~24%，贷款期限最长为 12 个月。[①]

面对日益崛起的小微电商融资需求，传统银行纷纷加入战局，争相推出电商贷款服务，分食电商贷这款蛋糕。银行针对电商企业需求做出的业务调整，既解决了电商企业发展的燃眉之急，也为自己在激烈的金融市场竞争中开辟了新的战场，赢得互联网金融的布局主动权和业务转型机遇。毕竟，迅猛的电商军团崛起背后，是诱人的蓬勃商机。

---

① 锡复春．银行玩起电商贷，http://wb.qdqss.cn/html/qdzb/20150404/qdzb50445.html.

一、率先试水“电商贷”业务的华夏银行

2015年9月，华夏银行在杭州分行率先试点“电商贷”业务，推出“电商贷”产品。华夏银行“电商贷”产品是向入驻各大电商平台的个人经营者、小微企业发放的日常经营的流动资金贷款。这款产品不同于传统的贷款产品，它对借款人固定资产没有要求，也不需要提供资产抵押和担保，只要网店正常经营至一定年限，借款人拥有良好的信用记录即可申请办理。这一产品的最大信贷额度为100万元，以电商企业的交易记录作为信贷决策的主要依据，客户下载软件后，在手机端随时发送信贷需求，一般三天之内即可放款。线上申请、在线放款、随借随还、按日计息，这种种便利性都是以互联网为主营渠道的众多小微企业量身定制的。①

华夏银行“电商贷”产品一经推出就受到了广大电商企业的欢迎。截至2016年4月22日，华夏银行杭州分行已收到1100多户电商客户的在线授信申请，已授信379户，授信总额11804万元，贷款客户263户，贷款余额7857.45万元。②

华夏银行的“电商贷”产品真正做到了互联网时代的“客户至上”原则，是一款真正针对电商的贴心贷款产品。

首先，在客户准入上，华夏银行携手云贷365平台，共建互联网平台及数据分析模型，将信贷客户的授信要素从传统的“三表”（即资产负债表、损益表、流量表）向“三流”（即资金流、货物流、信息流）

---

① 朱华．华夏银行推出电商贷产品．浙江日报，2016年5月6日．

② 马媛．“电商贷”民间军团、银行系投融论战．21世纪经济报道，2016年5月5日．

转变。只要电商客户正常运转，具备较大的、有效的交易数据，无不良信贷记录，就可以获得无抵押无担保的纯信用贷款，同时"电商贷"产品支持通过其他自有可调度资产来增加和扩大比例。

其次，在业务流程上，华夏银行"电商贷"产品契合电商企业的在线模式。需要申请贷款的电商客户，只需扫描"电商贷"二维码或点击鼠标，不到五分钟就可以完成申请，华夏银行的客户经理会迅速响应，上门完成相关对接工作，并快速完成放贷。

最后，在产品利率设置及使用方面，华夏银行"电商贷"产品的利率比同类产品节省近三分之一的利率成本，适合电商企业较长周期的经营性资金需求。同时允许电商客户在贷款期限内随借随还，循环使用。根据实际经营情况，可以动态追加授信额度，既考虑了电商企业对资金"短、频、急"的需求，又可充分利用上述资金做好长期经营储备。①

互联网金融时代，市场形势瞬息万变，得用户者得天下。谁能抓住客户的心，短时间内吸引大量客户，谁就能赢得市场主动权。对于一直致力于为中小企业提供金融服务的华夏银行来说，不断发掘和探索各种方式来服务中小企业就是其生存和发展的根本。此次华夏银行对银行系"电商贷"的率先试水，表明了其敏锐的市场观察力和创新商业意识。

现在电商发展如火如荼，很多中小企业电商虽然发展迅速、前景良好，但由于受限于资金周转困难而不能得到良好的发展，求助于传统银行贷款，却由于没有实体店面，缺少抵押物而遭遇融资难的困境。华夏银行率先推出这种无担保的"电商贷"产品，以大数据分析为基础，以电商企业经营数据为授信依据，无需电商企业提供抵质押资产，只要

① 吴则实．华夏银行"电商贷"业务助力电子商务产业发展．http://news.xinhuanet.com/local/2015-12/23/c_1117553439.htm.

电商企业经营数据良好、符合产品准入条件，都可获得华夏银行最高100万元的信用贷款支持。这不但为一些发展前景良好的电商企业解决了融资难问题，也为自己争取了发展潜力巨大的企业用户。

此外，华夏银行将“电商贷”产品首先在浙江发行，也具有极强的战略眼光。浙江作为电商大省，拥有杭州、台州、义乌等国内著名的电商创业集群，电商经济分布广泛、电商创业氛围浓厚，资金需求更为迫切。华夏银行将“电商贷”产品首推浙江，也是从地域布局考虑，在短期内赢得了大量客户。

二、招商银行的“闪电贷”

2014年，招商银行率先在国内推出首款移动互联网贷款产品——“闪电贷”。“闪电贷”是招商银行基于大数据和云计算风控应用的一款移动互联网贷款产品，是招商银行零售信贷业务在产品创新和深耕客户方面的又一项重要举措，通过数据整合和应用，对零售客户进行精准定位，为客户提供全线上、全自助贷款。客户可通过招商银行手机银行APP或网银自助办理贷款，贷款申请、审批、签约和放款全流程系统自动化处理，无人工干预，7×24小时全天实时运行，随时随地轻松获得贷款。[①]

招商银行“闪电贷”的最大特点就是“快”，让用户在使用时体验闪电般的速度。这也是重视客户体验，贴心满足客户需求的举措。毕竟，需要贷款的客户都会期望可以尽早获得审批，快速拿到资金。

使用招商银行“闪电贷”，客户不需要提交任何资料，只要符合申请资格，就可以在招商银行手机银行客户端直接操作，贷款申请能够快

① 招商银行．招商银行国内首推手机贷款“闪电贷”．泉州晚报，2015年1月16日．

速获批，60 秒资金就可以到账。据介绍，招商银行“闪电贷”产品的大数据运算能力，不仅能够准确判断客户的风险等级，还能够根据客户各类交易和行为数据的变化按月动态调整可贷额度。比如，客户的工资代发，招商银行系统会根据客户最新的发薪情况更新贷款授信额度，后台会根据客户的现金流和金融资产状况来自动调整授信规模。①

据了解，未来招商银行将进一步加强互联网金融技术研发，依托自身零售客群优势，针对招商银行零售客户实施零售贷款普惠计划，通过“闪电贷”为客户提供全天候不间断的贷款融资服务，满足客户的经营资金周转和日常消费需求，计划全年实现超百万客户的贷款发放。招商银行将在数千万零售客群中普及“闪电贷”，让每一位招商银行客户都能享受到“移动信贷”带来的便利性。②

在零售贷款领域，招商银行早在 2006 年就开展了在互联网方面的应用，目前，招商银行已经完成了零售贷款互联网应用的三步走。第一步，2006 年推出“随借随还”，客户通过 PC 端网上银行即可自助归还贷款；第二步，2012 年推出“空中贷款”，即线上引流线下（O2O）个人贷款服务，客户通过手机银行网页在线提交贷款申请，远程银行系统自动分配给全国 1300 家招商银行网点的零售信贷客户经理，客户经理上门受理客户贷款申请；第三步，2014 年推出“闪电贷”，客户通过手机银行 APP 自助申请贷款，系统自动审批放款。回顾一下，招商银行仅用八年时间就打造了零售贷款互联网金融的完整应用，可谓成绩斐然。③

---

① 中国电子商务研究中心．招商银行“闪电贷”六十秒到账．http://b2b.toocle.com/detail－6228233.html.

② 招商银行．招商银行国内首推手机贷款“闪电贷”．泉州晚报，2015 年 1 月 16 日．

③ 薛亮．招商银行“闪电贷”颠覆传统贷款业务．金融时报，2015 年 1 月 17 日．

招商银行在互联网金融时代一直走在创新的前沿，以“闪电贷”为代表的一系列贷款模式创新尝试就是对传统银行业务的冲击之一。利用自己庞大的银行存量零售客群和金融资产数据优势将传统信贷业务和互联网金融相融合，不断扩展自己的业务范围，为布局自己的“轻型银行”战略进一步搭建有利平台。

三、中国建设银行的“善融e贷”

服务中小微企业，角力中小微企业贷款市场，中国建设银行也是早有布局。

在2012年，建设银行就通过对金融与网络的融合，率先推出“网银循环贷”，在线完成申贷、放贷、还款流程，打破了时间与空间的限制，不仅替小微用户节省了时间，也减少了融资成本。在此基础上，建设银行加大网银循环贷与其他业务产品的组合推广，搭建“网络+网点”的四网合一申贷方式。使小微用户通过“善融商务”平台、网上银行、建设银行门户网页以及网点均能提交申请，并可通过网上银行支用贷款，打破了线下业务的传统渠道，实现了网络融资服务，让用户真正感受到融资的便利。[①]

进入2014年，建设银行面对“善融商务”个人商城和企业商城入驻的小微企业客户推出了“善融e贷”业务。建设银行推出的小微企业“善融e贷”业务，最高贷款额度可达200万元。建设银行对入驻“善融商务”企业商城和个人商城并得到认证的小微企业提供融资服务，包括基于商城在线交易情况办理的信用贷款业务以及入驻商城的小

① 建行推出“善融e贷”业务助力小微企业. http://cq. qq. com/a/20150514/045592. htm.

微企业办理的其他小微企业信贷业务。客户可通过建设银行“善融商务”平台、门户网站、网上银行、手机银行等电子渠道或小企业经营中心、机构网点等物理渠道提交贷款申请。基于企业商城在线交易情况，单户贷款额度最高可达200万元。客户无需提供抵质押或担保，在建设银行授信额度和额度有效期内，贷款可随借随还、循环使用。[①] 为了提升互联网金融服务质量，给小微用户更多全新体验，建设银行还利用互联网资源，为小微用户搭建网络金融之家，在服务平台上，小微企业主能享受到一站式服务，可同时浏览到企业和其个人所关注的相关信息，完成转账、查询、投资、在线申贷等金融活动。[②]

“善融e贷”免质押，信用额度只需在线交易数据作担保的形式，极大地增强了对小微企业的金融服务能力，成为助力小微企业发展的坚实后盾，为建设银行电商平台形成了以商促融、以融带商的良性循环，扩大了其银行客户的引入，完成了和银行传统业务的对接。

四、广发银行的“电商流水贷”

2014年，广发银行杭州分行根据浙江省民营经济高度集中、电商创业氛围浓厚、小微电商比较集中这一特点，针对以阿里巴巴为代表的电商平台，打破传统思维，深入市场研究，结合电商客群与传统客群的差异性和新特点，成功开发出“日用消费类电商客群的流水贷产品专案”。其力推的“电商流水贷”产品以小微电商在天猫、京东等平台的运营情况为授信依据，对于众多小微电商企业主而言，只要符合在天猫、京东

① 于玉．建行善融E贷是什么？. http://www. rong360. com/gl/2015/04/10/69687. html.
② 建行推出“善融e贷”业务助力小微企业. http://cq. qq. com/a/20150514/045592. htm.

等电商平台经营两年以上，并连续实现盈利的电商客户均可申请。无抵押、无担保，企业可以根据资金使用与周转情况随时还款，随时借款，且借款按照实际使用天数计息，最高放款金额可达300万元。

广发银行杭州分行“电商流水贷”的落地，标志着广发银行针对小微企业的金融服务进入了新的阶段。

近几年，广发银行杭州分行抓住了互联网技术高速发展、互联网金融以及大数据日新月异的特点，加大了对“捷算通卡”“小企业手机银行”和“好快先生”等小企业移动金融服务平台的搭建。其中，小企业“捷算通卡”是为小微企业客户量身定制的对公单位结算卡，客户持卡凭密码即可办理现金存取、转账汇款、投资理财、账户管理等业务；“小企业手机银行”作为小微企业的移动金融服务平台，可实现公私账户统一管理、移动审批、在线融资、电子回单、智能提醒等功能；而“好快先生”是广发银行推出的小企业贷前准入营销工具与移动访厂工具，它作为小企业全流程系统平台的重要组成部分，通过引入贷前准入营销工具、移动访厂工具，改善、优化小企业业务操作流程，实现涵盖贷前、贷中、贷后的全流程系统管理和风险控制，对于规范客户经理授信环节操作和管理、提升信贷业务效率具有重要的意义。[①]

广发银行杭州分行在进行首批“电商流水贷”客户的选择上也是具有战略考量的。

广发银行杭州分行的首批“电商流水贷”客户主要选择的是食品、家纺类行业电商，这主要出于对风险控制管理方面的考量。因为这些行业的特点是：受经济波动影响小，资金回笼快，第三方平台对于电商的

---

① 钟文斌．广发银行布局移动金融　杭州分行发放首笔电商流水贷．http://biz. zjol. com. cn/system/2015/04/01/020583465. shtml.

贸易背景的真实性和交易数据可以做到透明。当然，随着产品的成熟和数据的丰富，广发银行也会把服务领域拓展到新兴的医疗健康、现代农业和物流快递等行业。①

广发银行一直致力于“建设中国最高效的中小企业合作银行”，因此无论是战略布局还是政策导向，广发银行对小微企业的扶持力度都比较大。尤其在浙江地区，民营经济发达，中小企业集聚，广发银行更是投入了较多的信贷资源和政策倾斜，包括：设立小微专营支行，配备专职团队和专项信贷额度，设有独立审批流程，等等。② 广发银行“电商流水贷”的推广，表明广发银行扶持小微企业发展，发展自身业务优势，在互联网金融领域的布局方面又迈出了成功的一步。

五、中国邮政储蓄银行的“电商贷”业务系列产品

随着互联网线上经营模式的发展和国家对电子商务的重视及推广，电商正在成为一种极具影响力和活力的新型经济体，它的出现不仅拉动了国民消费需求，也为银行的业务创新转型提供了新的契机。在各大银行纷纷发力“电商贷”业务的今天，中国邮政储蓄银行积极拓展自己的小微电商贷款融资业务，打造自己的互联网金融服务体系链。

（一）“电商贷”产品

2014 年年底，中国邮政储蓄银行推出了它的“电商贷”产品，主要是指向符合授信条件的、在电子商务平台从事电子商务的借款申请人

---

① 屈凌燕．“电商流水贷”助力小微电商．经济参考报，2015 年 4 月 10 日．

② 钟文斌．广发银行布局移动金融　杭州分行发放首笔电商流水贷．http://biz. zjol. com. cn/system/2015/04/01/020583465. shtml.

发放的，用于从事电子商务的企业合法生产经营活动的短期人民币流动资金贷款。贷款金额最高可至100万元，单笔贷款最长期限为一年。贷款对象为依托电子商务平台从事B2C（Business to Customer的缩写，即商对客的电子商务模式）或B2B（Business to Business的缩写，即企业对企业的电子商务模式）电子商务的自然人或小微企业法人。推广之初，授信对象暂时仅限于依托“天猫商城”（含原“淘宝商城”）从事B2C电子商务的自然人或小微企业法人。相关条件是借款人的“天猫商城”经营店铺要有稳定的销售渠道，不低于12个月持续有效的经营历史；“天猫商城”行业排名位于前60%，三项动态评分中至少两项不低于同业平均水平且不低于4.7分，近三个月有效客户投诉不高于三次，近12个月参加“聚划算”“直通车”等促销活动。①

中国邮政储蓄银行将自己“电商贷”的贷款目标群主要锁定在苏州。据统计，整个苏州地区2014年电商企业交易金额已超过5000亿元，同比增长40%以上，已连续四年保持30%以上的增幅。其中，网络零售规模总额达到539亿元，列全国电子商务经营百强城市第九位。目前，苏州各地正在重点建设培育的电商园区近30家，呈现出蓬勃发展的良好态势，参与电子商务的企业达到20多万家，在淘宝上的卖家就超过17万，覆盖了传统商业、制造业、地方特色产业、生鲜农产品、旅游、外贸等多个领域。预计电商信贷需求在1200亿元，可谓市场容量巨大。②

2015年“双11”前，江苏省苏州市邮政分公司的两位电商客户成功获得了邮储银行苏州市分行发放的共计118万元的“电商贷”。目

① 张玲．邮储银行推出电商贷　助力电子商务．http://money.xsnet.cn/zxfb/2141916.shtml.

② 张春晖．“电商贷”为你而来．中国邮政报，2015年12月26日．

前，对于电商企业来讲，支出的成本主要有三部分：一是物流费用，包括仓储、运输和快递，占比在40%左右；二是推广运营，主要是人工成本、网站运营、活动促销等，大约占20%；三是产品库存，存在一部分资金占用。平时资金流动较为均衡，但遇到一些重要节日，比如“双11”“双12”这样的销售旺季，往往都要提前备货、预约仓储，资金需求骤增，这对企业的资金周转就是一个很大的考验。由于销售的特殊性，电商企业很难和传统企业一样，获得银行的资金支持。中国邮政储蓄银行的电商贷不但解决了电商企业融资难的问题，同时，也成功开启了“银行+物流+电商”的融资新模式，实现了真正意义上邮政资金流、物流、信息流“三流合一”，将“邮银合作”打开了新局面，为中国邮政集团公司“一体两翼”经营发展战略落地开辟了一条重要渠道。①

在选择贷款发放对象上，中国邮政储蓄银行利用自己的邮政物流客户数据优势进行甄选。信贷部门在开发“电商贷”产品时，通常会请中国邮政首先推介与他们有合作关系的电商企业，除了对这些企业进行实地调查外，信贷人员还要调查电商企业的各项业务数据，从而判断企业的销售情况和信用风险。中国邮政在为邮储银行推荐客户时，都会选择那些与邮政合作多年，而且包裹交寄量比较大的客户。特别是一些入仓客户，客户会向邮政开放其后台数据，便于包裹的预包装处理。这样一来，邮政所掌握的数据也可以与邮储银行共享，便于他们分析客户的经营情况和资金流动，为信贷审核提供可靠的依据。②

邮储银行与邮政相互配合形成的“银行+物流+电商”的融资新

---

① 张春晖．“电商贷”为你而来．中国邮政报，2015年12月26日．

② 张春晖．“电商贷”为你而来．中国邮政报，2015年12月26日．

模式，不但为小微电商企业解决了融资难问题，也为自己在激烈的市场竞争下赢得了差异优势。中国邮政储蓄银行利用自己先天的物流优势为客户提供免费的仓储服务，这样的举措对高速发展的电商企业来说无疑是一大利好，电商企业可以享受到其他贷款没有的增值服务。邮储银行与邮政一体化服务的开展，标志着中国邮政储蓄银行利用自身结构优势向互联网金融转型发展上迈出了更具有实质意义的一步，在物流业成为发展互联网金融关键一环的今天，其前景让人充满期待。

（二）“邮 E 贷”产品

“无需抵押和保证，只要网店经营得好，就可以得到银行的贷款支持。”为破解电商企业“融资难”困局，中国邮政储蓄银行结合电商小企业经营特点，于 2014 年开始，在全国多个城市推出了一款名为“邮 E 贷”的小微电商信用贷款产品。该产品的特点是：属于借助电商平台的纯信用无抵押小额贷款，银行根据借款申请人在网上的店铺经营、店铺信用评价和近期主要产品评分等情况，综合评价和授信电商企业，最大可授信额度为 100 万元。“邮 E 贷”一经推出，立即得到电商企业积极回应。①

总之，拥有庞大银行业务网点的中国邮政储蓄银行，推出的电商贷业务系列产品，势必使其在未来电商产业的竞争中赢得更多的话语权，为缺乏抵押担保物的小微电商企业解决了“融资难、融资贵”的问题，推动了电商企业的发展，助力了小微企业。

① 陈建荣，王则文．“邮 E 贷”解决电商融资难．闽北日报，2015 年 2 月 13 日．

第八章

银行系抢占消费金融

一、中国消费增长潜力巨大

投资、消费、出口一直被誉为拉动 GDP（Gross Domestic Product，国内生产总值）增长的“三驾马车”。但是我们应该看到，在中国过去几十年的经济发展中，“三驾马车”的拉动力量分化越来越明显。2000年以来，居民消费在 GDP 中所占的比重一直呈现下降的趋势，投资和出口所占的比重则逐渐上升；到了 2008 年金融危机之后，出口受到冲击，投资对经济的拉动作用越发明显，居民消费在 GDP 中所占的比重则降到了 35% 以下。这与成熟的发达国家的经济结构有明显差异。而分析较具有代表性的美国和日本 GDP 的构成情况，20 世纪 70 年代以来，消费一直在美国和日本的 GDP 中扮演着重要的角色：美国居民消费在 GDP 中的比重一直保持在 60% 以上，日本居民消费在 GDP 中的比重一直保持在 50% 以上。另一方面，从发展趋势来看，无论是美国还是日本，其消费占 GDP 的比重呈上升的趋势。美国和日本的数据结果说明：伴随着经济模式的成熟与经济结构的日渐合理，消费在经济发展中的作用越来越重要。反观中国现状，我国消费在 GDP 中的占比明显偏低且发展趋势不甚合理——这些结果一方面展示了我们当前经济发展中的问题，同时也向我们展示了中国未来以消费拉动经济增长的巨大潜力。①

近几年，受全球经济复苏乏力和国内经济结构调整影响，在拉动经济的“三驾马车”中的投资和出口都不尽如人意，促进消费拉动经济增长已是越来越需要被提上日程的事情。

---

① 廖理等．中国消费金融现状与前景．中国银行业协会，2014 年 1 月 20 日．

根据中国人民银行数据显示，2013 年我国个人消费贷款额为 142 万亿元，2014 年达到 171 万亿元，2015 年则直逼 300 万亿元。中国消费金融市场正在进入快速增长期，市场容量预估未来五年将以每年 20% 以上的增速扩张。特别是 2015 年，我国消费市场可谓亮点十足，服务消费、信息消费、品质消费等一大批消费新热点蓬勃兴起。据悉，2015 年，我国社会消费品零售总额首破 30 万亿元，同比增长 10.7%，消费对国民经济增长的贡献率进一步提升至 66.4%，创 15 年来新高。这些数据表明，中国成功地实现了经济增长已从投资和出口拉动为主向以消费拉动为主的重大转型。根据国务院发展研究中心估算，2026 年我国中产阶层人口数量将达到 6 亿人，从而形成巨大的消费需求。同时，我国消费升级的趋势日益显现，消费需求正从生存型消费向发展型、享受型消费转变。广阔的消费市场，给消费金融的发展带来了契机。①

二、政策利好推动消费金融迎来爆发机遇

2016 年，“两会”期间的一个热门话题就是大力鼓励消费金融的发展。2015 年 6 月 10 日，国务院常务会议决定放开消费金融的市场准入，消费金融领域的开发和拓展持续被关注。不论是银行机构、民营企业或是互联网巨擘都将目光和关注点投入到消费金融这片蓝海。国务院总理李克强在政府工作报告中提出，要在全国开展消费金融公司试点，鼓励金融机构创新消费信贷产品。这意味着，2016 年消费信贷市场将迎来

① 90 后消费金融市场崛起，爱稳盈得之者得天下 . http://www.qianhuaweb.com/2016/0607/3353610.shtml.

巨大发展机遇，助力内需潜力得以释放。以消费拉动经济增长是近年来经济领域的共同呼声，李克强总理的政府工作报告，将业内呼声上升到国家战略高度。[①]

此外，在2016年，中国人民银行、银监会联合印发《关于加大对新消费领域金融支持的指导意见》，要求银行积极发展消费信贷，这也标志着消费金融迎来爆发机遇。

据悉，《意见》从积极培育发展消费金融组织体系、加快推进消费信贷管理模式和产品创新、加大对新消费重点领域金融支持、改善优化消费金融发展环境等方面，提出了一系列金融支持新消费领域的细化政策措施。《意见》明确，推动专业化消费金融组织发展，鼓励有条件的银行业金融机构围绕新消费领域设立特色专营机构、完善配套机制，推进消费金融公司设立常态化，鼓励消费金融公司针对细分市场提供特色服务。鼓励银行业金融机构优化网点布局，在各类消费集中场所通过新设或改造分支机构作为服务消费为主的特色网点。[②]

三、BAT三巨头的消费金融生态

中国消费金融市场的广阔前景吸引各行业资本进入这一领域，而随着移动互联网技术和人工智能的发展，互联网公司也开始把自己的技术优势和庞大的资本积累投入开发消费金融，并将其作为搭建互联网金融一站式生态圈的主战场。这其中，要数BAT（百度、阿里巴巴和腾讯）三大巨头的消费金融战略部署最受关注。阿里巴巴组建蚂蚁金服进军信

---

① 消费金融成为两会新热词，2016年的新机遇在何方？. http://www.shengyidi.com/news/d-2325267/.

② 陈宁. 消费金融迎来爆发机遇 金融在线化速度远超电商. 大众证券报，2016年4月22日.

贷领域，腾讯成立微众银行，推出微粒贷小额信贷产品。2015 年 12 月，百度宣布成立金融服务事业群组，整合百度原有的金融团队，并将金融上升到战略级位置，其中消费金融是重点业务之一。[①]

发展消费金融，BAT 有其各自的天然优势。

消费场景层面。百度以百度钱包为串联，依托百度糯米、手机百度、百度地图、Uber、爱奇艺等超级流量入口，深入消费场景，构建闭环的消费信贷生态；阿里巴巴的蚂蚁金服依托淘宝等电商平台；腾讯依托其强大的微信和 QQ 等社交平台。

数据层面。随着互联网时代深入推进，消费者的交易行为和特征都将逐渐数据化，使得未来消费金融服务从客户准入、预授信再到审批和风险控制的全流程都将通过数据驱动。在这方面 BAT 三巨头可以说有着天然的优势：百度积累了大量基于用户行为的搜索数据；阿里巴巴平台上则是大量的消费数据；腾讯拥有的是用户社交数据。这些数据所带来的优势将能够使得消费金融真正引发变革。

总体来看，BAT 发展消费金融具有天然的优势，阿里有电商闭环、腾讯则有社交利器、百度有入口和场景优势。三家做消费金融都是“捎带手儿”，无需像传统金融机构一样“上街拉客”，根本不需要主动出击，就已经拥有了与客户更紧密的联系。从安全和简单性来看，除了传统风控手段之外，BAT 还掌握用户的购物记录、支付记录和评价记录，能确切掌握用户的消费能力，从而评估出用户的信用。这种方式简便且安全可靠，因为结合消费场景将风险前置，可以有效降低风险。与银行、消费金融公司等传统金融机构相比，互联网公司更接近用户，也更为简单快捷，能让用户非常自然地接纳并使用一项此前并不熟悉的金

① 陈宁．消费金融迎来爆发机遇　金融在线化速度远超电商．大众证券报，2016 年 4 月 22 日．

融新业务。随着金融准入政策不断松绑和技术门槛的降低，与衣食住行、教育、健康等相关的各类交易场景天然融合的金融需求将更加容易被满足。通过将金融流程和产品围绕交易进行重构，实现信息流、物流和资金流的交易场景化，极大地提高效率，降低成本。而通过与场景的融合，金融更加有温度，打造消费金融平台生态圈成为未来的一个主要趋势，BAT 三巨头在这场未来的交锋中显然已经站在了前列。[①]

四、银行系抢占消费金融

尽管像 BAT 这样的互联网巨头已经抢占了消费金融的先机，并且凭借其各自的优势站在了消费金融领域的前列。但这并不意味着银行系在这场消费金融争夺中已经失去了主动权，相反，对于传统银行业来说，消费金融的迅猛发展赋予其更多的是前景和机遇。

首先，消费金融领域，其实对于传统银行业来说，是并不陌生的。传统银行业其实在这一领域早有实践，而且算是消费金融领域的主要参与者。不过，在金融供给侧改革的新形势下，传统银行的消费金融业务面临新的挑战，唯有不断创新才能迎来新局面。

自 2009 年 7 月，银监会公布《消费金融公司试点管理办法》后，据不完全统计，目前全国已有逾 20 家消费金融公司成立，其中具有银行背景的公司是主流。消费金融业务潜力巨大，是我国发展零售信贷业务的风口，但同时，如何与既有银行业务实现差异化发展是一个亟待解决的问题。[②] 像银行信用卡业务就是消费金融产品的典型代表，除此之

---

① 陈宁．消费金融迎来爆发机遇　金融在线化速度远超电商．大众证券报，2016 年 4 月 22 日．

② 杜冰．光大银行详解消费金融公司筹建细节　打造线上线下协同业务平台及全流程风控体系．金融时报，2016 年 4 月 2 日．

外还有个人抵押贷款等业务。长久以来，国内银行业的“傲视群雄”，使其习惯了做大客户生意，对于中小微企业的生意不屑一顾，更不会把业务目光放在“小鱼小虾”这种个人消费信贷业务上了。所以，其原本开发的消费金融产品无法满足小微客户的日常消费需求，如果发力，也是早有实践，水到渠成的，只是看银行业在消费金融领域想做多少、做多大而已。特别是在市场竞争日趋激烈的今天，银行业调整服务对象，转向零售业务已是其发展的必然选择，更是其发展消费金融、实现转型的重要布局。

其次，银行系做消费金融这一领域也有其自身的天然优势。银行系庞大而稳定的资金来源和基础客户群、良好的风险控制能力，还有相关的金融服务和业务发展专业经验都是新兴消费金融公司所不能比拟的强大优势。

此外，作为中国金融领域的国家队、王牌军，银行本身就承担着完善金融体系、推动国民经济发展的重责。目前的中国经济需要国民消费进行拉动和刺激，而这一环，银行扮演着重要的角色。在2016年，中国人民银行、银监会联合印发的《关于加大对新消费领域金融支持的指导意见》明确要求，银行要积极发展消费信贷，推动普惠金融。这是从国家在政策上对银行发展消费金融的有力支持。此外，在中国经济向消费拉动型转变的大背景下，随着互联网金融的崛起，将致力于打造消费金融领域生态，各方资本纷至沓来，逐鹿消费金融这片蓝海，对于包括银行业在内的企业都是一个机遇。总体来说，现在是银行业发展消费金融的黄金时期，无论是从宏观环境到监管政策，以及整个社会对消费信贷的认识，都给银行业发展消费金融提供了良好的外部环境。

五、光大银行的消费金融布局

（一）筹建消费金融公司

消费金融在国内如火如荼发展的今天，各大银行纷纷抢占这块市场，光大银行也不例外。对于光大银行来说，他们更希望通过设立消费金融公司来抓住居民消费升级带来的金融服务机遇，推动银行业务实现健康持续发展。

根据光大银行年报数据显示，截至 2015 年年末，该行个贷余额（不含信用卡贷款）3522.08 亿元，比上年末增加 334.71 亿元，增长 10.5%，其中，消费贷款余额 2038 亿元，比上年增加 451 亿元，余额占比达 57.8%，比上年末提高 8.2 个百分点。对于筹建消费金融公司，光大银行已经初步形成了经营策略思路：

在客户定位方面，未来的光大消费金融公司将与银行实现差异化定位，重点客户群主要定位为有消费意愿，但当前支付能力不足，而未来收入较好的人群。针对这些客户的不同需求，未来的光大金融消费公司将研发设计一系列小额、快捷、灵活的消费信贷产品。

在平台建设方面，未来的光大银行消费金融公司将发挥遍布全国的服务网络优势、在风险管理方面积累的丰富经验及其他股东、合作伙伴在市场、客户、科技方面的优势，准备建设一个线上线下相互配合的业务平台。

在风险管理控制方面，未来的光大银行消费金融公司希望充分发挥其在风险管理控制方面积累的经验，建立一个健全的风控体系，这将是一个全流程的风险管控，覆盖从政策制定、产品研发到账户管理、信贷审批、风险预警，乃至逾期催收等方面，建立前、中、后台相互衔接的三道防线，提升风险管控的有效性。特别是在产品研发阶段，要与风险控制实现有机结合，提升风险管控的前瞻性。在研发产品时，将充分考虑自身风险偏好与容忍度，同时在风险定价时合理定价，保证收益能够覆盖风险，实现可持续发展。通过加强与相关部门合作，采用人脸识别系统等新技术对身份欺诈行为加以防范。此外，将充分发挥现代技术的作用，从贷前的产品设计、风险识别到贷中的信贷审批和贷后的风险预警等多个环节，都将采用大数据、云计算等现代信息技术，以提升消费金融公司风险管控的有效性。

在流程操作方面，未来的光大银行消费金融公司将充分利用大数据等手段，研究建立一个科学的客户评级模型和信贷审批智能决策系统。同时，探索通过运用互联网等技术手段，实现消费信贷的网上申请、审批和发放。①

（二）联合京东金融发布光大“白条”联名信用卡——小白卡

2016 年 3 月，光大银行信用卡中心总经理戴兵在银行业新闻发布会上表示，“虽然支付方式不断推陈出新，但信用卡依旧是支持消费金融的最好产品”。他表示，与消费金融公司相比，作为发卡行的光大银行，目前已经覆盖了全球 200 多个国家，拥有近 5000 万个商户，上百万台提款机，这些都是消费金融公司很难做到的，同时也是光大银行服务持卡人的优势所在。② 基于此点，光大银行在开发消费金融公司的同时，继续拓展的自己的信用卡业务，不断推陈出新，开发更为便捷、实

---

① 杜冰．光大银行详解消费金融公司筹建细节 打造线上线下协同业务平台及全流程风控体系．金融时报，2016 年 4 月 2 日．

② 刘志飞．银行机构加速布局消费金融．新闻晨报，2016 年 3 月 23 日．

用的信用卡功能。

2016年3月27日，光大银行联合京东金融发布了光大银行“白条”联名信用卡——“小白卡”。据了解，Visa版光大银行“小白卡”是一张全币种信用卡，采用Visa Pay Wave（非接触式支付）、EMV（简易移动值）芯片，提升了用户消费支付的便捷性和安全性。除了光大银行信用卡与“白条”的多种服务外，光大银行“小白卡”还为用户提供了多重福利，让用户能更好地享受境外休闲度假时光。例如，境外消费免货币转换费，境外取现免手续费，持卡用户终身免年费；还可代办签证；境外消费均可返8%现金，每卡每月最高返现额度高达100美元；实现手机自动退税。“小白卡”消费场景从境内拓展到境外，主要目的是满足有梦想的、正在奋斗的年轻消费者出境游的需求。这也是Visa第一次与中国的金融科技企业携手发布联名卡，Visa覆盖全球的受理网络和便捷安全的支付技术将给小白卡的持卡人带去更温馨的消费支付体验。①

光大银行“小白卡”的推出，是加快本行消费金融布局的产物。它主打年轻消费者出境游需求，为其培养未来潜在客户群打下了基础。我们都知道，“80后”“90后”是银行信用卡的主要用户群体，也是未来消费金融领域的主力军，抓住这一群体的消费偏好，潜移默化培养年轻人的消费使用习惯，就等于抓住了未来发展消费金融的核心。

此外，传统金融机构与现代互联网企业的合作也体现了未来发展的大趋势。合作发展远大于竞争，毕竟国内消费金融市场总量大，并且刚刚起步，大家都有机会，只有相互合作，才能将蛋糕做大，获得

---

① 周锐．京东金融联手光大银行拓展境外消费金融市场．http://www.chinanews.com/fortune/2016/03－28/7813438.shtml.

共同收益。

六、中国邮政储蓄银行的消费金融布局

（一）大力发展消费信贷业务

近年来，互联网金融迅猛发展所带来的新的消费信贷模式，为以建设一流大型零售商业银行为战略转型目标的邮储银行带来了商业契机。中国邮政储蓄银行在主动迎合市场需求的同时，牢牢把握自己覆盖城乡的物理网点优势和人员优势，在传统消费信贷业务上持续发力，取得了不俗的成绩。

中国邮政储蓄银行自2008年开办消费信贷业务以来，经过多年的积淀和发展，目前已逐步形成以“房贷”“额度贷”“车贷”为核心，以创新合作类贷款为特色的消费信贷产品体系。2013年3月，该行还专门成立了消费信贷部，专注对消费金融的研究和发展。[①] 据介绍，中国邮政储蓄银行消费信贷部主要业务为房贷、车贷和优质客户消费贷款。依托“信贷工厂”建设，利用大数据、云计算、移动互联等新技术，优化业务流程，大幅度提升客户体验，拓展服务领域和服务群体。[②] 总体而言，中国邮政储蓄银行在发展消费信贷业务上积极布局，大胆创新。

首先，中国邮政储蓄银行在大力发展消费信贷业务上，打破原有传统信贷模式，立足于当地实际情况，为客户提供多层次消费金融服务，满足客户的多元化消费需求。

---

① 邮储银行发力消费金融　助力中国经济转型升级．21世纪经济报道，2015年12月25日．

② 邮储银行发力消费金融　助力中国经济转型升级．21世纪经济报道，2015年12月25日．

例如，中国邮政储蓄银行包头市分行针对当地棚户区改造居民贷款困难的问题，结合当地实际情况，打破传统信贷要素，重新评估风险，最终成功推出专门配合棚户区改造项目的贷款产品，并成立专门的业务团队，开辟绿色办理通道，信贷人员牺牲休息时间，加班办理业务，为棚户区居民解决了贷款难的问题。①

契合当地政策，为城乡居民解决资金难题，中国邮政储蓄银行一直以来都致力于加强社区金融服务，积极落实房贷政策。截至2015年年底，邮储银行个人住房贷款余额超过5700亿元，约占全行个人贷款总额的47%，有效地满足了城乡居民普通住房需求。同时，邮储银行充分发挥网点资源优势，抓住当前消费热点，推进汽车消费、房屋装修、互联网消费、绿色消费、旅游休闲消费、教育文体消费、养老健康消费等具有广阔前景的消费领域，全方位满足城乡居民消费需求。②

其次，中国邮政储蓄银行在大力发展消费信贷业务上，注重满足县域及农村居民消费需求，推进新型城镇化建设。

例如，2013年下半年，国家发改委明确了分布式光伏上网电价补贴标准，江西省能源局也启动了万家屋顶光伏发电示范工程，对申报成功及完成建设、并网、验收的示范工程验收的客户给予安装补贴。发电自发自用，余电上网销售，发电国家补贴，这对于当地居民来说无疑是一项利国利民的好事。但因为前期投入较多，让很多居民望而却步。中国邮政储蓄银行针对此情况及时推出了“家庭屋顶光伏发电信用消费贷款”的新产品，为购买安装家庭屋顶光伏发电设备的客户提供信用

---

① 邮储银行．践行普惠金融　大力发展消费信贷业务．http://finance.huanqiu.com/roll/2016-05/8947745.html.

② 邮储银行．践行普惠金融　大力发展消费信贷业务．http://finance.huanqiu.com/roll/2016-05/8947745.html.

融资。只要通过能源局和供电公司补贴、并网审核，与设备供应商签订购买合同即可放款。邮储银行根据政策推出的这款“量身定做”的信贷产品为在广大农村地区推广分布式光伏发电提供了融资保障，支持了环保事业发展，同时既顺应了民众对低碳环保新能源的渴望，也是对“普之城乡，惠之于民”的服务理念和“绿色银行提供绿色产品”环保观的深入践行。[①]

再次，中国邮政储蓄银行在大力发展消费信贷业务上，不断加快创新，增强消费信贷的投放能力。

大众的消费需求始终是邮储银行创新金融产品的第一动力。2014年，中国邮政储蓄银行成功发行了新一轮资产证券化重启以来，首单个人住房贷款支持证券产品，金额68.14亿元，创新采取了延迟变更抵押权登记的操作方式，大胆探索长端产品定价模式，对推动我国信贷资产证券化的发展具有重要的借鉴意义。资产证券化为盘活存量资产，积极满足城乡居民刚性住房和普通消费金融需求发挥了巨大的市场示范效应。同时，中国邮政储蓄银行积极研发助保贷业务，支持养老消费，完善养老保险助保贷款业务相应的风险缓释措施，重点支持当地社保机构提供保证金、国有企业或担保公司提供担保的分行试点。此外，中国邮政储蓄银行致力于推动教育贷款研究，促进教育文化体育消费。积极发展个人留学贷款，并推出商业助学贷款“优学贷”，满足借款人本人、配偶及子女攻读各类学位及职业技能培训等费用需要，同步推进面向经济困难学生的生源地助学贷款研究，服务群体不断扩大。[②]

---

① 邮储银行．践行普惠金融　大力发展消费信贷业务．http://finance.huanqiu.com/roll/2016-05/8947745.html.

② 邮储银行．践行普惠金融　大力发展消费信贷业务．http://finance.huanqiu.com/roll/2016-05/8947745.html.

第四，中国邮政储蓄银行在大力发展消费信贷业务上，坚持服务城乡居民的普惠金融理念与互联网开放、平等、共享的精神一脉相承，借力“互联网+”为消费金融注入了新的活力。

针对消费信贷业务，中国邮政储蓄银行开发了“网贷通”“卡贷通”等产品，广大客户可以通过电子银行渠道自助支用消费贷款，在用卡购物消费的同时选择支用消费贷款，客户使用体验进一步提升。中国邮政储蓄银行借助存量客户数据，向客户提供主动授信服务，并开发了“手提贷”产品；利用存量个人住房贷款客户数据，针对优质房贷客户推出“优家贷”产品，精准满足该客户群体消费金融需求。移动互联网金融是未来金融服务的重要渠道和竞争主战场。中国邮政储蓄银行抓住移动互联网的发展机遇，打造全功能移动服务终端，开通了微信银行，通过在线消费信贷服务升级，进行线上与线下相结合的服务整合。目前，中国邮政储蓄银行已与知名互联网公司围绕互联网消费金融探索并开发相关产品和服务，并与互联网汽车销售平台企业开展了合作。①

最后，中国邮政储蓄银行在大力发展消费信贷业务上，还注重根据政策和形势与时俱进，开发更具鲜明场景特色的信贷产品。

例如，中国邮政储蓄银行根据国家推广鼓励二胎的政策，适时推出了“二胎贷”产品，该产品是全国首款针对有孩家庭客户的消费金融产品，“有一个小孩”成为申请贷款的必要条件。一张亲子照加出生证明，已生育一胎、有计划孕育二胎的家庭可最高贷款20万元。中国邮政储蓄银行以“二胎贷”为契机，积极尝试，全面拥抱家庭消费新

① 邮储银行. 践行普惠金融　大力发展消费信贷业务. http://finance.huanqiu.com/roll/2016-05/8947745.html.

机遇。

（二）成立消费金融公司，实现全方位、多元化发展

得益于中国邮政储蓄银行庞大的客户基础和覆盖城乡的“线上线下”全渠道优势，邮储银行在消费金融领域取得了骄人的成绩。截至2015年9月底，邮储银行消费贷款净增1700多亿元，贷款余额近7000亿元，近三年复合增长率近100%，远高于银行业平均水平。①

为了更好地实现全方位、多元化的消费金融发展，挖掘年轻人的消费潜力，满足“新一代”消费者的金融需求，邮储银行专门发起设立了消费金融公司。中邮消费金融公司主要面向风险高于优质客户的客群，提供小额、无抵押、利率较高的贷款服务。

2015年1月8日，中邮消费金融公司正式获得银监会批准筹建。中邮消费金融公司最为明显的特征是股权较为多元，股东涵盖国资、外资和民资等。其中，主要发起人邮储银行持股比例为61.5%，处于绝对控股地位。星展银行有限公司和海航集团旗下的渤海国际信托股份有限公司作为战略投资者，分别持股为12%和11%；拉卡拉网络技术有限公司、广州市广百股份有限公司、广东海印集团股份有限公司、广东三正集团有限公司为财务投资者，分别持股5%、3.5%、3.5%和3.5%。中邮消费金融公司股东资源丰富：中国邮政储蓄银行拥有遍布城乡的零售网络和客户资源；星展银行作为战略伙伴，也是以零售为主；海航在航空、旅游具有独特资源；拉卡拉有线上线下的资源和征信牌照，广百是传统零售企业。2015年11月20日，中邮消费金融公司在广州正式揭牌成立。在揭牌仪式中，中邮消费金融推出

---

① 邮储银行发力消费金融　助力中国经济转型升级.21世纪经济报道，2015年12月25日.

了三个产品，分别是：为个人提供20万元以内的一次性消费贷款——“邮你贷”，为合作商家提供的消费分期贷款——“邮你购”，为个人提供的可循环使用的消费贷款——“邮你花”。在产品设计方面，中邮消费金融公司专注于五个原则设计消费金融产品：一是“小”，提供20万元以内的小额贷款；二是“快”，按照信贷工厂思路集中审批和发放；三是“无”，无抵押信用贷款；四是“低”，月收入2000元以上即可申请；五是“耐”，主要商品对象为耐用品。目标客户群瞄准年轻人。从中邮消费金融公司开业以来移动端服务APP“中邮钱包”的客户来看，年轻人消费潜力巨大。据悉，移动端服务的客户主要是35岁以下的年轻客户，占比达到了92.5%，其中25岁以下占比45.3%，25～30岁占比34%。[①]

中邮消费金融公司作为现有消费金融业务的重要补充，将充分发挥与银行间的互补性，错位经营、联动发展。通过不断提升交叉营销和服务能力，实现消费客户市场细分。围绕客户生命周期，全方位满足各阶层客户多元化消费金融需求，扩大整体消费金融业务的覆盖面，使广大的农村居民享受到跟城里人一样的普惠金融和消费金融的服务，提升生活品质。当中国经济进入了新常态，增长的“引擎”由投资转为消费时，消费金融便获得前所未有的发展机遇。反过来，消费金融的发展可以有力地拉动内需，改善居民消费结构，也将成为经济转型的助推器。[②]中国邮政储蓄银行在自身开展消费金融的同时，再成立一家消费金融公司，成为其开展差异化经营发展的重要一步。

---

① 邮储银行发力消费金融 助力中国经济转型升级.21世纪经济报道，2015年12月25日.
② 邮储银行发力消费金融 助力中国经济转型升级.21世纪经济报道，2015年12月25日.

七、招商银行的消费金融布局

（一）推出针对小微企业、个体商户的“生意贷”

“生意贷”是招商银行专门为小微企业、个体工商户推出的用于解决中短期经营资金周转、日常支付结算和财务管理的综合金融服务产品，为小微企业和个体化提供无需担保、无需抵押的高额度贷款。由于无需抵押和担保，招商银行“生意贷”的贷款利率较高，但与其他银行的贷款利率相比也不算高，招商银行“生意贷”的贷款利率最低是0.63%，最高贷款利率为0.70%。其最高贷款授信期限最高长达十年，到期还可再次续期。在办理招商银行“生意贷”时，小微企业、个体户或者个人需要具备的基本条件包括：属于经营稳定、信用记录良好的中小企业主、个体工商户；能提供房产抵押或其他符合条件的担保；要求申请的企业有固定的经营场所，申请人家庭及经营实体近三个月经营现金流水凭证显示其经营正常。针对每到年底各大零售批发商面临资金周转困难的问题，招商银行推出“生意贷”产品，帮助零售商户解决资金难问题。①

总体来说，招商银行“生意贷”不仅是一个融资平台，提供单项的融资服务，而且结合小微企业的生产经营特点，能够较好地将融资、结算等功能融合起来，为小微企业客户提供立体全方位的金融服务。招商银行“生意贷”归集起来，具有四大优势：

（1）融资额度高，放款速度快。招商银行“生意贷”最大限度地

---

① 招行生意贷利率是多少？. http://www.csai.cn/loan/775331.html.

盘活固定资产，充分估量客户信用价值，通过多种担保方式组合，贷款金额最高可达1000万元，完全满足小微企业资金需求。抵押贷款可凭抵押回执放款，信用贷款一天审批三天放款，为小微企业提供高效的融资服务。

（2）循环周转，成本低廉。办理“生意贷”的客户只要开通“周转易”功能，便可直接通过POS机刷卡、网上支付轻松支付货款，还可在额度范围内循环周转和使用。该产品能满足7×24小时网上随借随还，用钱就借，有钱就还，贷款按日计息，用一天算一天，不用不计息。

（3）还款方式灵活，到期自动转贷。客户可以选择等额还款、等额本金、本金归还计划等方式，符合条件的客户可申请按月付息，到期还本，释放还款压力。在小微贷款到期后，对于符合条件的客户，招商银行可为其自动续贷，客户不用马上归还贷款本金，只需继续按时归还贷款月供，更无须再次提供申请资料。

（4）结算服务一条龙，方便快捷全免费。办理招商银行“生意贷”，还可直接申请招商银行“收付易”和“生意一卡通”产品，通过招商银行“收付易”收取货款时全部减免手续费，通过“生意一卡通”支付货款时网银汇款全免费，帮助小微企业在最大程度上降低财务成本。①

（二）升级招商银行“消费贷”

招商银行推出的“消费贷”，是一款服务于大众消费的个人小额信用贷产品。申请人只要同时满足“在本地有家、有房、有工作”的三

① 招行“生意贷”，“贷”来好生意．羊城晚报，2015年10月26日．

个条件，即可申请贷款，审批时间仅需 5 ~ 7 个工作日，最高可贷 100 万元。2015 年以来，招商银行全面推出升级版招商银行“消费贷”。该产品是继“生意贷”品牌之后，招商银行紧随市场趋势，针对客户需求，倾情打造的又一品牌力作。招商银行“消费贷”一经推出，便凭借其申请简单、用款自助、还款便捷等特点，迅速获得客户们的普遍认可。升级后的招商银行“消费贷”，贷款用途更为多样化，装修、购车、车位、旅游、教育、出国、留学都能贷，能够满足广大工薪家庭大部分大额的消费需求。在贷款使用方面，招商银行“消费贷”可通过“消费易”功能实现客户自主提款，简单方便易操作。招商银行“消费易”功能是将客户获批的授信额度体现在招商银行一卡通中，通过 POS 机刷卡消费、网上消费等渠道使用，24 小时自主使用贷款额度，提高了资金使用的便捷性。通过“消费易”客户使用贷款时无需预先申报并指定用途，便可轻松使用。此外，招商银行“消费贷”的成本低，额度成功获批后，如未借款就不会产生任何利息，借款后利息用一天算一天。在还款方式上，借款人可 24 小时随时通过网上银行、电话银行自助还款，无需经过银行人工审批，无任何罚息或手续费，实时扣款，让您完全自主控制贷款成本，轻松规划家庭理财。当前，招商银行“消费贷”紧随时代潮流，开创了更为多元的轻型自助申请渠道。客户不仅可以在营业厅咨询办理，还可以通过电脑登录招商银行一网通、招商银行手机银行 APP，或拨打 95555 实现电话申请。①

无论是“生意贷”还是“消费贷”，都是招商银行在互联网金融大趋势和消费金融市场潜力逐渐被发掘下，为布局消费金融市场推出的特色消费金融产品，其从主要服务主要满足各类人群的消费需求，

① 招行“消费贷”，“贷”来好生活．新快报，2015 年 7 月 7 日．

极大地刺激了消费者的消费热情，同时也进一步培养了消费者的消费使用习惯，为招商银行未来的整个互联网金融布局都打下了坚实的基础。

（三）与中国联通合作成立招联消费金融有限公司

2015 年 3 月，中国银监会正式公布《深圳银监局关于招联消费金融有限公司开业的批复》，批准招联消费金融有限公司开业。此次批复内容包括机构名称、机构住所、营业场所、注册资本金、股东构成及出资额、高管任职资格、经营范围等。银监会公开批复文件显示：核准机构名称为招联消费金融有限公司，英文名称为 Merchants Union Consumer Finance Company Limited。公司注册资本为 20 亿元人民币，两大股东方香港永隆银行有限公司和中国联合网络通信有限公司各出资 50%。经营范围主要包括：发放个人消费贷款、接受股东境内子公司及境内股东的存款、经批准发行金融债券、代理销售与消费贷款相关的保险产品及固定收益类证券投资业务等。自 2013 年 9 月底，银监会宣布扩大消费金融公司试点城市范围后，2014 年 8 月 28 日，招商银行旗下全资子公司香港永隆银行与中国联通筹建的"招联消费金融有限公司"就成为国内首家获批筹建的消费金融公司，这也是我国第一家在《内地与香港关于建立更紧密经贸关系的安排》（即 CEPA）框架下成立的消费金融公司。与微众银行、网商银行等民营银行一样，招联消费金融公司也是金融创新的一大举措，已成为协助构建多层次的金融体系的重要组成部分。此举也将作为香港永隆银行及母公司招商银行应对互联网金融挑战的重要举措之一，是招商银行创新发展零售金融的一次有益尝试。而相比微众银行背靠腾讯，网商银行最大股东是阿里巴巴，招联以其汇聚招商银行和联通两大实力雄厚的股东背景而成为业内瞩目的热点。①

招联消费金融有限公司在开业之初率先推出了“零零花”“好期贷”两款产品。

“零零花”是一款面向在校大学生的互联网金融产品，主要满足大学生月度可支配范围内的理性消费，及提供助学帮助，产品初期开放预借现金、分期消费购物、教育培训分期付款等主要功能。与其他互联网金融产品相比，“零零花”具有流程便捷、定价合理等特征。未来，“零零花”将进一步拓展学习教育、联通合约机购买等消费场景，对接更多优质的外部电商，满足学生群体主流商品需求。“好期贷”是一款主要面向年轻白领发放的消费贷款产品，无担保、无抵押，试运营期间重点面向合作方企业员工开展线上快速消费借款服务。未来，用户不论是需要家装、教育、旅游，还是购买大件家具、电器等，都可以快速获得“好期贷”的支持。②

招联消费金融有限公司作为招商银行发展消费金融的一个重要业务拓展渠道，与中国联通的合作具有明显的互补优势。

从招商银行角度来说，招商银行作为一家具有开展多年零售金融经验的金融机构，拥有较强的金融创新能力、丰富而优质的客户资源、海量的大数据资源、完善的风险管理控制体系以及在市场化金融环境中运营的丰富经验。从中国联通角度来说，中国联通作为国内首屈一指的移动网络运营商，拥有庞大的客户群体、海量的大数据资源、强大的网络支撑和运营能力，具备将消费金融、移动金融融入其网络客户端的渠道优势。二者的强强联合能够统合线上与线下资源，打造互联网金融模式

① 招联消费金融开业获批复20亿注册资本成业内最大．中国经济时报，2015年3月5日．

② 周轩千．招联消费金融推出两款互联网金融产品．上海金融报，2015年3月24日．

下的金融创新拳头产品，为客户提供更为全面、完善的金融服务体验，合作空间巨大，前景值得客户期待。

八、民生银行的消费金融布局

（一）重启消费信贷业务

面对消费金融的庞大市场，从 2014 年 7 月开始，民生银行全面重启了消费信贷业务。民生银行消费信贷业务发展迅速，初步实现了“建平台、上规模”的阶段性目标。截至 2015 年 3 月，民生银行消费信贷余额已突破 1000 亿元，达到 1015 亿元，大零售贷款整体余额已超 5000 亿元。①

在发展消费信贷业务过程中，民生银行把房屋按揭业务作为重点突破口，同时针对不同消费者的个性化需求大力开展家庭综合消费贷款、消费微贷、汽车消费贷款等业务。在此基础上，民生银行还创新推出四大产品，为迅速扩大消费信贷业务提供了重要支撑。

一是消贷自助支付，即消费者在申请贷款额度时，可以签约“消贷自助支付”功能，将贷款额度与放款的借记卡进行绑定，在持卡交易时就能联动触发单笔贷款发放；二是消贷自动化，即“互联网平台申请 + 数据模型分析 + 多渠道自助支用”的全新业务模式，在网上银行、手机银行、第三方合作平台、自助机具、门户网站等建立“消费贷款申请专区”，将借款申请受理转移到线上，节省了人工成本，提高了评审效率；三是“小区宝”消费贷款移动受理平台，即以苹果、安

① 民生银行布局消费金融　信贷规模破千亿 . http://www. haodai. com/zixun/86304. html.

卓等操作系统的手持移动智能终端（如 iPad 等）为载体，将移动互联网技术与小区金融服务相结合，具备消费贷款申请、实时授信额度评分等功能；四是消费微贷产品创新，即基于个人所得税、社保缴费、公积金缴存、电话费、银联交易数据、日常水电缴费等大数据信息，研发了个人消费信贷申请、审批流程及相关产品。[①]

民生银行重启消费信贷业务的举措充分表明了银行业内对于发展消费金融的普遍看好态度，也显示了其全力进军消费金融和“大零售”业务的决心。

九、兴业银行的消费金融布局

（一）成立兴业消费金融股份有限公司

2014 年 12 月 23 日，由兴业银行控股的兴业消费金融股份有限公司在泉州市正式成立。兴业消费金融股份有限公司注册资本 3 亿元，其中兴业银行和泉州市国资委旗下的泉州市商业总公司分别出资 1.98 亿元和 7200 万元，出资比率分别为 66% 和 24% 。

新修订的《消费金融公司试点管理办法》指出，允许民间资本发起设立消费金融公司。兴业消费金融公司成为首个引进民营资本的消费金融公司，吸收了特步、福诚两家泉州市当地的民营企业作为股东，两家民企出资比率均为 5% 。作为控股股东，兴业银行在兴业消费金融公司的发起设立及后期经营中将起到主导作用。兴业消费金融公司高管层中，董事长郑海清还是兴业银行零售银行总部副总裁，总裁林春也是兴

① 民生银行全面重启消费信贷业务．北京青年报，2015 年 4 月 13 日．

业银行信用卡中心的主要管理人员。兴业消费金融股份有限公司将致力于拓展互联网及线下个人消费信贷业务，力争办成一家基于数据、创新、机制体制领先的互联网金融公司。①

目前，兴业消费金融股份有限公司业务主要有三类：一是驻店贷款模式，即建立在现场消费场景基础上的传统赊账消费；二是网络购物消费的贷款，是原有线下赊账消费的线上化；三是现金贷款，主要解决客户日常生活短缺的小额资金需求。除了线上消费贷款业务，兴业消费金融股份有限公司的互联网和大数据定位，则更多体现在风险控制上。公司消费金融的业务范畴主要包含三个层次：一是中长期的住房按揭贷款、汽车消费贷款，前者期限一般是 10 年以上，而后者也在 3～5 年；二是短期信用贷款，主要是底端的信用卡贷款，期限一般在 3 个月以内；三是中短期消费贷款，6 个月以上的个人消费贷款。前两者基本是银行的优势业务，中短期贷款中，1 年期以上的个人消费类贷款银行也有覆盖，中间 3～6 个月期限的消费贷款就属于消费金融公司的业务定位。根据相关管理法规，目前消费金融公司对单个自然人贷款最高不能超过 20 万元，主要是信用贷款，无需抵押和担保。在业务开展上，兴业消费金融股份有限公司初期将以兴业银行超过 2600 万的零售存量客户为基础，满足其小额消费信贷需求。②

作为消费金融新业态和混合资本融合的试验田，兴业消费金融股份有限公司自 2014 年 12 月 23 日正式成立以来，得益于金改实验区政策福利，依托兴业银行集团平台优势，兴业消费金融整体业务发展迅速，

---

① 钟辉．银行角力新牌照布局　兴业首揭消费金融运营模式．21 世纪经济报道，2014 年 12 月 24 日．

② 钟辉．银行角力新牌照布局　兴业首揭消费金融运营模式．21 世纪经济报道，2014 年 12 月 24 日．

资产质量水平保持良好。兴业消费金融股份有限公司一直致力于通过技术创新、渠道整合、大数据应用及产品创新等手段，向广大消费者提供优质、高效的“普惠”金融服务。目前，已推出三大产品打造更场景化的消费信贷平台。

（1）家庭综合消费贷款产品。它是兴业消费金融股份公司向普通消费者提供的用于支付个人及家庭旅游、婚庆、教育、装修等一般消费用途的小额信用综合性消费贷款。贷款最快半日核批放款，所贷金额将直接转入客户约定同名借记卡账户，客户可灵活支取。此外，客户还可以根据资金压力，自由选择6个月、12个月或最长达36个月的还款期限及等额本息、按月付息到期还本等还款方式。

（2）信用消费产品。它是客户在兴业消费金融股份公司签约合作商户购买商品或服务时，向公司申请贷款用于支付购买商品（不包括房屋和汽车）或服务所需支付的全部或部分款项。信用消费由商户代为申请，贷款审批通过后，由兴业消费金融股份有限公司将贷款资金发放至合作商户，办理手续简便，贷款额度灵活，期限自由，客户根据贷款合同约定按期还款并支付相关费用。例如，新款手机上市，通过兴业消费金融的“信用消费”进行分期付款，便可轻松地把手机装进口袋，提前享受新品所带来的服务和体验。

（3）互联网贷款产品。它是兴业消费金融股份有限公司推出的面向互联网客户的小额信贷服务产品，客户足不出户，通过电脑或手机（微信客户端）轻松“点击”，几步“输入”便可实时获得资金；借款过程全部线上完成，客户可随时随地享受贷款服务。①

在互联网金融蓬勃发展的今天，兴业消费金融股份有限公司正肩负

① 郭小凤．兴业消费金融：让更多人可以享有的即时消费信贷．泉州晚报，2015年7月24日．

着作为传统金融向互联网金融进发“先行者”的重任。自成立以来，兴业消费金融股份有限公司大胆探索新业务模式，打破传统银行经营的思维，在风险与成本可控的前提下，在不偏离金融试点本意的同时积极创新。通过互联网及移动营销平台搭建（微信、网站、APP 及智能移动终端等平台），兴业消费金融股份有限公司结合消费金融单笔授信额度小、无需抵押担保、服务方式灵活、贷款期限短等独特优势，快速拓展线上及线下个人消费信贷业务，力求向消费者提供极致消费信贷体验。即客户只要信用记录良好，就可在短时间内获得消费贷款，最快完成一笔业务只需半天时间，且无需抵押担保。目前，兴业消费金融股份有限公司线下业务已通过智能平板电脑营销终端，实现客户拓展、贷款申请、业务审查、贷款审批、放款及贷后管理的前后台业务联动，线下贷款申请最快半日即可完成；线上业务以兴业消费金融股份有限公司网站、微信公众号、APP 等作为基础获客渠道，结合大数据应用及接入外部征信数据，实现贷款申请全线上作业，支付场景应用极大丰富。① 未来兴业消费金融股份有限公司将致力于拓展互联网及线下个人消费信贷业务，结合消费金融单笔授信额度小、审批速度快、无需抵押担保、服务方式灵活、贷款期限短等独特优势，依托互联网，通过渠道创新、大数据营销、金融产品创新，为广大个人客户提供优质、高效、专业的消费金融体验。②

由兴业银行控股的兴业消费金融股份有限公司的成立，其中一个重要的亮点就是，兴业消费金融股份有限公司作为首个引进民营资本的消费金融公司，引进民营企业入股，对于兴业消费金融股份有限公司来

---

① 郭小凤. 兴业消费金融：让更多人可以享有的即时消费信贷. 泉州晚报，2015 年 7 月 24 日.

② 兴业消费金融正式成立 兴业银行综合经营再下一城. http://bank. hexun. com/2014 - 12 - 23/171692330. html.

说，一方面可以充分利用来自民营企业的有效资本，同时也可以充分利用民营企业所带来的消费金融资源。例如，特步作为一个运动品牌，拥有年轻的消费群体，年轻群体恰恰是银行发展消费金融的目标客户群。特步同时在全国拥有众多家门店，可以为兴业消费金融股份有限公司的驻店消费贷款业务提供支持。

加快零售业务发展，是兴业银行重要的战略导向，兴业消费金融股份有限公司的成立，标志着兴业银行综合经营的进一步拓展。

十、平安银行的消费金融布局

（一）信用卡经营上的“细分市场 + 互联网创新”

随着消费金融在国内的爆发式增长，信用卡消费带来的商机愈加明显。平安银行信用卡作为平安集团的拳头产品，在这一领域更是积极布局，精耕细作，力争不断开创佳绩，赢得转型发展红利。

根据平安银行2015年年报，已升级成为具有二级法人资格的平安银行信用卡中心，2015年年末流通卡量已达1998万张，较年初增长22%，总交易金额8069亿元，贷款余额1477亿元。在2015年，平安银行信用卡网络渠道获客同比增长173%，网上交易金额同比提升26%。在风险管理技术创新上，平安银行信用卡2015年已在业内领先开展实时审批发卡并运用实时交易侦测技术，首创将人脸识别技术应用于平板电脑。[①]

事实上，作为行业内较早以精细化经营为策略的发卡机构，平安银

① 平安信用卡中心总裁曾宽扬谈竞争力：细分市场 + 互联网创新．第一财经日报，2016年5月16日．

行信用卡持续关注客户的用卡体验，全方位照顾客户的感受和需求，围绕客户“医、食、住、行、玩”等多方面需求，在各个细分市场通过创新服务与客户建立深度沟通，使持卡人一张信用卡即可享受平安集团一站式金融服务。例如为车主客户打造的融合车主、交易、金融等服务为一体的“综合金融车主生态圈”，为高端持卡客户提供涵盖接送机服务、航班延误险、航空意外险等出行保障。作为平安集团的金融名片，平安银行信用卡中心洞察客户需求，以创新驱动发展，提升客户服务价值，充分发挥集团客户迁徙桥梁的作用，建立“信得过，方不同”的品牌口碑。而在未来，平安银行信用卡还将在“互联网+”时代大背景下，利用移动互联网技术、云计算技术、生物识别技术以及海量大数据，与信用卡各项业务紧密结合，通过移动端为客户提供定制化、可视化的金融和生活服务。①

（二）量身打造年轻人的专属信用卡

数据表明，在信用卡消费领域，年轻人的呆账坏账率要大大低于高风险族，针对这一情况，平安银行利用互联网创新手段将信用卡业务这块市场进一步进行细分，主要力争开拓刚离开校园的职场新人和工作了几年的年轻白领这部分客户族群，针对细分客群特点进行产品创新。在这样的经营策略之下，平安银行信用卡中心推出了为年轻用户量身打造的专属信用卡产品。

2015 年 10 月 23 日，距离热门游戏《诛仙 3》新资料片“梦起河阳”公测还有四日，平安银行联手《诛仙 3》举办了“主题信用卡评选大赛”。在活动中，从《诛仙 3》中精选的 20 张精美游戏原画或壁纸作

---

① 平安银行推出由你信用卡 . http://www. qianft. com/ArticleClass/CompanyDetail/3286.

为虚拟卡面候选对象，玩家可为喜爱的卡面图案投票。直至活动截止，排名在前十位的人气卡面将被做成平安实体信用卡。后续玩家更可以选择申请办理有《诛仙3》卡面元素的平安银行信用卡，其喜爱的“诛仙”也将融入现实生活。凡是参与投票的玩家，在投票阶段结束后还可拥有三次抽奖机会，奖品涵盖《诛仙3》虚拟及实物奖品。其中，更包含十级金精铁玉、悟道灵珠等人气游戏道具，以及“诛仙”绝版项链、“诛仙”玩偶诛小仙，30元、50元或100元的完美一卡通等。[①]

平安银行与《诛仙3》联手推出主题信用卡的活动可谓创新多多，亮点十足。

首先，“诛仙”系列游戏在游戏玩家中传播甚广，拥有颇高人气。平安银行借助“诛仙”的高人气来宣传自己的信用卡，效果几乎是满分。将雪琪、碧瑶等“诛仙”人气主角纳入信用卡卡面候选名单，极大地提高了“诛仙”粉丝对平安信用卡的关注度。

其次，玩“诛仙”游戏的玩家大多是年轻人，这些人接纳新事物迅速，习惯使用信用卡的年轻人正是平安银行细分信用卡市场的目标客户群，用一个人气游戏将这些年轻客户群的目光吸引过来，培养潜在客户群，可谓营销的高招，也为自己的进一步消费金融整体布局打下了客户基础。

此外，2016年5月，平安银行信用卡中心通过差异化创新推出了一款全新的卡产品——平安由你信用卡。根据平安银行信用卡总裁曾宽扬介绍，这是一款专门为年轻客群量身定做的创新信用卡产品。“由你卡”的设计围绕年轻客群的喜好和需求，重磅推出“卡面由你”“权益

① 联袂平安银行　卡面图案由你决定. http://zhuxian.wanmei.com/news/gamenews/20151023/75470.shtml.

由你”“掌控由你”三大亮点。持卡人不仅可以根据喜好在音乐、运动、动漫、节日等多种风格中选择卡面，还可以根据自身的需求挑选权益，如自身消费场景、消费频次、额度需求、保险需求等，自由组合各项功能生成专属特权的“套餐”，真正做到“由你决定”，引发市场强烈关注。“由你卡”还借助互联网平台，让持卡人通过手机 APP 申请信用卡，并可管理各项权益的达成、赠送及使用情况。①

平安“由你卡”的推出，进一步说明了平安银行细分信用卡市场，锁定年轻客户群的经营理念。在互联网时代，利用互联网技术，创新加定制，不断满足年轻人对于消费体验的多样化和个性化需求，是信用卡产品的创新趋势，平安银行定制信用卡的推出进一步激活了信用卡产品的创新和定制密码，一场新的信用卡产品改革正呼之欲出。

① 平安银行推出由你信用卡. http://www. qianft. com/ArticleClass/CompanyDetail/3286.

第九章

积极探索交易银行业务发展路径

交易银行是当前银行业转型的热点之一。所谓交易银行，就是围绕企业日常业务需求，结合信息系统为其提供收支付、结算、投融资、风险管理等综合金融服务。这个概念对于银行非常重要，因为银行的本质是为客户提供传统金融服务，通过存款获得稳定的收益。交易银行的最大价值是使银行摆脱传统信贷粗放式增长、利差收窄的困境，将金融服务渗透到客户的日常交易行为中，实现在银行负债、资产和中间业务等多领域的业务积累和潜力挖掘。

交易银行起源于20世纪70年代的国际大型商业银行，经过50多年的实践，形成了围绕企业日常交易业务需求，提供交叉销售、多元化经营和一站式金融服务的银行业务。发达国家交易银行已经发展为成熟的商业银行经营模式，而国内银行业以息差收益为主的传统经营模式则难以为继，寻求轻资本、轻资产的发展道路迫在眉睫。当前，业内开始从安全性、流动性和盈利性考量商业银行的经营能力，盈利模式的战略转型正在路上。相比投行业务，交易银行没有超高的利润，但它受经济周期性影响小，与客户黏合度高，属于轻资产业务的运营模式，是银行获取核心存款、提升持续盈利能力的重要手段。传统银行业务是以产品为导向，表现为按产品条线进行产品开发、设置组织架构、配置人员费用等资源；交易银行则是坚持以客户为中心的业务模式。从本质上看，交易银行与其说是一种经营模式，不如说是一种思维模式。从客户需求出发，解决企业在交易过程中的金融问题，就是交易银行倡导的以客户为导向的理念。具体地说：

一是增强。即增强企业交易活动的流动性、安全性、便捷性，提升客户交易能力。银行立足企业交易最基础的资金交易、财资管理、融资需求，整合支付结算、现金管理、贸易融资、资产托管四大产品线，增强企业交易资产的流动性、保证交易运营的安全性、提升交易管理的便捷性，夯实企业经营之“势”，助力客户把控全局。

二是延伸。即延伸企业生产经营的供应链、产业链、价值链，实现企业转型升级。互联网时代的企业竞争已经不再是单纯的价格、成本等要素的竞争，而是企业“购、销、存”“上、下游”链条之间的较量。交易银行要紧紧围绕企业的贸易活动和交易行为，通过专业的供应链金融服务，借助庞大的客户资源，提供上下游供应链服务和价值增值服务，助力企业实现价值链条长度和宽度的拓展，以及业务场景的延伸。

三是整合。即整合交易环节中的物流、资金流、信息流，助力企业创造价值。物流、资金流、信息流是企业贸易的载体，交易银行通过借助互联网、云计算、大数据、物联网四大手段，实现企业“三流”的有机整合和企业前端到终端交易流程的无限畅通，提升企业贸易的运行效率和效益。

四是互联。即互联合作伙伴的信息、渠道、资源，为企业打造面向未来的商业生态圈。交易银行不是企业交易环节与银行产品的一一对应、两两组合，而是着眼企业商业模式和交易链条视角的产品、功能、平台的有机安排和信息、渠道、资源的互通互联，提供全流程、多维度、一站式、智能化的特色服务，助力企业打造交易生态圈。[①]

德勤会计师事务所《2015 全球资金管理调查报告》显示，70% 以上受访的首席财务执行官在流动风险管理、有效的资本市场进入、风险管理公司的管理手段、对企业形成战略顾问支持、并购等领域对资金管理存在战略高度的需求。报告认为，许多大中型企业团队越来越认识到资金集中管理和运营的重要性，尤其在加强企业战略、降低融资成本和提高资金使用效率、建立统一规范的资金管理制度和流程，以及强化内部控制和流动性管理等方面具有战略意义。同样，在利率市场化及人民

① 姜雨林．交易银行：中信银行“交”的考卷．当代金融家，2015（11）．

币国际化进程加速的背景下，国内企业对资金管理业务需求的提升为中国银行业提供了新的业务增长点，同时也提出转型挑战。中国资本需要探索适合具有中国特色的交易银行业务发展路径。国内银行面临金融互联化、金融脱媒、利率市场化等多重挑战，息差收窄压力凸现。而国内银行习惯于稳定的息差，随着存款利率放开，银行原来利润来源受到很大的挤压，银行为企业提供交易银行服务来绑定存款，获得低成本的存款对流动性保证是非常重要的。那么，如何获得相对低成本、稳定的存款呢？即通过高效的交易银行向企业提供端到端的资金管理服务和产品。帮助企业更好地获得资金管理服务是银行提升客户服务黏度的需要，更是银行转变经营服务模式的转型需要。在利率市场化的环境下，银行的负债成本急剧增加，由于资产管理和财富管理市场的兴起，客户的存款黏性在降低，金融机构之间存款竞争非常激烈。交易银行业务对银行的重要作用在于，能够为其提供黏性强、稳定且相对低成本的公司存款。因此，交易银行业务对银行战略意义在于流动性管理，降低负债成本，从而增强盈利能力和在压力情景下的银行存续能力。由于交易银行是一项服务型业务，银行直接承担的风险较少，在扩大银行稳定公司存款来源的同时带来低资本耗用的新的利润增长点，对银行是性价比很高的业务。[①]

一、招商银行的交易银行业务实践

2015 年 1 月，招商银行正式撤并总行现金管理部和贸易金融部，

① 张菲菲．德勤：交易银行是中国银行业转型趋势．http://www.yicai.com/news/4624985.html.

新设交易银行部，职能包括现金管理、对公支付结算、贸易融资、供应链金融、跨境金融，是互联网金融的公司金融产品部门。招商银行的全球交易银行业务主要涵盖供应链金融、结算与现金管理、跨境金融、贸易融资和互联网金融五大业务版块。

招商银行设立交易银行部在国内商业银行中尚属首创。此举旨在以客户为中心整合原有现金管理、跨境金融与供应链金融等优势业务，全面打造集境内外、线上下、本外币、内外贸、离在岸为一体的全球交易银行平台及产品体系。据介绍，交易银行是在银行传统资金结算业务的基础上，逐步演变为以组合产品、整合服务、提供全面解决方案为特点的银行综合性服务。对于商业银行而言，发展交易银行业务，意味着服务的全面升级，以交易管理为核心，从账户级管理扩展到交易级管理，从产品销售演化成综合化方案提供，从单体客户服务延伸到整体产业链金融服务，从本土服务发展为全球服务。①

招商银行交易银行部成立后，立即推动两项工作：一是在各地分行也建立相应部门，与总行交易银行部形成前中后台的协作关系；二是总行运用“名单制营销”等手段，理顺产品经理、专营团队的管理和考核机制。这样就在“总分支”架构里拉出一条垂直的业务线，避免区域化、割裂式的管理。垂直管理后，招商银行更能集中力量，为客户提供超出贷款范畴的一揽子服务。据透露，招商银行行长田惠宇要求交易银行部拿出综合解决方案，“要成为客户的主办银行，我们有最佳的现金管理和贸易融资，两个部门合在一起，目标是打造中国最好的交易银行。”田惠宇极其关注交易银行部是否深入客户一线。他在一次讲话中提出，评价交易银行业务做得好不好，主要看“大家是朝九晚五地上

① 谢小强．招商银行成立交易银行部．西安晚报，2015年2月16日．

班，还是跟客户泡在一起解决问题”。此类业务要求银行与企业系统互嵌，人员交流的频次和深度超出一般业务，把公司业务做成一个个“朋友圈”。①

招商银行交易银行部主要有五大创新实践：

一是重塑组织架构。一方面，在总部成立交易银行部，加强统筹职能，自上而下地跨部门整合产品、服务和风险管理标准化操作流程；另一方面，通过构建总分支行协调一致的条线专业服务体系，成立分行操作中心。目前，招商银行所有分行已悉数建立分行交易银行部，并按照前、中、后台的内部职能分工协作，在保障客户体验质量不下降的情况下，顺利完成人员、业务和流程过渡。

二是重塑业务流程。在全行分行层面推行以操作中心为“集约化”的运营组织，将交易银行下各板块业务的落地实施和操作进行集中处理，以“端到端”的流程，有效释放前端对客服务的能力，同时内嵌风险管理，形成风险的全闭环管理。

三是重塑经营模式。借鉴互联网思维，加强银行综合性服务。

四是重塑服务模式。分层管理，以实现整体客群体验价值最大化；同时强化总行对一线的服务能力，以“名单制营销”的管理方式直接推动总行产品经理站位一线，并注重专业化队伍的建设。

五是重塑交互平台。构建交易银行统一互联网服务平台，全面整合境内外、线上下、本外币、内外贸、离在岸为一体的产品体系，形成客户统一视图，打造全新的银企互动金融平台，快速响应客户需求。②

截至 2015 年 8 月，已经运行超过半年的招商银行交易银行部，获

① 解析招商银行的“交易银行”策略. http://fj. qq. com/a/20150824/050962. htm.

② 刘筱攸. 解密招行交易银行：如何嵌入交易？怎么转型银行？. 证券时报，2016 年 1 月 11 日.

客效率和质量比以往的“散打时代”大有改进，沃尔玛、三一重工、统一集团、安琪酵母等大型企业纷纷加盟，创造了不俗的业绩。例如，“跨境双向资金池”是集团企业跨境划拨资金的一种手段，通常由集团在境内外分别建立资金池，境外成员公司不断“上存”，集团再向境内成员公司不断“下拨”，就可将境外资金调入境内使用。招商银行作为离岸银行业务的先行者，创新的突破口就选在了这里，成功为客户提出了有效的解决方案。这一解决方案分两个层面。第一个层面是账户管理，安琪酵母作为亚洲第一、世界第三的酵母制造商，分支机构遍布内地、香港乃至埃及，集团和各级成员在全球开立几十个结算账户。如何有效管理这些账户一直让安琪酵母“头疼”不已。招商银行跨银行现金管理平台（CBS）把这些账户全部纳入管理，该平台与各开户行的网上企业银行数据对接，便于实时查询和监控，统一归集和调拨，还可在平台上进行预算管理和财务分析。第二个层面是打通境内外账户的资金通道，把境内外账户体系分别连通到境内外两个资金池，再把两个资金池连通，使资金可在外管部门限定的额度内划转，并可集中调配成员企业的外债额度、对外放款额度，可以办理经常项目外汇资金的集中收付汇、轧差净额清算等业务。数据显示，项目实施后，安琪酵母的月均电子商务回款量很快涨到原来的 20 倍。在客户获得了方便的同时，招商银行沉淀了公司存款，更提供了各类融资服务的基础。①

在供应链金融方面，招商银行 2016 年重磅推出了创新型产品——“付款代理”，产品精确锁定付款路径，一经面世就受到市场热捧，开拓了重点大企业授信客户。而票据池则实现统一高效的票据集中管理，使得企业不再完全依靠传统授信额度。针对跨境金融业务，招商银行抓

① 解析招商银行的“交易银行”策略．http://fj. qq. com/a/20150824/050962. htm.

住人民币国际化、"一带一路"战略背景下企业"走出去"的机会，加速升级业务模式，通过发力跨境资本通，获得了国内外同业和市场的广泛认可。此外，现金管理业务上，招商银行融合跨境金融及现金管理优势，创新了适合中国企业的跨境本外币现金池产品体系，为跨国企业全球范围内的资金集中运作提供支持。①

现金管理和基于贸易的投融资等只是交易银行的传统板块，更引人遐想的是招商银行交易银行部由此已经建立了"产业互联网"的雏形。目前，招商银行已推出"小企业 E 家"和"E + 账户"两大业务，前者是见证平台，由合作运营方撮合网络投资资金和供应链资产；后者是为各类电商平台、专业市场定制的网络账户体系，可实现交易、理财等功能。目前"互联网金融"更多地渗透了针对个人的零售业务，对产业金融仅有零星尝试。而交易银行业务标准化程度较高，有潜力衍生出"产业互联网"的金融业务，这将是传统金融机构与 BAT 的下一个主战场。②

截至 2016 年上半年，招商银行交易银行各项业务经营数据领跑同业。现金管理客户数超 90 万户；全行 CBS（Cost Breakdown Structure 费用分解结构）上线项目近 600 个，管理企业数量超过 26000 家；网上企业银行交易结算替代率达到 95.50%；跨境现金池累计签约客户超 200 户；跨境结售汇市场份额达到 4.62%，各关键指标均处于股份制银行领先地位。同时，2015 年结算存款增长逾 2000 亿元；跨境资本通业务累计交易金额超 600 亿美元；2015 年国内信用证累计开证近 2400 亿元；"c + 智慧票据池"客户突破 1000 户，创新模式独树一帜。同时，由国

① 关兰．招行树标杆　中资银行首获交易银行国际大奖．昆明日报，2016 年 6 月 17 日．
② 解析招商银行的"交易银行"策略．http://fj.qq.com/a/20150824/050962.htm.

际权威财经机构《the Asian Banker》（亚洲银行家）主办的2016年度国际交易银行成就大奖评选，在越南河内揭晓最终结果。经过多轮严格审查和国际评委会投票，招商银行在与众多强劲外资银行较量中，勇夺“中国最佳交易银行”大奖。这是中资银行首次在交易银行领域获得国际认可，一举摘得银行业的“小金人”。①

从上述成绩中我们可以看出，招商银行将现金管理部与贸易融资部合并，成立交易银行部，为总行一级部门，标志着我国银行业拓展交易银行业务迈出实质性一步。招商银行在借鉴外国交易银行先进经验的同时，结合中国国内金额环境，发展创新，依托各个业务板块的融合发展，协同作战，找到一个具有中国特色的交易银行业务发展模式。

此外，招商银行交易银行模式的落地，是与其实际的发展预期息息相关的，是将招商银行现金管理的既有优势和贸易金融的特色模式更为聚焦地整合在了一起，帮助其最大限度地布局落实“轻型银行”战略。

二、中信银行交易银行的探索之路

2015年11月25日，中信银行发布交易银行品牌——“交易+”，这是中信银行因势而动，因市场和客户的需求而变，在公司银行领域的又一创新。“交易+”，是中信银行在互联网时代推出的全新交易银行品牌，以“聚焦战略+互联思维”的独特视角，增强企业核心竞争力。②

中信银行“交易+”品牌以增强企业交易能力、延伸经营链条、

① 关兰．招行树标杆　中资银行首获交易银行国际大奖．昆明日报，2016年6月17日．

② 中信银行：首家交易银行品牌体系诞生．http://finance.sina.com.cn/roll/20151201/204123902831.shtml.

整合商业资源、互联商业生态为品牌理念，依托中信集团“金融+实业”的独有资源，立足企业交易行为和整体交易链条，提供“全流程、多渠道、一站式、智能化”的交易银行服务。“交易+”品牌旗下涵盖了“e收付、e财资、e贸融、e电商、e托管、e渠道”六大子品牌和十六个特色产品，构筑了完整的品牌体系和产品体系。①

e收付：通过全新的银行IT系统、丰富的支付工具和覆盖个人和企业、线上和线下、境内和境外的全方位结算渠道，全面满足客户在交易过程中的内外部资金结算需求，并根据客户需求创新定制账户管理和收付款管理方案。

e财资：通过专业的信息渠道和产品设计、灵活的资产池和多维资管通道，为客户的交易资金提供定制化信息咨询、流动性管理、理财、投融资和风险管理等服务，为集团客户提供跨银行、跨境资金管理服务。

e贸融：基于交易流程为客户量身定制供应链金融和贸易融资方案，借助移动互联网、云计算、大数据、物联网等创新手段，为客户自身和交易链条上下游提供全方位、全流程、全链条的综合融资服务。

e电商：以打造企业交易生态圈为目标，搭建电子商务服务平台、跨境贸易服务平台和互联网金融支持平台，为B2B、B2C、C2C、B2B2C、B2G、C2B等各类境内、跨境电商客户、电商平台和互联网金融企业提供交易资金监管、交易对象撮合、交易融资提供、交易风险管理等专业服务。

---

① 中信银行首推交易银行品牌“交易+”. http://money.163.com/15/1125/16/B99HHBKE00253B0H.html.

e托管：依托全牌照托管资格，搭建广泛的金融同业合作平台，为基金公司、证券公司、保险公司、信托公司等金融同业、商业银行理财产品、第三方交易资金、企业年金和薪酬福利等提供核算、估值、清算、监督、咨询等值得客户托付的服务。

e渠道：以境内外近1300家分支机构，近1万名对公客户经理为基础，着力构建“互联网金融高速公路”，在为客户提供专业化电子银行服务的同时，努力拓展移动端、物联网电子渠道入口，与各种形态的电子商务交易进行全流程、嵌入式的无缝对接，提供电子供应链管理的整体解决方案。[①]

截至2016年3月，中信银行“交易+”已在全国十多个省、市、自治区落地，新增签约客户突破13万户，为企业提供了高效率的全线上金融服务，切实服务了实体经济的发展。目前，中信银行正在从五个方面着手打造国内一流交易银行：一是整合产品条线，计划进一步整合现金管理、贸易金融、资产托管等交易银行业务，构建总分支协调一致的职能体系；二是优化业务流程，顺应电子化趋势，推进业务流程优化，增强线上化业务处理能力；三是重塑营销模式，正在搭建专业化营销服务体系，建立交易银行专家团队，培养复合型的产品经理，来提高综合金融服务方案的解决能力；四是强化渠道服务，通过物理网点、客户经理、电子银行渠道建设，打造交易银行前沿阵地、流动银行服务范式和“高速公路”服务渠道；五是升级系统平台，继2015年5月新一代核心系统成功上线后，中信银行启动了交易银行系统建设方案。2016年将着重推进外部渠道、内部管理、业务系统的整合互联，统一服务视

---

① 中信银行：首家交易银行品牌体系诞生 . http://finance. sina. com. cn/roll/20151201/204123902831. shtml.

图，提升客户体验，增强交易银行业务线上化处理与服务能力，力争实现“底层整合”和“平台创新”两大突破。①

中信银行作为国内率先提出交易银行理念的商业银行之一，早在20世纪90年代就开始了交易银行的探索，并在国内同业中最早提出完整明确的交易银行业务概念。2012年，中信银行就发布了《中信交易银行产品手册》，并在现金管理、供应链金融、国际业务、资产托管等交易银行细分领域取得了同业领先地位，为客户和同业所称道。集团现金管理、票据库、电子票据、跨境人民币、B2B电子商务服务、互联网金融托管等业务均开创了业界先河。此次发布的中信银行“交易+”是中信银行在互联网时代对交易银行理念的进一步丰富和扩展，将交易银行理论和实践从1.0时代提升到了2.0时代。②

2015年年初，中信银行制订了2015～2017年战略规划，明确提出了“建设最佳综合融资服务银行”的发展愿景，其核心是依托中信集团优势，构建综合化服务平台，全方位满足海内外客户综合金融服务需求。中信银行行长李庆萍表示，交易银行的推出是对中信银行“最佳综合融资服务银行”战略的落地，体现了回归客户需求的本源，不仅满足客户的日常交易活动所需，更是借助中信集团综合服务平台，以撮合交易的方式帮助企业实现交易活动的延伸，满足客户交易过程中的渠道搭建、平台升级甚至资源整合等各种需求。③

在经济新常态和互联网的时代背景下，中信银行对交易银行业务的

① 中信银行：“交易+”开启交易银行新篇章. http://business.sohu.com/20160310/n440016444.shtml.

② 中信银行频频“触网”，首推交易服务品牌“交易+”. 21世纪商业评论，2015年11月25日.

③ 大智慧阿思达克通讯社. 中信银行首推交易银行品牌“交易+”. 大智慧财经，2015年11月25日.

探索，彰显了中信银行的未来发展方向，即立足于专业化的银行服务，在互联网金融支持下不断延伸自己的服务，实现跨界交易服务，打造全面互通互联的企业生态圈的决心。中信银行交易银行品牌——“交易+”作为国内商业银行首家推出的交易银行专属品牌，不仅代表着中信银行在互联网金融发展领域的又一创新探索，也标志着交易银行业务在中国进入了一个新的发展阶段。

三、浦发银行的交易银行战略

2013 年，浦发银行整合设立贸易与现金管理部，将交易银行作为研究课题进行探索。浦发银行下设五个业务处，包括供应链金融处、国际业务处、电子渠道处、财资管理处、贸易服务处等。[①]

2014 年，浦发银行贸易与现金管理部开始尝试向交易银行的方向挺进。2014 年 7 月 22 日，浦发银行围绕交易银行业务体系，推出贸易与现金管理四大核心方案。包括“跨境联动金融服务方案”“全球供应链金融服务方案”“集团资金管理服务方案”和“企业集中收付款服务方案”。该方案和“交易银行”概念相辅相成，集合了支付结算、贸易融资、跨境服务和财资管理等金融产品，基本覆盖了企业日常各类经营和交易行为，能够满足企业在采购、生产、仓储、物流和销售各个交易环节上的金融需求。浦发银行打造交易银行的公司业务经营思路，意在有效支持实体经济发展的同时，从容应对利率市场化和融资脱媒的挑战。2014 年，浦发银行贸易与现金管理方案在上海、西安、深圳、太

① 王俊丹. 浦发银行组织架构微调：交易银行部 + 零售信贷业务重构 . 21 世纪经济报道，2016 年 3 月 22 日.

原、海南、温州、郑州、南京、苏州、哈尔滨等多个区域推广和实施。①

2015 年 10 月，浦发银行成为第一批 CIPS（Cross-Border Interbank Payment System，人民币跨境支付系统）成员行，为进一步布局交易银行业务打下了基础。

2016 年 2 月，浦发银行经董事会审议通过对总行部门组织架构进行了优化调整，其中“贸易与现金管理部”更改为“交易银行部”，为总行一级部门，此前曾经担任浦发公司业务与投资银行总部副总经理，后成为贸易与现金管理部总经理的杨斌主导交易银行银行业务。2016 年 4 月 18 日，杨斌在上海介绍，在整合现金管理、贸易金融、贸易服务业务的实践基础上，交易银行部形成了集产品、客户、渠道、服务四位一体，前、中、后台相融合的交易银行新战略布局。②

原来浦发银行贸易与现金管理部设有的五个处室分别是：跨境金融处、供应链金融处、电子渠道处、财资管理处和贸易服务处。整合后，浦发银行交易银行部在原部门五个处室基础上新增同业电子渠道处、机构业务处以及工商企业金融中心（科技金融中心）。同业电子渠道处是为金融机构打造的同业交流平台，提供同业公司业务交易和产品的机会。机构业务处负责无贷客户的经营，服务对象包括事业单位、财政单位，以及其他无贷款需求的结算客户。工商企业金融中心（科技金融中心），实际上是一个中心两块牌子，负责中小企业客户的业务经营。

除部门设置外，浦发银行交易银行部的设立也进行了内部资源、产

① 浦发首试“交易银行”. 理财周报，2014 年 7 月 25 日.
② 沙斐. 紧跟行业步伐 浦发发力交易银行业务. 每日经济新闻，2016 年 4 月 19 日.

品、思维等方面的整合，被总结为“5－4－3”战略布局。“5”是指明确交易银行重点客群的5个特征：聚焦弱周期、大流量、高频度、轻资产、公私联动特色的重点客户。同时也指交易银行在建立之后待实现的“5化”经营思路：产品加载渗透化、系统建设数字化、风险管理链条化、资源整合集团化、服务支撑全球化。“4”是指搭建“4维组织架构”与推出4个核心产品，意即整合“产品、客户、渠道、服务”，建立一站式服务体系，减少内部沟通协调成本；其第二内涵是交易银行未来产品体系中的4个核心产品：财资管理、电子银行、跨境金融、供应链金融。“3”是指交易银行需要运用的3种跨界思维：供应链思维、互联网思维、投行思维。供应链思维与银行提供的供应链金融服务不同，是一种经营思维，应用供应链中的上下游合作关系的原理，以供应链的方式获取客户。同理，互联网思维是把互联网技术渗透到企业交易活动中，利用大数据等进行风控，将业务机会从点到线扩展。投行思维可以概括为两个词——整合和撮合。把买卖方、投融资方通过交易银行产品关联在一起。利用商业银行的客群和落地网络基础，创造更多企业之间的业务机会。此外，交易银行需要银行具备3项核心能力。第一是整合，在产业链条的交叉整合中获取业务；第二是嵌入，向互联网企业学习，使银行在收付方面由被动转向主动，达成这一点需要通过信息化和智能化手段进行定制化安排和研发，同时对企业的交易、行为、场景等需求加深了解；第三是服务，引入合作伙伴，构建交易银行生态圈，如保险、物流等，生态圈的参与者能获得机会和低成本。①

浦发银行是国内率先举起交易型银行业务大旗的股份制银行之一。

---

① 王俊丹．解构浦发交易银行：在公司业务里做“零售”．21世纪经济报道，2016年4月19日．

面对利率市场化、利差收窄的大潮流，浦发银行的发展思路是，持续推进轻型化、集约化经营模式转型，进一步提升资本效率。为了获得低成本负债，浦发银行交易银行在给企业提供贸易融资和现金管理的同时，可获取很多流动性的资金。相信浦发银行交易银行未来在贸易与现金管理银行基础业务上会扎根更深，技术经验、产品业务更加丰富，传统金融业务基础量更加扩大，新型金融业务不断丰富，全面实现互联网时代下的综合金融服务体系。

四、广发银行交易银行业务的不断升级

作为国内交易银行的先行者，广发银行早在 2012 年 5 月即在业内率先建立交易银行架构，成立“环球交易服务部”（简称 GTS）。GTS 全面整合贸易融资、现金管理和资产托管三大业务，充分发挥各产品、业务与电子渠道的协同效应，以实现“1 + 1 + 1 > 3”的综合效能。受利率自由化、金融脱媒、同业竞争等因素的影响，银行业面临着重大考验。面对客户越来越高的要求和不断削减的利差收入，银行业务，特别是对公业务如何才能在市场竞争中分一杯羹，成了摆在高层决策者面前的一道课题。广发银行构建整合性 GTS 平台，走出了一条对公业务差异化发展之路。GTS 强调交易银行的创新理念，其核心价值在于以客户为出发点，提供整合性的交易服务，满足当前企业日趋多样化的金融服务需求。对企业而言，GTS 成立后，银行能够提供更多元、全方位的服务：不仅有存款和贷款，还有围绕其日常交易管理的各式各样服务；不仅有结算、融资产品，还能兼顾现金管理、资产托管和电子渠道建设的需求。企业客户不再需要逐一寻求银行各部门的协助，可一站式满足所有交易需求，金融业务办理效率大大提高，降低了企业的时间成本和沟

通成本。GTS 产品灵活多样的融资方式、低资本消耗和行业供应链的风险考量以及“1+N”的客户开发模式等特点，既满足了客户多样化的金融服务需求，也为银行带来了较高的客户黏度和综合收益。同时，由于 GTS 产品嵌入企业供应链中的各个环节，银行能够了解到企业日常交易的货物流、资金流等信息，还能有效降低银行的业务风险，带来源源不断的低成本存款。①

2013 年年底，广发银行交易银行在国内中资银行中率先打造企业客户专属的对公客户服务中心，首家推出单证业务在线查询功能。2014 年又在同业中首推企业网银全自动结汇及同名外汇转账功能，成为首个通过国家外汇管理局货物贸易外汇监测系统联机服务接口验收的银行。对于在外汇局登记为 A 类的企业，在符合外汇政策的前提下，可支持其通过企业网银全自动办理货物贸易项下（转口贸易除外）的网上结汇及同名外汇转账；开展在线供应链建设，充分利用现代信息科技，突破现有供应链产品在时间和空间上的束缚，加快上下游、核心企业和银行之间的数据流动，将供应链的资金流、物流、信息流加以有机整合，做到全链条的高效协调运作。在线供应链整个流程将无纸化操作，将现在按天计算的业务处理周期缩短至以分钟计算，为客户带来全新的快捷体验。②

2015 年以来，广发银行交易银行业务不断升级。广发银行交易银行服务在母品牌“贸融通”的基础上全新升级，推出现金管理子品牌“融慧”，旨在利用企业网银、现金管理系统、银企直联、手机银行、

---

① 赵红．广发银行成立环球交易服务部．http://www.bj.xinhuanet.com/hbpd/jrpd/jrpd/2013-11/27/c_118317833.htm.

② 王莉，白琳．化繁为简的交易银行—专访广发银行环球交易服务部总经理罗佳．中国外汇，2014（17）.

微信银行、电话银行等对公电子渠道，融合多方资源，慧解企业需求，为企业开创非凡未来提供助力。广发银行推出的“融慧”现金管理服务品牌，携领先的服务理念、完善的产品体系、强大的电子渠道，旨在打造独具特色的广发银行现金管理解决方案。企业的资金管理需求，主要出于资金安全、流动性和收益性这三方面的考量。广发银行“融慧”现金管理的产品架构设计，就是从企业的这些需求出发，涵盖了账户管理、收付款管理、流动性管理、投融资管理、风险管理五大产品体系，600余种产品功能，为客户提供结算融资一体化、解决方案综合化、服务途径多维化的定制式现金管理服务。为有效提高现金管理方案的效率，“融慧”旗下拥有业内完备的电子渠道，囊括企业网银、现金管理系统、银企直联三大主要渠道和手机银行、微信银行、电话银行三大辅助渠道，各渠道相辅相成，为企业提供舒适的线上体验。广发银行“融慧”现金管理品牌未来将进一步应用于供应链金融、跨境金融、移动金融、大数据挖掘等多方面，致力于加速对公业务线上化进程，最大限度地发挥交易银行的客户服务价值。同时，广发银行的供应链子品牌“在线贸融通”和跨境金融子品牌“跨境直通车”亦同时更新，与“融慧”现金管理品牌一并对“贸融通”母品牌形成强有力的支持。此外，广发银行还在业内首创实时自助结汇、多级账簿、POS分账功能，率先推出票据池、跨行资金池、本外币跨境资金池等特色产品，具备业内高效地在线保理、在线预付款、在线动产融资服务，独具特色的全单证信息的在线查询，及更多特色产品服务以满足客户个性化的需求。①

2015年，广发银行在交易银行领域荣膺《亚洲银行家》、欧洲金融和国内多家权威机构颁发的18项荣誉，这是市场、客户和社会公众对

① 广发银行交易银行再添猛将．中国经营报，2015年7月20日．

广发银行交易银行业务在创新和专业度上的肯定。目前，交易银行带来的营业收入已占该行对公业务的三分之二。在该行 2016 年新启动的五年战略中，交易银行成为广发银行打造“三个银行”（交易银行、财富管理银行、网络银行），向轻资本盈利模式转型的战略重点。借助互联网的力量，该行交易银行将在支付结算、贸易融资、现金管理、供应链金融、跨境金融等细分服务上致力于为客户提供卓越体验，从而增加客户黏性，动态发掘和满足客户综合金融需求，获得企业和银行的双赢发展。[①]

从实体经济的发展需求和商业银行转型升级的战略角度来看，具有业务风险低、收益效果高的交易银行业务无疑是最好的发展方案。广发银行交易银行顺势而为，借助先进的互联网技术，集中力量，不断加快创新步伐，积极发展交易银行业务，提高企业的核心服务能力。事实证明，广发银行交易银行已经在供应链金融、现金管理及跨境金融业务取得了卓越的成绩，相信未来会为企业客户提供更加专业、高效和一站式的综合金融服务。

① 黄羽霆．广发银行用心打造“交易银行”升级版．上海证券报，2016 年 03 月 15 日．

大有可为

第一章

互联网金融发展依然迅猛

自2013年互联网金融大幕强势拉开的那一天起，其就不断开拓着人们的视野，引领着各行各业的转型变革浪潮。

2015年12月20日，北京大学互联网金融研究中心互联网金融发展指数正式发布，从互联网金融发展指数来看，截至2015年9月，全国互联网金融发展指数达到了316.3，是2014年1月份基期的3.2倍。全国互联网金融行业每月环比增速达5.9%，相当于一年翻一番。根据互联网金融发展指数显示，上海、北京、浙江、广东、江苏、福建、天津七省市的互联网金融发展水平优于全国，其指数值显著高于其他24省市。尽管互联网金融的各种业务都处在高速增长中，但相比而言，互联网支付和互联网货币基金发展比较成熟，到2015年9月，发展指数分别为183.1和185.9。更新兴的互联网保险和互联网投资理财，发展指数则分别达到了312.2和366.3，成为全行业的新爆发点。分年龄的互联网金融发展指数显示，无论是哪一种互联网金融的分业务，80后和90后都是主要的增长力量。不过指数也显示，自2014年1月~2015年9月，60前90后是互联网金融纵向增长的排头兵。这充分说明，互联网金融正在向年龄段的两端渗透。①

从互联网金融发展的增长数据来看，其为各行各业所带来的红利是丰富而公平的。显而易见，各行各业想要获得长期发展，只有顺应互联网金融发展这一大势，积极转型变革，方能立于不败之地。而这其中，对于本身就与互联网金融有着天然渊源的银行业来说，更是优势大于挑战，机遇多多，大有可为。

---

① 北京大学互联网金融研究中心．北大发布互联网金融发展指数：行业增速一年翻一番．http://money.163.com/15/1220/19/BBA84ID400253B0H.html.

第二章

大有可为的银行业

在很多人士看来，互联网金融带给银行业的是“毁灭式”的打击，却忽略了银行业与互联网金融之间存在的天然联系和一脉相承的发展趋势。互联网金融给银行业带来了创新的经营理念和商业模式，与此同时，银行业也在积极拥抱互联网金融，他们是能够在第一时间熟练掌握互联网创新理念和创新模式的企业。而这些对于不看好银行业的人而言，却是屏蔽忽略的。从多家银行的发展业绩来看，很多银行表现抢眼。可以说，银行业正在互联网金融大潮下积极开疆扩土，顺应大势，不断加强与其他行业的跨界合作，实现优势互补和共赢，在跨界竞合关系中构建大格局，赢得机遇和发展。

一、构建互联网金融生态圈的中国工商银行

面对互联网金融的风云变幻，中国工商银行直面挑战并积极将其转化为自身的发展机遇。从 2013 年起，工商银行对新时期互联网金融的发展进行深入研究和整体谋划，2014 年年初成立专门工作领导小组和跨部门团队加快推动，明确了全行互联网金融建设的总体任务，意在迅速构建集支付、融资、金融交易、商务、信息“五大功能”于一体，较为完备的互联网金融服务和运营体系，逐步打造全新的互联网金融业务和服务体系。

截至 2015 年上半年，工商银行已经推出了“融 e 购”电商平台、“融 e 联”即时通信平台和支付产品、融资产品、投资理财产品等互联网金融平台和产品，并将持续优化完善。除此之外，工商银行还将陆续推出“融 e 行”直销银行平台、“工银 e 生活”等互联网金融产品。未来，工商银行手机银行“融 e 行”“融 e 购”“融 e 联”“e 支付”“e 投资”“e 生活”等产品将分别从金融服务、电子商务、社交与生活服务

层面作为客户流量入口，并通过业务场景进行相互联动和导流，整体建立起工商银行互联网金融的生态圈。

工商银行在2014年年初推出了“融e购”电商平台，该平台是工商银行互联网金融生态圈的基础工程，通过商品交易与支付、融资等金融功能的无缝结合，提高客户黏性和活跃程度，并将创新出更为贴近市场、更加符合客户需求、更富效率和价值的金融服务。该平台正式上线以来，交易金额超过500亿元，入驻商户2277户，上架商品8万件，注册用户930万。目前，工商银行“融e购”还处于起步阶段，与业界主流电商相比，在商户规模、用户数量和客户体验等方面，“融e购”还需要不断提高。下一步，工商银行将在大力拓展商户和用户上下功夫，精心打造“名商、名品、名店”的线上商城，并将从B2C业务拓展到B2B业务。

为了在客户经理与客户之间搭建社交型的便捷沟通服务渠道，满足客户在获取金融服务过程中的交流、分享、讨论、咨询等服务需求，工商银行自主研发并投产了即时通信平台——“融e联”，主要承载即时通信、社交圈、精准营销等三大服务。该平台的推出适应了互联网时代客户沟通方式的变化，提升了客户服务的黏性，更为工商银行提供了全新的营销和服务方式，真正实现了客户经理“走出去”营销。

2011年，工商银行推出了快捷支付产品——工商银行“e支付”；2014年又研发推出了线上POS、通用缴费平台等产品。工商银行“e支付”是针对小额在线付款的快捷支付产品，不仅拥有与第三方支付产品一样便捷的支付体验，而且拥有银行级支付安全保障。线上POS是针对线上商户推出的一款收单产品，其特色在于业务全面，支持各种线上主流支付方式，同时支付界面简洁清晰，交易过程大幅缩减，商户只要与工商银行一点接入，就可受理各银行发行的银行卡。通用缴费平台是工商银行搭建的新一代缴费业务统一平台，支持客户通过手机 APP、网上银行、手机银行、自助终端等八种渠道，缴纳通讯、水电燃气、交通、教育等九大类、千余种费用，用户在各渠道都能享受到体验一致的缴费服务。上述线上支付创新，秉承“小额讲便利，大额讲安全”的原则，提供丰富功能满足各种需求场景，有力提升了工商银行支付产品的市场竞争力和服务水平。

“个人逸贷”产品是工商银行基于客户真实消费创新的信用贷款产品，客户无需办理抵（质）押，无需提交贷款资料，无需等待审批，资金瞬时到账，随借随还。小微商户逸贷产品是工商银行推出的一款以商户刷卡交易记录为授信依据、以 POS 收入结算账户为还款保障、无担保无抵押的信用贷款产品，适用于餐饮、连锁超市、日用百货、民营加油站等小微商户，授信额度可循环使用。网贷通产品是工商银行面向小企业客户和一般法人客户推出的循环贷款产品。客户与工商银行签订借款合同后，可在线自主决定提款额度和资金实际使用期限。工商银行对贷款产品进行上述互联网化改造，节约了客户办理成本，利用大数据进行高效审批和控制风险，使之更贴合客户需求，更具备竞争力。

2014 年，工商银行“e 投资”交易终端 PC 版上线，涵盖账户贵金属、账户原油、积存金等全量代客交易产品，集行情、资讯、交易和服务于一体，并在 2015 年推出手机版。此外，工商银行与工银瑞信、工银安盛等子公司合作，推出具有互联网金融特色的基金、保险产品，满足客户多样化的投资需求。2015 年，工商银行实施了个人网银和手机银行开放性改造。适应客户先看后买的网络购物习惯，将理财、贵金属、账户交易等产品直观展现在网上银行及手机银行首页，客户不用登录就能查看、比较和选择产品，并在系统引导下登录完成交易。这些创新顺应了客户交易习惯的改变，精简交易流程，降低客户服务门槛，使投资理财交易更加开放、便捷，成为工商银行扩大普惠金融的重要内容。

随着移动互联技术的发展和智能移动设备的普及，客户金融服务需求和服务获取方式发生了深刻变化。金融服务和交易加速向线上迁移，尤其是以手机银行为代表的移动服务增长迅猛，与此同时，线下渠道业务的功能需要进一步提升，建立线上金融交易服务与线下实体交互服务的一体化。今后，工商银行将充分发挥物理网点的优势，加快网点的布局优化和服务转型，加强与线上渠道的互动，拓展线上线下联动服务的广度和深度，把强大的落地服务与高效的线上服务结合好。[①]

展望未来，互联网金融的竞争将更加深入，对传统商业银行来说挑战与机遇并存。中国工商银行将充分借助云计算和大数据分析等不断涌现的新技术，在通过改革创新持续推动经营转型和业务发展的道路上，经历互联网金融大潮的洗礼，注入互联网创新的活力，进一步为客户提供更加卓越的金融服务，构建自己的互联网金融生态圈。

二、沉着布局“互联网+”金融生态系统的中国建设银行

2007年10月，在互联网与电子商务热潮方兴未艾之时，中国建设银行就开始研究探索互联网对于商业银行的挑战和机遇。中国建设银行发展并完善了网上银行、手机银行、微信银行、短信金融、电话银行、国际互联网站等网络服务体系，与智慧银行网点共同构建面向客户的金融服务渠道。具体说来，中国建设银行在国内率先推出了手机银行业

① 中国工商银行股份有限公司信息科技部．工商银行：互联网金融创新发展现状与展望．http://cfc365.com/business/IOF/2015-08-13/13404.shtml.

务，客户数、交易量、交易额等指标，持续多年保持行业前位，客户满意度高。经过近十年的建设发展，中国建设银行网络服务渠道已经成为行内主要的交易渠道、客户服务渠道、标准化和低风险产品的销售渠道。①

此外，建设银行还积极开展普惠金融。通过“裕农通”项目，建设银行以“建行龙卡＋供销社网点＋电子渠道”的方式，使农村客户不必进城即可享受完善的金融服务。

除了发展并完善包括网上银行、手机银行、微信银行在内的三大渠道，建设银行网络金融的标志性成果还有：搭建起“善融商务”“悦生活”“惠生活”三大平台，创新推出互联网支付、互联网理财、互联网融资三大产品线，积极引进大数据、“金融云”、智能客服三大智慧技术。据了解，截至2015年9月底，“善融商务”商户数近6万户，注册会员1400万个，2015年实现了400多亿元的纯商品销售额。“悦生活”企业级生活服务平台已经覆盖了300多个城市，每个城市有近50种缴费项目，2016年已经实现交易量2亿笔，交易额381.2亿元，领先同业。正在建设中的“惠生活”，将整合建设银行各条线、产品营销信息，实现线上线下场景的融合应用，为客户提供更多价值。

2013年8月，建设银行新一代云管理平台成功上线，创造了五个工作日内交付上千台虚拟化服务器的行业记录，建设银行也由此成为中国金融行业率先在生产环境实现“金融云”的商业银行。作为大数据的重要应用之一，建设银行基于非结构化数据的文本应答技术，同时在微信、短信、网银等网络渠道推出智能客服——“小微”。目前，智能

① 建设银行着力构建“互联网＋”金融生态系统．中国金融网，http://www.financeun.com/News/2015116/2013cfn/162248706900.shtml.

客服的业务量已经超过95533、400人工客服平台服务量总和，各渠道回复准确率超过80%，其中微信渠道回复准确率已达90%。大数据的应用提升了银行洞察客户的深度，拓展了接触客户的广度，从而对银行营销服务、产品创新提出更高的要求。如何跟进环境的变化与时代的要求？就是要着力打造客户、银行、第三方之间“三位一体”的共存共荣和实时互动客户金融生态系统。

在创新产品方面，建设银行创新推出了账号支付、快捷付、手机支付、跨行付、“龙卡云支付”等一系列互联网支付业务，在支付宝、银联等重点支付商户中市场份额居行业前位。其中，支付宝交易中，建设银行支付占比达到22%；铁路客运（12306）交易中，建设银行支付占比居行业前位；2015年春节的微信“红包大战”中，通过建设银行在线支付发出的红包位居行业前位。同时，建设银行不断优化网络投资理财客户体验，定制网络专享理财产品。目前，超过七成的理财产品、六成以上的基金、几乎全部账户贵金属是通过网络渠道销售的。此外，作为国内互联网信贷业务的先行者，对公客户方面，建设银行创新推出“善融e贷”“快速贷款”等网络贷款产品，提供从贷款申请到支用的一站式服务。个人客户方面，“快贷”业务得到市场和客户的良好反响。目前，授信金额近73.07亿元，累计发放66.53亿元，31.08万客户从中获益。①

目前，建设银行已搭建起包括基金、租赁、信托、保险、期货等在内的综合性银行集团框架，综合牌照业内领先。综合金融服务功能逐步健全，以银行业务为主，非银行金融业务为辅，为客户提供跨市场跨行业跨国境的综合金融服务。数据显示，截至2015年6月末，其累计承

① 建设银行着力构建“互联网+”金融生态系统. 中国金融网，http://www.financeun.com/News/2015116/2013cfn/162248706900.shtml.

销非金融企业债务融资工具2374.76亿元，承销金额继续领跑同业；证券投资基金托管指数和新发基金托管指数均列市场第一，成为首批香港基金内地销售代理人中唯一一家银行代理人；综合化经营子公司总资产合计2424亿元，较上年末增长27.91%，净利润21.60亿元，同比增长47.62%。不仅如此，其海外机构布局进展迅速，国际化转型成效明显。2015年上半年，中国建设银行欧洲所辖巴黎、阿姆斯特丹、巴塞罗那和米兰分行于6月同时开业，智利分行获颁牌照并成功获任智利人民币清算行，伦敦分行正式对外营业，苏黎世分行、马来西亚子行等机构申设筹备工作正在同步推进；同时，推动建立多功能的营销服务平台，筹建海外资金平台、海外项目信息管理平台和海外审批中心，推进海外机构清算业务集中和海外网络全球化部署。数据显示，截至2015年6月末，中国建设银行已在全球24个国家和地区设立了26家一级机构。上半年实现国际结算量6079亿美元，同比增长8.70%；跨境人民币业务量累计实收实付项下结算量达8341亿元，同比增长17.38%；人民币清算网络覆盖范围扩大到43个国家和地区。①

建设银行致力于布局“互联网+”金融生态系统，正在运用互联网思维和技术推进全行的业务流程再造，构建以客户为中心的金融生态系统。未来的中国建设银行，相信将会为不同客户提供一个更为周到细致、更好的服务体验、全方位金融服务的生态系统环境。

三、互联网金融布局较早的中国农业银行

中国农业银行在互联网金融方面也是早有布局。2013年下半年，

① 刘佳昕．建设银行：互联网金融业务优势凸显　转型发展全面开花．投资时报，2015年9月11日．

农业银行将互联网金融上升到全行战略层面，并在2014年3月在总行机构改革中，专门设立了互联网金融推进工作办公室，作为专职的战略实施推进机构。

2014年年初，农业银行副行长李振江对媒体表示，未来，农业银行的互联网金融将从O2O、B2C、B2B、数据应用、物理网点二次转型等五个领域介入。其中包括移动开放平台、垂直商务平台的建立，将原有的“E商管家”电商服务平台从封闭性平台改造到开放性平台等。[①]

2015年以来，农业银行在互联网金融支付、网贷、电商领域三箭齐发，同时取得了不俗的成绩：

2015年上半年，农业银行以丰富的线下资源和“磐云平台”为依托，继续深入推进大数据、移动通信技术的应用，强化互联网金融服务实体经济、服务小微企业、服务县域金融的产品和模式创新，致力于打造集支付、融资、理财、交易和电子商务等一体化的线上综合产品和服务体系，形成线上线下业务联动的经营格局。

1. 网络支付——“农村包围城市”

中国农业银行重点加强移动支付服务体系建设，搭建了虚实融合的电子账户体系、互联互通的用户体系和便捷平滑的跨行通道。试点推广移动金融服务终端产品——“银讯通”，以县域金融客户为对象，以智能手机为依托，着重以现代化支付结算手段增强农村移动终端支付服务能力，有效提升了农行“惠农通”工程质量和对边远山区金融服务覆盖能力，改善了农村基础金融服务环境。截至2015年6月30日，农业银行在四川地区签约“银讯通”代理点9431个，累计布放“银讯通”

---

① 宋佳燕. 农行互联网金融框架雏形：掌上银行+B2B产品. 21世纪经济报道，2015年3月31日.

终端 7187 台，实现金融性交易近 300 万笔，金额 3.65 亿元。

2. 网络融资——面向全产业链条

农业银行应用大数据理念，推出了面向产业链上下游小微企业的信用融资产品“数据网贷”。截至 2015 年 6 月 30 日，“数据网贷”在比亚迪和浪潮集团两个商圈累计自动放款 511 笔，金额 1.67 亿元，贷款余额 1.06 亿元，较上年末增长 253%。大力拓展“数据网贷”试点商圈，进一步探索面向全产业链条的综合金融解决方案，并与全国棉花交易市场、蒙牛集团、中粮国际、新希望六和、海信、大北农、抚顺新钢等近十家新增商圈建立合作关系，下半年将陆续上线。

3. 电子商务——深入农村零售

截至 2015 年 6 月 30 日，农业银行电子商务特约商户总数达 13590 户，上半年电子商务累计交易金额达到 9541.4 亿元，同比增长 75.2%。农业银行在县域电子商务金融服务领域积极布局，“四融平台”（面向农户和农业生产全过程，提供集融通、融资、融商、融智为一体的互联网金融综合服务平台）、“E 农管家”等特色电子商务服务模式在部分地区试点实践。截至 2015 年 6 月 30 日，“四融平台”共布放终端 1886 台，其中融商业务累计上线网上店铺 356 家，发布购销信息 3.5 万条，完成交易 1.09 万笔，金额 10.36 亿元。“E 农管家”实现了农村零售商与县域批发商之间的采购活动的线上化和农民日常缴费购物活动的电子化，目前累计上线商户 2 万余户，实现交易 37581 笔，交易金额 7.11 亿元。

另外，农业银行还推出在线融资平台，利用互联网服务小微金融。报告指出，该行与“众创空间”开展合作，扶持创新型与创业型小微企业发展；在北京等地创新推出“科易贷”等产品，推进科技与金融的深层次结合；在浙江、天津等地推行“e 商管家”等在线融资平台，利用互联网服务小微金融；推出“政府增信”模式，通过政府风险补偿金、政策性担保公司担保、保险公司信用保单等增信手段突破小微客户担保瓶颈，解决小微企业“融资难”问题。[①]

中国农业银行在互联网时代可以说是先知先觉，锐意创新，顺应“互联网+”时代生产经营模式的变革趋势，以电子商务为突破，打造了全方位覆盖城乡，连接农业银行、企业和终端消费者的全产业链商务平台，利用农业客户资源优势，逐渐打造了具有其自身发展转型特色的银行服务模式。

四、不断进行转型升级的中国银行

中国银行的互联网金融布局是随着形势的发展不断进行转型升级的。

2013年，中国银行明确把以服务电子商务为核心的网络银行建设与发展作为核心任务，重点打造“中银易商”整体品牌，加速布局互联网金融。[②]

2014年，中国银行陆续推出“中银E社区”“航运在线通”“惠民金融服务”等网络金融服务，将网络服务范围不断扩展至支付、理财、融资、跨境、综合服务等领域，服务能力持续提升。

2014年，中国银行在同业中率先推出金融级开放平台，将银行后台交易接口进行标准化封装，利用众包模式开放给分行、外部合作伙

① 王超．农行闯关互联网金融　支付、网贷、电商三箭齐发．中国电子银行网，2015年8月28日．

② 刘诗平．中国银行布局互联网金融　促进传统业务转型升级．参考消息，2013年10月28日．

伴、第三方机构等，提供安全、稳定、简捷的金融接入服务。基于该平台，中国银行已陆续推出便民缴费、移动医疗、特色旅游、校园服务、在线金融超市等多项互联网模式惠民金融服务产品。其中，中国银行便民缴费服务覆盖300多个城市，提供水电煤暖等生活缴费服务；移动医疗服务合作医院扩展至全国近800家；积极推动NFC移动支付产品在宁波、成都、合肥、贵阳、深圳等城市的推广。

2014年，中国银行通过互联网渠道不断创新金融服务模式，大力发展“中银e社区”。利用网络云服务平台，中国银行与物业管理公司合作切入社区，推出线上线下一体化金融服务及增值服务，打造了由物业、银行、小区住户、小区商圈共同组成的综合服务平台。2014年8月，中国银行在上海推出首家网络金融产品O2O体验店，实现线上线下的打通与互通，探索银行O2O服务新模式。

2014年，中国银行利用在境内外拥有的广泛、立体化网络布设及外汇业务传统优势，其网络金融服务为客户提供了多维度的跨境产品和专业综合跨境服务解决方案。中国银行推出的在线出国金融服务，面向出国留学、投资移民等五类跨境客户，提供业务资讯、服务动态、出国攻略、金融交易等在线一站式出国金融服务。中国银行还积极与第三方支付机构、跨境电商平台合作，试点推出跨境电子商务支付结算，并在国内同业中首推“航运在线通”，集便捷支付、外币结算、融资于一体的整体服务方案，实现一次额度申请，一年内循环使用。

2014年，随着B2B、B2C、B2G等电商支付产品规模不断扩大，中国银行“中银E商通”产品业务规模持续增长。中国银行为北京、上海等多地大宗商品及产权、股权交易所提供的服务，已覆盖有色金属、酒类、农产品、煤炭、石油化工等多个行业；试点推出“车商在线通”在线综合金融服务，整合了支付、银行承兑汇票、法人账户透支、货押融资等产品；“报关即时通”服务继续在同业中保持市场第一，市场份额超过35%。

2014年，中国银行通过与电商平台合作，依托云计算和大数据技术创新网络融资信用评价体系，中国银行为小微企业提供了高效、便捷的网络融资方案，降低了小微企业融资门槛。中国银行还与中国联通强强联手，共同推出“沃金融”服务，以“沃易购”电商平台作为切入点，探索通信业务与金融产品、互联网相结合的业务模式，为渠道代理商提供高效、便捷的线上融资服务，切实践行国家战略，服务实体经济，助力小微企业发展。①

2015年，中国银行在互联网金融布局上不断调整升级。

中国银行一方面充分发挥自己的跨境金融服务优势，在公司金融与贸易金融领域，中国银行开始注重与海关、电子口岸、跨境电商服务平台的合作，力推一系列跨境支付、结算、融资、报关缴税等方面的线上服务。目前，跨境贸易税费支付业务占35%市场份额，稳居银行同业第一。

另一方面，在个人金融领域，中国银行正在尝试建设基于移动金融的“E社区”服务，使网络金融产品及时下沉到社区，让服务变得更直接、更便捷、更人性化。在全球金融市场领域，中国银行正在打造在线金融超市、理财产品二级市场、交易端APP等灵活定制产品。②

近年来，中国银行紧密围绕国家战略，坚守“担当社会责任，做最好的银行”的战略目标，充分发挥自身在国际上的竞争优势，在人民币国际化、利率市场化和互联网金融等领域力争先机。并且始终坚持其“创新、协调、绿色、开放、共享”的发展理念，紧密围绕国家重

① 加速布局互联网金融　中国银行网络金融服务全面升级．新华财经，2014年10月30日．

② 董俊峰：中行打造跨境互联网金融．http://finance.sina.com.cn/money/bank/bank_hydt/20150709/173322639948.shtml.

大战略，坚持创新驱动，深化业务转型，完善风控体系，认真化解风险，强化集团管控，重塑发展新动力，再造竞争新优势，在自身转型升级和社会贡献上都取得了良好的成绩，实现了经济效益和社会效益的和谐统一。

五、稳中提速的中国交通银行互联网金融布局

2013 年，为了给客户提供更加优质高效的金融服务体验，中国交通银行不断加大产品创新力度，利用其强大业务后台及 IT 研发能力频频推出多种金融应用产品。

作为最早推出电商平台的交通银行，2014 年，对平台进行了二次“革新”，全新升级了电商平台“交博汇”，整合了“积分乐园”商城与“交博汇商品馆”，推出“积分消费百货店”，进一步提高了为互联网用户服务的能力和水平。此举意味着交通银行已把“金融服务”作为电商平台的核心竞争力，突破了一直掣肘银行系电商发展的产品局限，同时将打造面向全体客户的开放式金融电商平台战略布局。[①]

除了电商领域的“交博汇”，交通银行还推出了理财领域的“快溢通”、网贷领域的“e 贷通 2. 0”、移动金融领域的“e 动交行”，布局多条战线，全面布网互联网金融。

交通银行率先在业内推出的“快溢通”，通过与旗下子公司交银施罗德基金合作，在代销基金的商业银行中首家开通货币基金实时变现功能，让客户持有的货币基金份额在数秒内变现到账。7 日年化收益率超

---

① 赵红．交通银行互联网金融布局稳中提速．http://www. bj. xinhuanet. com/hbpd/jrpd/jrpd/2014 – 12/15/c_1113646873. htm.

过6%，收益颇具吸引力；1元起购，支持24小时购买和赎回，赎回资金实时到账，提现额度单日可达50万元，目前具有互联网理财无法比拟的优势。“快溢通”智能理财业务，可实现闲钱理财与消费的一站式服务。客户可设置一定闲钱额度，通过“快溢通”签约，闲钱可自动申购交行货币基金，在享受货币基金收益的同时还可实现信用卡还款到期日之前自动赎回完成信用卡还款，做到消费、理财两不误。“快溢通”关联信用卡业务，能够为客户省去大量操作基金投资、信用卡还款的时间；账户闲钱超额自动申购货币基金，更智能的账户现金管理；根据信用卡账单金额自动赎回等额货币基金，自动还款；跟踪客户最终还款额，精准发起交易，不影响客户期间收益；活期资金享受货币基金收益，流动性高、收益媲美定存。在理财领域的“快溢通”为交通银行赚足了眼球。

在网贷领域，交通银行推出的“e贷通2.0”，实现了无担保、易申请、速审批和额度高，全面体现了互联网精神。只要符合一定条件的交通银行个人客户均可使用。是纯信用，无需抵押或担保，无需递交纸质申请资料，足不出户即可申请的贷款，最高可达100万元。

移动领域的“e动交行”可谓是引领了银行系改革浪潮。交通银行新一代手机银行“e动交行”于2009年正式推出后，用户市场发展迅速，年复合增长率超过100%。在互联网金融元年（2013年），交通银行又推出了具有云服务、智能化、定制化、开放式、高安全等特点的第二代手机银行系统。交通银行移动金融围绕手机银行不断创新服务，保持移动金融产品优势和市场竞争力。

同时，交通银行通过微信银行，提供便捷的基于社交和互动的客户服务系统，通过微信公众服务号，传递金融信息、讲授金融知识、进行风险提示等新型社交类金融信息沟通。通过微信与银行卡的绑定，实现客户便捷的小额支付，满足更为便捷的生活支付、生活缴费需求。为进一步拓展社交化金融服务渠道，交通银行于2014年3月1日正式上线易信银行。

另外，交通银行通过“最红星期五”的营销品牌和体系建设，培养手机银行用户移动支付的习惯。①

2015年，交通银行一方面成立了互联网金融业务中心，借此把业务、产品、技术方面的架构搭好。一是做资产业务，成立互联网小贷公司、经纪公司，利用商业银行的信誉拓展业务，在网上改变一些传统的服务模式；二是解决互联网的支付和方便客户；三是打造一个新型跨界的金融生态圈。另一方面，还探索引入民营资本合作设立互联网金融子公司的可行性。这些措施，通过交通银行打造线上“第二交行”来实现。而上述探索中的互联网金融公司最后若得以筹建，还将成为其探索子公司经营之路的一个试水样本。②

近年来，中国交通银行在互联网金融发展上一直保持稳中提速，注重自身的品牌建设和良好的客户服务体验，不断增加客户黏性，服务客户、配套金融产品，在商业模式上不断进行多方向的尝试，银行业务的转型升级不断向前推进。

六、不断创造奇迹的招商银行

招商银行从1987年成立至今，不断在银行业内创造奇迹。当初其从1亿元资本金、1个营业网点、30多名员工起步，发展成为了资产总

① 邓小波．交通银行四大产品反扑　多方位布局互联网金融．投资时报，2014年3月14日．
② 夏心愉．交行经营模式转型：走进“互联网＋”时代．第一财经日报，2015年7月31日．

额5.48万亿元，机构网点1700多家，员工7.6万人，分别在上海和香港两地上市的中国第六大、全球第29名的商业银行。招商银行被国际金融界公认为创造了从一个小银行成长为大银行的发展奇迹。此外，凭借持续的金融创新、优质的客户服务、稳健的经营风格和良好的财务绩效，招商银行在国内的品牌影响力也在不断扩大。

在日趋激烈的市场竞争环境中，一家银行要脱颖而出，必须坚定不移地走差异化经营的道路至关重要。招商银行在发展过程中，经营特色日益凸显，竞争优势不断提升。

在零售银行方面，招商银行打造了一卡通、一网通、信用卡、金葵花理财、私人银行等深受客户喜爱的产品与品牌，零售存款、贷款、利润占比都明显领先同业。在批发银行方面，招商银行大力发展中小企业业务，成立了小贷中心，推出了千鹰展翼计划，中小企业贷款余额占比达54%。

在中间业务方面，财富管理、POS消费等零售中间业务以及资产托管、投资银行、公司理财、现金管理、企业年金等新兴批发中间业务，均居股份制银行首位。在服务渠道方面，招商银行在加快发展物理网点的同时，构建了网上银行、自助银行、远程银行、手机银行、网络互动银行等电子服务渠道，零售、对公柜面业务的替代率分别达到88%和47%，遥遥领先国内同业。

在国际化综合化经营方面，招商银行形成了包括香港永隆银行、香港分行、招银国际、纽约分行、离岸金融在内的跨境平台，以及包括租赁、投行、保险、基金在内的综合化平台。

在业务网络化方面，招商银行抓住了互联网兴起带来的历史性机遇，于1999年推出了国内第一个系统的网上银行一网通，适应了客户足不出户就能快速、便捷办理金融业务的需求。经过持续不断的技术改进和全方位营销，招商银行网上银行的技术性能、客户数、交易量等指标一直领先同业。2003 年，一网通获得被誉为国际信息技术应用领域奥斯卡大奖的 CHP[①] 奖，这是中国企业首次获此殊荣。英国《金融时报》把招商银行称作“中国银行业的电子化领头羊”。近年来，招商银行网上个人银行业务交易量年复合增长率接近 100%，电子银行综合替代率超过 80%。以一网通为基础，招商银行逐步构筑了包括自助银行、电话银行、手机银行等在内的网络服务体系。完善了一卡通的柜面、ATM、商户、网银服务功能，并加大市场推广力度，发卡量从 1998 年的 300 多万张增加到目前的 5400 多万张。在国内同业率先实现资金汇划“零在途”，成为第一家在全国所有网点都可以为客户提供异地资金汇划实时达账的银行。

在资本市场化方面，为有效解决困扰招商银行长远发展的资本问题，招商银行在资本市场上组织了五次较大规模的融资活动。一是 A 股发行上市。2002 年，招商银行向社会公开发行了 15 亿 A 股，实际募集资金 107.69 亿元，创下了当时国内总股本最大的上市银行、筹资额和流通盘最大的上市银行、国内第一家采用国际会计标准上市的公司三个之最。二是 2004 年，招商银行向社会成功发行了 65 亿元可转债。可转债的发行正逢资本市场调整期，虽经历波折，但最终受到众多投资机构的热捧，超额认购倍数达 164 倍，创下了当时中国股市可转债发行的多项第一。可转债的发行也使招商银行充分认识到资本市场的游戏规则，这是招商银行了解资本市场、认识资本市场和融入资本市场的过程；三是 2006 年，招商银行在香港联交所发行了 24.2 亿 H 股，实际募集资金 203.37 亿港币。这次 H 股发行，是招商银行步入国际资本市场

① CHP 是一种在 2012 年被天霆云计算科技提出发布的流媒体技术。

的过程，是提高自身管理国际化水平的过程；四是 2008 年，招商银行成功发行了 300 亿元次级债券，这为招商银行顺利收购香港永隆银行奠定了坚实的物质基础；五是 2010 年 3 月，招商银行成功完成了约 220 亿元 A + H 配股资本金募集，这次融资有效提升了招商银行资本充足率及核心资本充足率水平，为进一步推动招行步入可持续发展新阶段奠定了资本基础。

在发展国际化方面，招商银行于 2002 年，率先在国内股份制银行中设立了香港分行，正式开始了国际化发展的探索。随后，招商银行近几年又加快了国际化发展的步伐，2008 年成功设立了纽约分行和并购了香港永隆银行，受到了国内外的瞩目。事实上，招商银行纽约分行的设立曾列入中美战略经济对话的内容，历经了多年艰难曲折，成为美国自 1991 年实施《加强外国银行监管法》以来批准中资银行成立的第一家分行，开创了中资银行进入美国市场的先河。目前，纽约分行清算结算、贸易融资、银团贷款等业务全面开展，截至 2010 年 6 月末资产已超过 3 亿美元，并提前实现了盈亏平衡。招商银行还于 2009 年正式成立了伦敦代表处，进一步扩大了国际影响力。与此同时，招商银行积极学习借鉴国际先进的管理方法与手段，成为首批实施新资本协议的唯一股份制银行，推广使用了管理会计、管理驾驶舱等精细管理工具，引进开发了现代商业银行管理信息系统 430 余个，建立健全了覆盖各业务、各岗位、各环节的制度体系，在管理变革和管理国际化的道路上坚持不懈地探索前行。

在发展转型方面，招商银行于 2004 年在国内同业中最早提出了经营战略调整，率先实施了第一次转型，致力于加快发展零售业务、中间业务和中小企业业务。经过几年的努力，经营战略调整取得了明显成效，业务结构、客户结构和收入结构不断优化，目前招商银行储蓄存款占自营存款的比重超过36%，零售贷款占自营贷款的比重超过36%，非利息收入占营业净收入的比重超过20%，中小企业贷款占对公贷款的比重超过53%，均居国内股份制银行首位，初步形成了有别于国内同业的独特的资产负债结构。更重要的是，经营战略调整的实施，使招商银行步入了效益、质量、规模协调发展的良性轨道，在资本消耗较少、资产增幅较低、风险不断降低的情况下，实现了利润的大幅增长，成为中国境内盈利能力最强、经营风险最低、剔除风险后资本回报率最高的银行之一，因此被境内外投资者视为国内最具成长性的银行。招商银行于2009年年底明确提出，要在继续深化经营战略调整的基础上，加快转变经营方式，着力实施二次转型，进而不断改善投入产出与股本回报水平。为此，招商银行以降低资本消耗、提高贷款定价、控制财务成本、增加价值客户和确保风险可控为主要目标，着力采取改进绩效考核体系、强化经济资本管理、提升贷款定价能力、降低成本费用开支和完善组织管理体制等举措，切实推动招商银行走一条较低资本消耗、较高经营效益的发展新路子。对招商银行而言，二次转型不是简单的业务发展方式的转变，其实质是一场管理的革命。通过实施二次转型战略，招商银行将稳步提升国际化管理水平，在管理方面不断向国际先进水平靠拢。①

2015年，招商银行确立了“内建平台、外接流量、流量经营”的互联网金融创新策略，并把互联网金融作为推进“轻型银行”战略转型的重要工具。招商银行推进了与第三方互联网平台的合作，2016年年初，招商银行与滴滴出行建立全面战略合作关系，通过投资滴滴

---

① 杨兴云．招商银行：转型是一场管理革命．http://wwo. aspx?guid = e13be9a3 - 7771-4a6a-ac87 - 2db0b2110fd9.

出行，招商银行获得了优质的互联网流量，并可以通过在滴滴出行平台接入“一网通”支付、发行联名信用卡和借记卡等多种方式获取客户。获客之后，客户运营将成为关键。目前，招商银行已初步建成以手机银行、掌上生活两个APP为中心的移动互联网运营平台，前者已经升级为全网通4.0版本，后者已搭建以信用卡为基础从“跨界”到“无界”的互联网消费金融生态圈，客户承载能力进一步提升。同时，依托远程银行运营中心和手机APP的载体，招商银行进一步推进线上客户的交叉销售，以精细化的数据分析为基础，建立了以客户快速自主理财为主、空中理财协助为辅的轻型化财富管理O2O经营模式。下一步，招商银行将在为客户提高个性化产品创设和供应的同时，通过推动智能资产配置系统建设，建立线上智能化理财服务体系，以提高互联网渠道的专业化客户运营能力。同时，招商银行将站在用户的立场上，全方位搭建符合用户体验的互联网金融服务体系，构建“未来银行”新生态。①

招商银行在发展中的创新和转型，为其以良好的姿态拥抱互联网金融打下了坚实的基础。特别是其在2004年率先提出的经营战略调整，致力于加快发展零售业务、中间业务和中小企业业务，为今天竞争日趋激烈的零售业务和中小企业业务市场提前制定了招行蓝图，赢得了先机。

经过多年的积淀，招商银行零售银行已自成体系。在组织架构上，零售金融总部下辖网络银行、财富管理、私人银行、零售信贷、基础客户、信用卡六个一级部门和中心。这种细分领域的专业化分工，大大提高了业务管理的精细化水平；同时，通过条线内部的相互配合、协调，

---

① 李欢．招行零售金融再谋升级 构建“未来银行”新生态．新疆经济报，2016年3月24日．

形成了体系化竞争能力。创新驱动之下，招商银行零售金融在财富管理、私人银行、信用卡等多个业务领域形成了同业领先的竞争优势。目前，招商银行私人银行客户数已超过5万户，管理的私人银行客户总资产接近1.3万亿元，客户数量及管理资产规模均居行业第一；同时，私人银行已建立全权委托、家族信托、家族办公室等超高净值客户服务体系，以及通过境外私人银行中心联动的全球资产配置体系。截至2015年年末，招商银行信用卡累计发卡超过6900万张，流通卡近3800万张；2015年，累计实现信用卡交易额超过1.8万亿元，居中国银行业前列，其中境外交易规模居同业首位。2016年3月16日，由《亚洲银行家》主办的“2016年亚太区零售卓越服务大奖”评选结果揭晓，招商银行第7次荣获“中国最佳零售银行”、第12次荣膺“中国最佳股份制零售银行”两项国际奖项。2015年，招商银行零售业务税前利润占比接近51%，同比大幅提升，成为国内首家零售利润跨越“半壁江山”的商业银行。①

七、走在行业前列的中国民生银行

从2016年上市银行年报可以看出，在互联网领域精耕细作的国内第一家民营银行——中国民生银行已经走在了同业的前列。

2014年2月，民生银行首家推出直销银行，打造直销银行的专属网站、手机APP、微信银行和10100123客服热线等平台，为客户提供纯线上的简单易行的综合金融服务。截至2015年年末，民生银行直销

① 李欢．招行零售金融再谋升级　构建“未来银行”新生态．新疆经济报，2016年3月24日．

银行客户数达286.72万户，如意宝申购总额8475.32亿元，各项业务规模均居银行业领先水平。在新浪财经举办的“2015年银行综合评选”中，民生银行直销银行获得网友及专家评委的肯定和好评，赢获“最受欢迎直销银行”大奖。自2012年7月民生银行推出手机银行以来，民生银行在打造特色服务上，力争做到“人无我有、人有我优”。截至2015年年底，民生银行手机银行客户总数达1902.57万户，较上年年末新增600.45万户；年累计交易笔数3.42亿笔，较上年同期增长87.51%；年累计交易金额6万亿元，较上年同期增长86.48%，户均交易笔数17.95笔，户均交易金额31.54万元，客户交易活跃度持续领先同业。在中国金融认证中心组织的2015年年度中国手机银行综合测评中，民生银行手机银行凭借高用户转化率、多版本类型、简便的签约开通方式、丰富的金融和生活服务、牢靠的安全保障以及畅爽的客户体验，连续三年以最高综合得分名列全国性商业银行榜首，并荣获“年度最佳手机银行奖”。2015年，民生银行开始加大网络支付业务布局，积极开展平台建设和产品创新，丰富支付手段和应用场景，率先推出指纹支付，成为国内首家尝试生物识别支付应用的商业银行。同时，民生银行联合中国银联应用HCE技术推出手机银行“云闪付”，携手美国苹果公司上市Apple Pay，客户无需前往网点，使用民生手机银行或苹果移动终端，即可将民生银行卡加载到手机中，在线自助签约和开通，消费时只需刷手机即可支付，具有闪电付款、安全性高等特点。此外，民生银行还创新推出“民生付”，涵盖移动端和PC端，支持本行及他行账户，为电子商户提供一次接入标准接口、货款回笼快、银行级安全保障和手续费优惠等一系列实惠服务。对个人用户而言，通过“民生付”可选择银行卡支付、网银支付等支付模式进行订单支付，既安全又快捷。除了创新网络支付产品之外，民生银行还大力推广“跨行通”、基金销售监管和“基金快付”等支付业务，市场规模不断扩大。截至2015年年末，民生银行“跨行通”客户数接近200万户，累计归集资金约5000亿元；个人网上支付年累计交易规模逾3000亿元；基金销售监督业务年累计交易量为业内第一。①

八、不断加快网络金融创新步伐的兴业银行

兴业银行在进军互联网金融领域的时候，选择的是一条不断创新的立体发展道路。

自2005年起，兴业银行在业内首创推出银行间合作服务“银银平台”，从个人柜面通、代理接入现代化支付系统业务起步，逐步发展成为涵盖支付结算、财富管理、科技管理输出服务、资本及资产负债结构优化服务、外汇代理服务等八大业务板块的完整金融服务解决方案，并拥有了一支专业的人才队伍，专职负责产品创新和客户服务，为广大中小银行，尤其是农村金融机构提供齐全的产品与服务。截至2014年6月末，“银银平台”签约合作银行达到503家，支付网络连接网点超过3.3万个，形成国内最大的有形物理网点支付网络之一。在2011年，线上线下相结合、功能齐全的立体服务网络业已成型并实现了全国范围内的覆盖。通过“银银平台”的服务体系，中小银行可以丰富自身金融产品、提升服务能力，兴业银行也可实现与中小银行在网络机构、金融功能等方面的优势互补和资源共享，实现共生共赢、共同发展的商业模式。

2013年12月，通过对原“银银平台”之“理财门户”的改造，兴

---

① 李建平．从年报看民生银行网络金融发展态势．中国电子商务研究中心，http://b2b.toocle.com/detail－6335865.html.

业银行的互联网金融业务新品牌“钱大掌柜”诞生。“钱大掌柜”定位于满足客户投资需求的专业互联网网站，除目前已有的银行理财、信托、基金、贵金属外，还计划上架证券、保险等产品，以及通过拓展上述产品的购买及转让功能，提升产品流动性。2014 年 3 月，兴业银行现金管理产品“掌柜钱包”全新上线，截至 2014 年 6 月末，“钱大掌柜”签约总客户数已达 67.7 万人，累计财富产品线上销量约 1490 亿元，现金管理产品“掌柜钱包”的资产管理规模已达 519 亿元。这是兴业银行发力互联网金融的开始，也是兴业银行财富管理战略转型的标志。

从实践来看，“钱大掌柜”最具互联网特质的一点在于，这是一个开放的平台。对于合作机构而言，“钱大掌柜”整合了金融投资产业链上下游，各家合作金融机构都可以在“钱大掌柜”上提供更多开放性产品，开放、平等、自由地竞争和合作；对于客户而言，“钱大掌柜”容纳了众多银行和全国大多数持有账户的人群，只要客户持有账户，无需改变客户与银行的服务隶属关系，即可满足客户从单一产品到投资组合的不同层次需求，化繁为简，一站式实现丰厚收益。另一方面，在中国方兴未艾的财富管理热潮中，金融机构提供的财富管理金融产品多数是封闭式产品，客户投资了某家金融机构产品，大部分情况下都只能选择持有到期，若是家庭发生突发财务问题，理财产品无法变现。“钱大掌柜”针对客户流动性需求进行长远的规划，客户购买某项金融产品后，未来可以在“钱大掌柜”的二手流通市场转让，通过采取引进做市商、客户自行报价转让、质押贷款等方式，让固定期限的理财产品流转起来，以解决家庭财务的燃眉之急。考虑到投资金融产品的个性化特征，除了重视线上销售之外，“钱大掌柜”还要大力推进线下销售。“银银平台”所覆盖的庞大实体服务网络本身就是一个很好的线下体验方式，“钱大掌柜”专属的实体体验店和销售终端的铺设也正在紧张筹备中。除了财富管理的功能之外，在“钱大掌柜”这一平台上创立的“掌柜钱包”目前已经能够实现无缝对接“钱大掌柜”提供的各项财富产品，支持的银行卡多达100多家，支付的便利性已经崭露头角。而规划和建设中的按揭支付、信用卡还款、水电煤费用交纳等各类生活支付，乃至直接发起黄金交易、股票交易，接入公司客户等丰富的未来应用场景使得“掌柜钱包”拥有更强的活力，能够帮助客户从日常烦琐的现金管理中解放出来，全方位实现金融“管家”服务，真正意义上实现客户利益最大化。

与此同时，兴业银行还同时在科技管理输出市场不断深入探索。作为非传统意义上的消费者，广大中小金融机构对于先进信息系统的需求在互联网时代显得愈发迫切——全新的竞争格局下，中小金融机构现有的信息系统将普遍无法满足新的业务发展及创新的需求，亟须寻求新的信息系统支撑，以期重新进行业务定位。由于自身规模限制，这些机构不太可能承受高额的系统建设费用、系统运维费用以及庞大的运行管理人力成本，因此，金融云服务就成为他们的不二选择。金融云是利用云计算机系统模型，将金融产品、信息、服务分散到分支机构所构成的云网络当中，从而达到提高自身系统运算能力、数据处理能力，改善客户体验评价，降低运营成本的目的。不少IT服务商推出了各种形式的金融云服务，服务层次从基础硬件租用（IaaS）、平台服务（PaaS）逐渐发展到软件服务（SaaS），并有一些如阿里“聚宝盆”、神州数码金融云等实际应用落地。兴业银行“银银平台”提供的云服务则涵盖了上述三个层次。从“银银平台”已有成熟模式的科技管理输出服务来看，面向中小银行提供的全方位的IT系统解决方案包含信息系统建设、信息系统托管运维、灾难备份服务，能够满足中小银行特别是农村金融机构快速开业、低成本投入和业务连续性运营的具体要求。而未来将进一步升级构建的云计算平台系统及相应的金融云产品平台，更有望提供涵盖科技输出、财富管理、支付结算和作业支持等多方面的云服务，提供可定制、可扩展的多租户服务模式，在提高金融行业数据资源利用率的同时，增强中小金融机构的信息科技抗风险能力，提升精细化经营管理水平，帮助其应对日益迫近的利率市场化的挑战，抵御互联网金融等金融脱媒的冲击。①

近几年，随着互联网产业的迅速发展，互联网金融的概念也迅速融入了社会的各行各业，银行业搭上这班快车。兴业银行作为首批在互联网金融领域发力的银行之一，不但在自身金融平台上创新研发，同时也立足金融、服务实体，在为广大用户带来了实实在在便利的同时，也在发展中不断创新，逐渐走出了具有鲜明自我特色的互联网金融发展之路。

兴业银行在互联网金融发展中非常重视与其他先进企业的合作联姻，力求吸取现金企业的企业经营、企业技术或企业模式，为己所有、助力自身的业务发展。像 2014 年 6 月与百度达成战略合作伙伴关系，利用百度在大数据、网络搜索、客户体验、平台流量、人才技术等方面的优势，推动其互联网产品开发和业务模式创新。此外，兴业银行在 2015 年 6 月与蚂蚁金服在杭州签署战略合作框架协议，正式建立战略合作伙伴关系。兴业银行作为首家与蚂蚁金服签订战略合作协议的商业银行，主要是利用蚂蚁金服的渠道和客户群体来扩展自身的支付场景，打造兴业银行的互联网智慧金融格局。

作为发展中的商业银行，兴业银行在自身定位上精准把关，避开了

---

① 郑新林．谈兴业银行全方位互联网金融发展战略．http://www.csai.cn/p2pzixun/926440.html.

与传统四大银行业务上的正面交锋，做差异化业务突破，将业务重心主要瞄准在中小微企业身上，为其在互联网金融浪潮中积聚了更多的客户群体和转型资本。例如其推出的跨行现金管理云服务平台，将企业自建资金管理体系的成本从百万级降低至万元级别，将系统建设实施周期从半年以上缩减至两周以内，这一业务使得大多数中小型企业有机会为企业自身建立高效、先进的资金管理网络化手段，协助企业进行多银行多账户管理，并提供资金预算管理，从而加强财务内控，提高资金效率。① 这也为兴业银行自身在利率市场化、利差收窄的今天赢得了更多的业务资源，形成了有效的差异化竞争优势。

在互联网金融浪潮中，兴业银行不断加快网络金融创新步伐，充分挖掘提升其网络金融渠道的创新服务价值，提高生产力和竞争力，形成了具有鲜明自我特色的业务市场突破口。

九、做互联网时代新金融的平安银行

面对互联网金融的汹涌来势，平安银行开启智慧经营模式，秉承“专业化、集约化、综合金融、互联网金融”四大经营战略，坚持变革、创新，走“新金融”的发展道路。“橙 e 网”“口袋银行”、物联网金融等一系列极具核心竞争力的特色产品，帮助平安银行在“新金融”道路上越走越宽。

平安银行的互联网金融平台“橙 e 网”主要以“供应链金融 + 互联网金融”为战略定位，欲打造从 B2B 向 B2C、C2B 延展的产业链金

---

① 兴业银行积极践行“互联网 +”战略. 钱江晚报. http://caifu. cnstock. com/fortune/sft_yh/tyh_yhlcyw/201512/3682373. htm.

融生态圈。“橙 e 网”在服务创新方面，首先，面向中小企业的综合金融服务，助力中小企业转型；其次，深耕产业链金融服务，实现链条生态全覆盖；第三，顺应实体经济电商化转型趋势，服务各类产业电商平台。截至 2015 年 11 月，“橙 e 网”的触及用户数超过 160 万，注册用户数达到 103 万，服务企业客户数超过 36 万。①

不同于一般的企业电商平台，“橙 e 网”并没有做 B2C 和 B2B 的商品买卖，与所有企业搭建的电商平台和第三方信息平台不构成竞争关系，而是完全的合作关系。“橙 e 网”集合了网站、移动 APP 等多项服务于一身，意在帮助中小企业建立更加完善的电子商务 + 综合金融的生意管理系统和营商生态，是平安银行支持传统企业互联网转型升级推出的“供应链金融 + 互联网金融”综合服务平台。②

平安银行“口袋银行”是由平安银行推出的移动金融服务平台，致力于为客户提供安全、快捷、便利的移动银行服务体验，让用户随时随地掌控自己的金融资产动向。平安银行“口袋银行”相较于其他金融服务平台，创新推出了“人机对话”功能，平台共定义了 140 多个语音指令，涵盖各个功能模块和场景。客户登录口袋银行后，点击“智能语音”图标对着手机说出具体的操作指令，无需手指触屏翻页，即可快速直达指定的功能模块或场景，提高客户操控的效率。截至 2015 年上半年，平安银行“口袋银行”累计用户数达 937 万户，较 2015 年年初增长了 73.6%。③ 平安银行“口袋银行”的“智能语音”

① 平安银行三大创新深耕互联网金融　服务客户超 36 万 . http://bank. hexun. com/2015 - 11 - 12/180527145. html.

② 平安银行：互联网时代下“不一样的”新金融之路 . http://money. zjol. com. cn/system/2015/10/21/020882002. shtml.

③ 平安银行：互联网时代下“不一样的”新金融之路 . http://money. zjol. com. cn/system/2015/10/21/020882002. shtml.

创新模式，极大地简化了用户操作流程，为用户带来了不一样的服务体验，为互联网时代的新型智能财富管理平台提供了不一样的范本样例，开创了移动金融技术的创新潮流。

近年来，银行沿用多年的仓单质押、互联互保等传统的大宗商品融资业务模式受到了前所未有的挑战，行业信用恶化导致企业普遍陷入融资困境。结合最新的物联网技术，平安银行在“互联网 +”大潮中找到了大宗商品动产融资的解决方案。2015 年 6 月 29 日，平安银行在上海发布了其又一创新成果——物联网金融。平安银行通过物联网技术赋予动产以不动产的属性，切实解决了实体企业动产融资业务的管理难题，为重构供应链商业模式、降低银行服务门槛，提供了全新的方式和科学的手段。目前，这一新技术已在汽车业、钢铁行业破冰，变革供应链金融模式，带来动产融资业务的智慧式新发展。此外，平安银行还联合感知集团全球首发物联网金融产品，引入感知罩等物联网传感设备和智能监管系统，在全国钢材交易的重点区域推进了大型仓库的智能改造升级，实现了对动产存货的识别、定位、跟踪、监控等系统化、智能化管理，使客户、监管方和银行等各方参与者均可以从时间、空间两个维度全面感知和监督动产存续的状态和发生的变化，有效解决了动产融资过程中信息不对称问题。未来，平安银行还将与大型生产企业、交易平台及仓储物流企业共同合作，以钢铁行业为突破口，逐步将物联网动产融资覆盖至黑色金属、有色金属、能源、建材、矿产品、化工、农产品、纸品等多个行业。[①]

2015 年，平安银行全国首个“贷贷平安卡”电商平台项目“元宝

① 平安银行：互联网时代下“不一样的”新金融之路 . http://money. zjol. com. cn/system/2015/10/21/020882002. shtml.

铺”在杭州成功落地。“元宝铺”由阿思拓旗下公司运营，是基于电商经营数据的卖家信用贷款平台，该电商平台作为目前国内最综合最先进互联网数据金融平台之一，依托互联网技术和业务模式的创新发展，运用大数据分析和风控体系，为平安银行推送优质的天猫、淘宝等大型电商平台卖家的融资需求，无需抵押无须担保，符合条件即可申请“贷贷平安卡”，获得最高百万元贷款额度，是双方依托互联网技术，在金融领域的一次非常成功的合作。以平安银行杭州分行为主办行，目前北京、上海、广州等国内十余个大中小城市纷纷加入该项目，全国授信额已突破2亿元，并呈现出良好增长态势。[①]

平安银行的“橙e网”“贷贷平安卡”和“元宝铺”等都是为适应互联网金融时代对银行业的创新业务需求而生成的，主要致力于服务中小微企业，为其有效解决融资难、融资贵的难题。在帮助实体经济互联网化转型的同时，也为平安银行积累了大量的企业用户，扩大了自己的客户容量，形成了其鲜明的差异化特色。

平安银行在发展新金融之路上，不断创新产品和业务模式，同时注重利用先进的互联网技术手段弥补自己的劣势，实现赶超同业。作为一家商业银行，平安银行的实体网点不过数百家，远远比不上传统四大行的实体网点数量，而利用互联网金融这一大趋势，却可以迅速赶超，用互联网门户进行弥补。平安银行也由此设立了网络金融事业部，构建了“橙e网”“口袋银行”“橙子银行”“行E通”等互联网门户，将线下业务搬到线上，打造领先科技银行的要求，并不断取得突破，使得传统金融与现代互联网实现有机融合，进一步推动了平安

---

① 平安银行：互联网时代下“不一样的”新金融之路. http://money.zjol.com.cn/system/2015/10/21/020882002.shtml.

银行新金融业务的开拓和发展。平安银行拥有差异化转型的清晰思路和坚定执行力，新金融模式已初见成效，有望引领未来银行业互联网金融的发展方向。

十、构建立体化金融服务网络的中国邮政储蓄银行

2010年6月，中国邮政储蓄银行个人网银正式对社会公众提供服务，自此拉开了中国邮政储蓄银行通过互联网渠道服务客户的序幕，开启了其构建立体化金融服务网络的发展之路。2011年中国邮政储蓄银行利用三网融合技术率先建立国内首家全国集中的电视银行系统。2012年手机银行上线，并推出客户端版、WAP版、贴膜版、短信版等多种方式。2013年，顺应“移动化”“社交化”的发展趋势，推出“Pad银行”“二维码支付”“微信银行”“微博银行”和“易信银行”等多渠道产品。2014年年初，中国邮政储蓄银行开始策划新一轮的IT规划。[①] 2015年年底，中国邮政储蓄银行已经基本完成了新一轮IT规划的编制工作，按照“十年视野、五年规划”的要求，对中国邮政储蓄银行信息系统的应用架构、数据架构、基础设施、信息安全以及IT治理、数据治理等工作进行了全面规划。新一轮规划的实施将支撑和引领中国邮政储蓄银行未来五年业务发展，对实现邮储银行业务发展战略将起到至关重要的作用。[②]

目前，中国邮政储蓄银行已经推出了个人网银、电视银行、手机银行、微银行等产品，与遍布城乡的ATM机共同构成了方便快捷、种类

---

① 互联网金融发展走出“邮储范儿”——访中国邮政储蓄银行副行长曲家文. 城市快报，2014年11月19日.

② 邮储银行重塑互联网金融新格局. http://www.eeo.com.cn/2015/1223/282003.shtml.

齐全、覆盖面广、纵横交错的电子银行服务网络。此外，受益于中国邮政庞大的实体网络，中国邮政储蓄银行整合中国邮政集团旗下的“邮乐网”电商平台、EMS速递物流平台资源，发挥资金流、物流、信息流和商流“四流合一”的先天优势，搭建了互联网金融综合服务平台，实现了“互联网金融+农村电商”“互联网金融+速递物流”、“互联网金融+邮政分销”“互联网金融+国际小包”等多领域合作新模式，形成了独具邮储银行特色的互联网金融产品体系。①

中国邮政储蓄银行进行互联网金融构建是有其独特优势的。在社会热烈倡导普惠金融的今天，全国拥有近4万个线下网点的邮储银行，具备了天然的普惠金融的优势，完全可以依托智能便捷的互联网技术，做到打通银行金融业务发展的最后一公里，线上下线全面铺展自己的金融服务网络。

此外，随着新农村建设的不断推进，未来农村对于金融服务的需求也将越来越高，农村金融业务市场潜力巨大，而网点遍布全国的中国邮政储蓄银行显然在此占尽先机。中国邮政储蓄银行现在已经开始利用互联网技术与线下网点的充分结合，开拓扩展农村金融业务市场，在消费、理财、信贷等方面铺开业务，利用手机银行等创新金融产品渗透融入农村市场，推动其金融业务的深入和普及。

总体来说，拥有近4万个线下物理网点的优势将进一步推动中国邮政储蓄银行立体化金融服务网络的构建，加快中国邮政储蓄银行转型的步伐。

---

① 邮储银行重塑互联网金融新格局.http://www.eeo.com.cn/2015/1223/282003.shtml.

第三章

未来发展展望

一、大数据资源得到充分利用

大数据时代已经悄然来临。大数据用来描述规模巨大、类型复杂的数据集合，被誉为是继云计算、物联网之后，IT 产业又一次颠覆性技术变革，引起各方高度关注。2011 年，著名咨询公司麦肯锡宣布“大数据”时代已经到来；近年来，IBM 公司（International Business Machines Corporation 的简称，国际商业机器公司）、甲骨文公司、SAP 公司[①]等业界巨头纷纷收购与大数据有关的公司，加速布局大数据领域；2012 年达沃斯论坛报告《大数据，大影响》称，大数据像货币和黄金一样，将成为新的经济资产。2012 年，美国奥巴马政府宣布投资 2 亿美元启动“大数据研究和发展计划”，旨在增强对海量数据的搜集和分析萃取能力。[②]

在大数据时代，作为拥有大量数据资源基础的银行业来说，显然将迎来无限商机。银行利用现有大数据资源，进一步全面、完整、系统地挖掘自身的数据财富，既是时代发展之趋势，也是自身变革之需要。银行业要保持在互联网金融时代的长效竞争优势，就要在既有的大数据资源基础上，进一步学习和懂得利用先进的大数据分析能力来获取客户消费习惯和理财偏好，以此来制定以客户为中心的产品设计和营销推广模式，使得产品更加具有针对性和有效性，从而大大提升客户的使用体验和忠诚度。此外，大数据在银行业的深入挖掘和掌握，还将进一步优化

---

① SAP 公司，成立于 1972 年，总部位于德国沃尔多夫市的全球最大的企业管理和协同化电子商务解决方案供应商、全球第三大独立软件供应商。SAP，System Applications and Products 的简称，是 SAP 公司的产品——企业管理解决方案的软件名称。

② 赵涛. 未来可能方向——对银行业发展趋势的思考 . http://mt. sohu. com/20150604/n414454015. shtml.

银行内部运营流程，提升管理精确度，提高银行的整体经营管理水平，加速转型发展步伐。未来，银行业对大数据的重视和应用能力将得到进一步地提高。

二、私人银行业务成银行业发展重点

自改革开放以来，经过近 40 年的经济发展，中国经济已经成为世界第二大经济体，人均可支配收入突破 2 万元人民币，私人财富得到了迅速积累，财富管理意识也在逐步加强。根据波士顿咨询全球财富市场数据库数据显示，2013～2015 年三年间，得益于较高的 GDP 增长、人口红利和资本市场的快速发展等因素，中国私人财富规模的年复合增速高达 21%，预计 2015 年年底，中国个人可投资资产总额大约为 110 万亿元人民币。其中，高净值家庭财富约占全部个人资产的 41%，全年高净值人群可投资资产总额将达 44 万亿元。中国私人财富规模发展与中国经济的发展密切相关，未来五年，随着中国经济进入新常态，私人财富累积增速进一步放缓，但预计仍将以 13% 左右的年均复合增长率平稳增长至 196 万亿元。中国私人银行客户的资产，也会出现高速增长逐渐趋缓的情况，转向稳中求进。[①]

一方面，国内私人财富规模的高企增速，另一方面，传统银行经营模式的低企下行，面对深刻行业变化的中国银行业未来必将会把具有轻资产、回报稳定、风险资产占用低等优势的私人银行业务作为其未来战略转型发展的重点。未来，随着国内财富管理行业的快速发展，银行业将凭借其灵活的机制及运营模式，打造完善、全面、让客户信得过的私

---

① 2015 中国富人分布图排行榜标准. http://mt. sohu. com/20150825/n419698776. shtml.

人银行业务体系，满足客户对贴心财务管家式私人业务的服务需求。

目前，国内私人银行市场还处于起步阶段，私人银行业务在高净值人群中的渗透率还很低，高净值人群对于获得个性化、高层次、高品质、一站式的财富管理服务需求正日益旺盛，私人银行业务未来发展空间巨大。

三、银行从资产驱动型向交易驱动型转变

随着国内利率市场化的进一步深入，过去传统银行业一直保持的依靠贷款吃利息的“利息差”主要盈利模式将一去不复返。目前，国内市场环境决定了传统银行业必须改变单纯的利差模式，转而开发具有浮动利率的矩阵化产品模式，从资产驱动型向交易驱动型转变，从而以交易驱动带来中间业务收入。国内银行业现在已经意识到了这一点，并不断锐意进取创新，进行各种新的业务探索和尝试。

国内的经济发展和消费趋势也为传统银行从资产驱动型向交易驱动型转变提供了土壤。随着国内经济方针从投资拉动改为内需拉动，其刺激内部需求及民生消费等内容成为传统银行业务转型的政策依托，而日常居民消费需求的持续增长更进一步推动了其业务转型的步伐。此外，随着传统银行从资产驱动型向交易驱动型转变，零售、消费金融业务可通过更低的资本消耗和更好的交易驱动产品匹配，以及客群定位来将银行的风险系数水平降低，使银行走上“轻型银行”的发展道路。

四、风潮过后，银行将更受信赖

众所周知，由于互联网的介入，传统银行之间、银行与互联网金融

企业之间的产品竞争变得越来越激烈。人们在享受竞争所带来的便捷和优惠的同时，也越来越发现还是具有强大风险控制能力的传统银行机构更能给予客户以安全感。特别是在余额宝等互联网金融企业理财产品纷纷走下神坛，P2P 网贷平台倒闭跑路事件频发的今天，人们转而更为理性地看待银行的资金托管能力和各项金融业务产品。

在过去互联网金融“疯行”的时间里，人们对于它的高涨热情更多地来源于其高昂的理财利润回报，但随着风浪趋于平稳，人们的选择行为恢复理性时，很多人就会意识到，自己就像是寓言里挤进农场吃鸡的狐狸，冒险进来，还不一定吃得到鸡，少数吃到鸡的也会因为撑肥了肚子而出不去栅栏，非要饿上几天把吃肥的肚子瘦回来才能从栅栏里挤出去，到头来，顶多过了个嘴瘾，再啥啥也没见到。就像业界对于迷恋于互联网金融各种五花八门投资理财产品的公众给出的点评是：“你惦记的是人家的高收益，人家还惦记着你手里的本金呢!”

风潮过后，传统银行业以其强大的风险控制能力、对公对私业务更多的渠道和保障，公众和企业显然更加相信银行在照顾好自己收益的同时也能够照顾好客户的资金，也更愿意同银行或者是具有银行背景的企业开展合作。

参考文献

专著：

1. ［澳］布莱特·金．银行3.0：移动互联时代的银行转型之道．白宫，施铁，译．广州：广东经济出版社，2014.
2. 马蔚华．传统银行蝶变：关于中国商业银行经营战略转型的思考．北京：中国金融出版社，2012.
3. 何红霞，李福祥．中国资本市场开放与投资银行转型．北京：中国社会科学出版社，2013.
4. 共青团中国工商银行委员会．银行转型中的风险防范．北京：中国金融出版社，2006.
5. 孙卢东．银行网点服务转型百问百答．上海：上海财经大学出版社，2013.
6. 彭洪辉．赢在转型——中小银行流程银行建设．北京：中国金融出版社，2013.
7. 姜建清．银行转型与收益结构研究：BANK RESTRUCTURING. 北京：中国金融出版社，2006.
8. 郭世邦．转型时期国有商业银行制度风险研究．北京：中国财政经济出版社，2000.
9. 夏蜀．转型与重构：中国地方银行体制模式框架分析．北京：中国金融出版社，2014.
10. 张晓朴．变革与稳健：银行监管和银行转型的思考．北京：中国金融出版社，2014.
11. 谢振中．商业银行的战略转型及发展模式选择．湖南：国防科技大学出版社，2007.
12. 曾康霖．中国转型期商业银行公司治理研究．北京：中国金融出版社，2005.
13. 刘润．传统企业，互联网在踢门：第一本传统企业互联网化的战略指导书．北京：中国华侨出版社，2014.
14. 戴夫·柯本，特蕾莎·布朗，瓦莱丽·普里查德．互联网新思维：未来十年的企业变形计．钱峰，译．北京：中国人民大学出版社，2014.
15. 姚文平．互联网金融．北京：中信出版社，2014.
16. 羿飞．我的钱：互联网金融，如何理财？．南京：江苏凤凰文艺出版社，2015.
17. 王斌．互联网金融+：中国经济新引擎．北京：机械工业出版社，2015.
18. 尼克·范·达姆．电子化学习实战攻略．上海：上海远东出版社，2006.
19. 赵淑清．亲历日本企业管理："成功企业及员工的真实做法"对谈记．济南：山东大学出版社，2009.
20. 詹文明．德鲁克谈企业管理．北京：东方出版社，2009.

杂志报刊：

1. 马光远．万达"稳赚1号"金融产品的战略意义．价值中国．2015（8）.
2. 杨阳腾，文阳洋．全国第一家民营银行——微众银行在前海成立．

中国经济网（北京），2014（12）.

3. 招行“轻型银行”战略成绩抢眼，互联网金融成未来创新重点. 中国银行业杂志.2015（10）.

4. 招行首露互联网金融创新策略，“轻型银行”成效初显. 羊城晚报. 2015（10）.

5. 薛亮. 兴业银行转型战略：轻资本、高效率. 金融时报.2015（5）.

6. 平安银行个人网银2.0全新上线开启智能化网银新时代. 中原财经. 2015（11）.

7. 刘丹. 招行试水P2P反击互联网金融. 财经国家周刊，2013（11）.

8. 邓莉苹. 这家银行好先进：不带卡不预约，走到ATM机面前刷脸就能取钱. 每日经济新闻.2015（10）.

9. 孙亚平. 中国直销银行哪家强. 互联网周刊，2015（4）.

10. 上海浦东发展银行股份有限公司电子银行部. 深度解读浦发银行“三三五”移动金融战略. 中国金融电脑，2015（2）.

11. 姜雨林. 交易银行：中信银行“交”的考卷. 当代金融家，2015（11）.

12. 王莉，白琳. 化繁为简的交易银行——专访广发银行环球交易服务部总经理罗佳. 中国外汇，2014（17）.

13. 首份银行年报出炉　平安银行2015年利润保持两位数增长. 上海证券报，2016年3月18日.

14. 互联网金融发展走出“邮储范儿”——访中国邮政储蓄银行副行长曲家文. 城市快报.2014年11月19日.

15. 邓小波. 交通银行四大产品反扑　多方位布局互联网金融. 投资时报，2014年3月14日.

16. 夏心愉. 交行经营模式转型：走进“互联网+”时代. 第一财经日

报，2015 年 7 月 31 日.
17. 李欢．招行零售金融再谋升级构建“未来银行”新生态．新疆经济报，2016 年 3 月 24 日.
18. 刘佳昕．建设银行：互联网金融业务优势凸显　转型发展全面开花．投资时报，2015 年 9 月 11 日.
19. 中国建设银行．建设银行 2015 年实现净利润 2288.86 亿元．金融时报，2016 年 3 月 31 日.
20. 宋佳燕．农行互联网金融框架雏形：掌上银行 + B2B 产品．21 世纪经济报道，2015 年 03 月 31 日.
21. 王超．农行闯关互联网金融　支付、网贷、电商三箭齐发．中国电子银行网．2015 年 8 月 28 日.
22. 刘诗平．中国银行布局互联网金融　促进传统业务转型升级．参考消息，2013 年 10 月 28 日.
23. 加速布局互联网金融　中国银行网络金融服务全面升级．新华财经，2014 年 10 月 30 日.
24. 谢小强．招商银行成立交易银行部．西安晚报，2015 年 2 月 16 日.
25. 关兰．招行树标杆　中资银行首获交易银行国际大奖．昆明日报，2016 年 6 月 17 日.
26. 中信银行频频“触网”，首推交易服务品牌“交易 +”．21 世纪商业评论，2015 年 11 月 25 日.
27. 大智慧阿思达克通讯社．中信银行首推交易银行品牌“交易 +”．大智慧财经，2015 年 11 月 25 日.
28. 王俊丹．浦发银行组织架构微调：交易银行部 + 零售信贷业务重构．21 世纪经济报道．2016 年 3 月 22 日.
29. 浦发首试“交易银行”．理财周报，2014 年 7 月 25 日.

30. 沙斐．紧跟行业步伐　浦发发力交易银行业务．每日经济新闻，2016 年 4 月 19 日．

31. 王俊丹．解构浦发交易银行：在公司业务里做“零售”．21 世纪经济报道，2016 年 4 月 19 日．

32. 广发银行交易银行再添猛将．中国经营报，2015 年 7 月 20 日．

33. 黄羽霆．广发银行用心打造“交易银行”升级版．上海证券报，2016 年 03 月 15 日．

34. 马媛．“电商贷”民间军团、银行系投融论战．21 世纪经济报道，2016 年 5 月 5 日．

35. 薛亮．招商银行“闪电贷”颠覆传统贷款业务．金融时报，2015 年 1 月 17 日．

36. 屈凌燕．“电商流水贷”助力小微电商．经济参考报，2015 年 4 月 10 日．

37. 张春晖．“电商贷”为你而来．中国邮政报，2015 年 12 月 26 日．

38. 陈建荣，王则文．“邮 E 贷”解决电商融资难．闽北日报，2015 年 2 月 13 日．

39. 廖理等．中国消费金融现状与前景．中国银行业协会，2014 年 1 月 20 日．

40. 民生银行涉足 P2P 平台资金托管业务．京华时报，2015 年 2 月 11 日．

41. 羽冰，银行网点转型锁定“智慧金融”，经济日报，2015 年 4 月 9 日．

42. 万娉慈．中信银行“智慧网点”开启全新“金融服务时代”．江门日报，2016 年 4 月 29 日．

43. 刘宏振．工商银行智慧网点创新银行服务模式．中国金融，2015 年

7月15日.
44. 孙璐璐. 农行首创“超级柜台”面世. 证券时报, 2014年9月19日.
45. 平安橙子银行客户数量突破450万. 信息时报, 2015年11月23日.
46. 肖刚. “阳光银行”正式上线. 贵州商报, 2015年9月8日.
47. 任晓. 光大直销银行“阳光银行”上线. 中国证券报·中证网, 2015年8月19日.
48. 李鹤鸣. 招行隐秘试水P2P一天吸金5000万 支持信用卡支付. 南方都市报, 2013年10月17日.
49. 广发银行“智慧金融”助推“普惠金融”. 阳江日报, 2016年1月20日.
50. 叶琪. 中国农业银行“e商管家”电子商务服务平台. 九江日报, 2015年4月28日.
51. 肖刚. 光大银行推出“购精彩”商城. 贵州商报, 2015年12月1日.
52. 刘佳玮. 光大银行成业内首家与三大运营商签约合作银行. 华西都市报, 2013年11月29日.
53. 崔峥. 中信银行成为首批支持Apple Pay服务银行. 青岛财经日报, 2015年12月23日.
54. 江俊欣. 建设银行开启移动支付新体验. 中山商报, 2016年3月1日.
55. 高改芳. 浦发银行手机支付可以在上海乘地铁. 中国证券报, 2014年2月12日.
56. 变码支付和虚拟信用卡——最新方便付钱手段介绍. 江南晚报, 2014年12月23日.

57. 朱伟延．中行积极布局移动支付．新疆日报，2016 年 1 月 24 日．
58. 长城 e 闪付添新成员．杭州日报，2016 年 3 月 21 日．
59. 中国银行布局移动支付打造指尖上的金融服务．北京晨报（北京），2014 年 10 月 16 日．
60. 卓泳，张帆．招商银行进军移动支付市场．南方日报，2016 年 1 月 29 日．
61. 中信银行手机“云支付”没信号也能用．天津日报，2015 年 12 月 30 日．
62. 变码支付和虚拟信用卡——最新方便付钱手段介绍．江南晚报，2014 年 12 月 23 日．
63. 农行云闪付　掀起移动支付新浪潮．上海证券报，2016 年 4 月 22 日．
64. 朱华．华夏银行推出电商贷产品．浙江日报，2016 年 5 月 6 日．
65. 陈宁．消费金融迎来爆发机遇　金融在线化速度远超电商．大众证券报，2016 年 4 月 22 日．
66. 杜冰．光大银行详解消费金融公司筹建细节　打造线上线下协同业务平台及全流程风控体系．金融时报，2016 年 4 月 2 日．
67. 刘志飞．银行机构加速布局消费金融．新闻晨报，2016 年 3 月 23 日．
68. 邮储银行发力消费金融　助力中国经济转型升级．21 世纪经济报道，2015 年 12 月 25 日．
69. 招行“生意贷”，“贷”来好生意．羊城晚报，2015 年 10 月 26 日．
70. 招行“消费贷”，“贷”来好生活．新快报，2015 年 7 月 7 日．
71. 招联消费金融开业获批复 20 亿注册资本成业内最大．中国经济时报，2015 年 3 月 5 日．

72. 周轩千．招联消费金融推出两款互联网金融产品．上海金融报，2015 年 3 月 24 日.

73. 民生银行全面重启消费信贷业务．北京青年报，2015 年 4 月 13 日.

74. 钟辉．银行角力新牌照布局　兴业首揭消费金融运营模式．21 世纪经济报道，2014 年 12 月 24 日.

75. 郭小凤．兴业消费金融：让更多人可以享有的即时消费信贷．泉州晚报，2015 年 7 月 24 日.

76. 郭子源．兴业消费金融公司成立　消费金融公司增至 5 家．经济日报，2014 年 12 月 24 日.

77. 浦发银行现已支持 Apple Pay 支付体验再升级．东方早报，2016 年 2 月 24 日.

78. 民生银行 2015 年实现净利润 461. 11 亿元．青岛财经日报，2016 年 4 月 18 日.

79. 交通银行官网．交博汇介绍，http://shenzhen. tsyw. bankcomm. com/rjxz/25934. htm.

网络资料：

1. 时娜，张亿．微众银行交首份成绩单：个人客户已超 600 万．http://b2b. netsun. com/detail—6318407. html.

2. 网商银行如何耕耘传统银行的“盐碱地”．http://zhidao. baidu. com/daily/viEw?id = 9453.

3. 网商银行推“口碑贷”线下小微商户最高可获 100 万贷款．零壹财经，http://bank. cnfol. com/hulianwangjinrong/20151012/21574962. shtml.

4. 网商银行推出信任付　为小微企业提供账期金融服务．http://money. 163. com/16/0425/11/BLGCS4KG00254TI5. html.

5. 林晓丽. 电子渠道替代率上升　银行为减成本开始缩网点 . http://www.zx017.com/Html/Manage/2016/4/6, 43, 4619791_1.shtml.

6. 杜雅文. 招行新增网点将以轻型为主 . http://roll.sohu.com/20140113/n393427223.shtml.

7. 新华网. 中信银行智慧网点开启全新金融服务时代 . http://www.js.xinhuanet.com/2016-04/19/c_1118671756.htm.

8. 刘筱攸. 三个例子说明 60 家直销银行怎么分化 . http://money.sohu.com/20160509/n448368021.shtml.

9. 殷燕敏. 民生直销银行 PK 兴业直销银行 . http://www.yinhang.com/a_2014_0328_196321.html.

10. 工行推出新版手机银行“融 e 行”功能服务全升级 . http://cz.sxgov.cn/content/2016-01/15/content_6703522.htm.

11. 江苏银行直销银行与开鑫贷第一次亲密接触：全国首家接入网贷服务平台 . http://economy.jschina.com.cn/system/2014/12/06/022843175.shtml.

12. 橙子银行. 网站百科 . http://www.0460.com/view/173762.html.

13. Newell. 平安的橙子银行是什么——权威直销银行深度报告 . http://www.betawm.com/a/zhuantiyanjiu/20140822/29702.html.

14. 陈周锡. 浙商银行推出网贷资金存管全案　涵盖 P2P 生态圈 . http://business.sohu.com/20151009/n422873358.shtml.

15. 搜狐证券. 招行试水类 P2P 网贷 . http://stock.sohu.com/s2014/6530/s401941898/.

16. 涉足 P2P 资金存管业务的银行有哪些 . http://p2p.cngold.org/c/2015-11-30/c3735879.html.

17. 银行系电商认真起来，传统电商都要怕 . http://tech.ifeng.com/a/

20150810/41414571_0. shtml.
18. 融 e 购 . http://baike. sogou. com/v73022777. htm.
19. 工行“融 e 购”韩国馆正式上线 . http://www. afinance. cn/bank/yhxw/201512/990814. html.
20. 中国工商银行“融 e 购”新加坡馆正式上线 . http://www. zgnt. net/content/2015 - 12/02/content_2435398. htm.
21. 工行“融 e 购”电商平台提供优质线上消费体验 . http://bank. cngold. org/c/2015 - 12 - 01/c3737840. html.
22. 葛晓亮．“交博汇”企业馆正式开馆．苏州日报，2012 年 4 月 12 日．
23. 美通社．交通银行“交博汇”全新升级 . http://finance. sina. com. cn/stock/usstock/mtszx/20140303/102018385069. shtml.
24. 李静瑕．中行推出“中银易商”布局网络银行 . http://business. sohu. com/20131025/n388945906. shtml.
25. 光大银行“购精彩”商城上线 . http://finance. ifeng. com/a/20151028/14045097_0. shtml.
26. 韦敏．中国联通与招商银行合作开展互联网金融业务 . http://news. 163. com/14/0904/12/A5A1PSV800014AEE. html.
27. 中国移动携手浦发银行开启互联网合作新篇章 . http://finance. ifeng. com/a/20150602/13749777_0. shtml.
28. 霏雯．中国移动与浦发银行签署新五年战略合作协议 . http://www. cctime. com/html/2016 - 1 - 29/1135271. htm.
29. 中国产业研究院 . 2016 年中国移动支付行业发展研究分析 . http://www. askci. com/news/chanye/20160325/134369455. shtml.
30. 兴业银行“兴动力”信用卡面市　首创可穿戴移动支付 . http://

business. sohu. com/20150527/n413902843. shtml.

31. 兴业银行全国首推企业移动支付利器 . http://news. xinhuanet. com/fortune/2016 -04/06/c_128867596. htm.

32. 兴业银行“手机钱包”面世　未来移动支付成主流 . http://money. sohu. com/20140606/n400513419. shtml.

33. 莫旗 . 兴业银行联手微信为商家提供移动支付服务 . http://www. bj. xinhuanet. com/hbpd/jrpd/jrpd/2015 -11/25/c_1117259303. htm.

34. 建设银行推出 HCE 龙卡云支付　支持信用卡和借记卡 . http://www. mpaypass. com. cn/news/201509/15181434. html.

35. 王熙喜. 浦发银行布局移动金融　发首张 NFC 手机支付银行卡. http://www. tvoao. com/a/103513. aspx.

36. 中国银行推出“中银移动支付”. http://kuaixun. stcn. com/2013/1225/11032794. shtml.

37. 周天虹 . 招商银行移动支付业务发展及未来布局 . http://news. rfid-world. com. cn/2015_04/e67dd45f7930a565. html.

38. 陈紫薇 . 招商银行推“一闪通”刷手机即可支付提现 . http://www. sootoo. com/content/537232. shtml.

39. 招行首推积分扫码支付　移动支付瞄准虚拟货币 . 财经网，http://money. 163. com/15/1209/17/BADJTBLF00253B0H. html.

40. 中信银行携手顺丰推“中信顺手付”移动支付 APP. 中国电子银行网，http://www. qzwb. com/spec/content/2015 -04/30/content_5098177. htm.

41. 中信顺手付是什么？中信顺手付有哪些功能？. 信用卡网，http://ka. southmoney. com/zhuanti/zhishi/29009. html.

42. 江肖 . 中信银行、华为力拓移动支付　首推指纹识别近场支付. http://jiangsu. sina. com. cn/news/xfzn/2015 - 09 - 17/detailifxhytwr21

35968. shtml.

43. 中信银行正式支持 Apple Pay 服务 . http://finance. sina. com. cn/roll/2016 - 02 - 18/doc-ifxprupc9382660. shtml.

44. 中国农业银行 . 农行手机 POS 成功亮相 2014 年亚洲移动通信博览会. http://www. 95599. cn/cn/branch/hn/news/201406/t20140625_485943. htm.

45. 吕雯瑾 . 条码支付产品有效提升了支付效率 . http://finance. qq. com/a/20141106/066936. htm.

46. 中国农业银行 . 农业银行推出云闪付信用卡产品 . http://m. abchina. com/cn/AboutABC/NewsCenter/201512/t20151218_814648. htm.

47. 中国农业银行 . 农业银行国内首批支持 ApplePay. http://www. boraid. cn/company_news/read_433241. html.

48. 中国社科院报告 . 支付终端的发展将日益多元化 . http://finance. ifeng. com/a/20140429/12216649_0. shtml.

49. 锡复春 . 银行玩起电商贷 . http://wb. qdqss. cn/html/qdzb/20150404/qdzb50445. html.

50. 吴则实 . 华夏银行“电商贷”业务助力电子商务产业发展 . http://news. xinhuanet. com/local/2015 - 12/23/c_1117553439. htm.

51. 中国电子商务研究中心 . 招商银行“闪电贷”六十秒到账 . http://b2b. toocle. com/detail - 6228233. html.

52. 建行推出“善融 e 贷”业务助力小微企业 . http://cq. qq. com/a/20150514/045592. htm.

53. 于玉 . 建行善融 E 贷是什么？. http://www. rong360. com/gl/2015/04/10/69687. html.

54. 建行推出“善融 e 贷”业务助力小微企业 . http://cq. qq. com/a/20150514/045592. htm.

55. 钟文斌．广发银行布局移动金融　杭州分行发放首笔电商流水贷. http://biz. zjol. com. cn/system/2015/04/01/020583465. shtml.

56. 张玲．邮储银行推出电商贷　助力电子商务．http://money. xsnet. cn/zxfb/2141916. shtml.

57. 90 后消费金融市场崛起，爱稳盈得之者得天下．http://www. qianhuaweb. com/2016/0607/3353610. shtml.

58. 消费金融成为两会新热词，2016 年的新机遇在何方？．http://www. shengyidi. com/news/d - 2325267/.

59. 周锐．京东金融联手光大银行拓展境外消费金融市场．http://www. chinanews. com/fortune/2016/03 - 28/7813438. shtml.

60. 邮储银行：践行普惠金融　大力发展消费信贷业务．http://finance. huanqiu. com/roll/2016 - 05/8947745. html.

61. 民生银行布局消费金融　信贷规模破千亿．http://www. haodai. com/zixun/86304. html.

62. 兴业消费金融正式成立　兴业银行综合经营再下一城．http://bank. hexun. com/2014 - 12 - 23/171692330. html.

63. 张菲菲．德勤：交易银行是中国银行业转型趋势．http://www. yicai. com/news/4624985. html.

64. 解析招商银行的"交易银行"策略．http://fj. qq. com/a/2015 0824/050962. htm.

65. 中信银行：首家交易银行品牌体系诞生．http://finance. sina. com. cn/roll/20151201/204123902831. shtml.

66. 赵红．广发银行成立环球交易服务部．http://www. bj. xinhuanet. com/hbpd/jrpd/jrpd/2013 - 11/27/c_118317833. htm.

67. 北京大学互联网金融研究中心．北大发布互联网金融发展指数：行

业增速一年翻一番 . http://money. 163. com/15/1220/19/BBA84ID400253B0H. html.

68. 中国工商银行股份有限公司信息科技部．工商银行：互联网金融创新发展现状与展望 . http://cfc365. com/business/IOF/2015 – 08 – 13/13404. shtml.

69. 中国工商银行．中国工商银行公布 2015 年经营情况 . http://www.js. xinhuanet. com/2016 – 03/31/c_1118497159_2. htm.

70. 建设银行着力构建“互联网 +”金融生态系统 . http://www. financeun. com/News/2015116/2013cfn/162248706900. shtml.

71. 中国建设银行公布 2015 年度经营业绩 . http://cq. qq. com/a/20160405/041814. htm.

72. 姚进．中国农业银行发布 2015 年度经营业绩 . http://finance. sina. com. cn/roll/2016 – 04 – 01/doc-ifxqxcnz8989001. shtml.

73. 董俊峰：中行打造跨境互联网金融 . http://finance. sina. com. cn/money/bank/bank_hydt/20150709/173322639948. shtml.

74. 中行公布 2015 年业绩　全年实现税后利 1794. 17 亿 . http://economy. enorth. com. cn/system/2016/03/31/030897802. shtml.

75. 赵红．交通银行互联网金融布局稳中提速 . http://www. bj. xinhuanet. com/hbpd/jrpd/jrpd/2014 – 12/15/c_1113646873. htm.

76. 交通银行 P2P 公司已注册 2016 年将布局互联网金融 . http://www. lvhuadai. com/p2p_xydd_20151202378995. html.

77. 交通银行公布 2015 年度业绩 . http://fj. sina. com. cn/news/finance/information/2016 – 03 – 30/093216844. html.

78. 杨兴云．招商银行：转型是一场管理革命 . http://www. cmbchina. com/cmbinfo/news/newsinfo. aspx?guid = e13be9a3 – 7771 – 4a6a-

ac87 – 2db0b2110fd9.

79. 招商银行公布2015年度全年业绩：营业净收入增21.48%. http://biz. zjol. com. cn/system/2016/03/31/021091601. shtml.

80. 李建平. 从年报看民生银行网络金融发展态势. http://b2b. toocle. com/detail – 6335865. html.

81. 郑新林：谈兴业银行全方位互联网金融发展战略. http://www. csai. cn/p2pzixun/926440. html.

82. 兴业银行积极践行“互联网+”战略. http://caifu. cnstock. com/fortune/sft_yh/tyh_yhlcyw/201512/3682373. htm.

83. 万木. 兴业银行年报解读：网络金融加速创新　持续推动业务发展. http://zhuanti. cebnet. com. cn/20160428/101683659. html.

84. 平安银行三大创新深耕互联网金融　服务客户超36万. http://bank. hexun. com/2015 – 11 – 12/180527145. html.

85. 平安银行：互联网时代下“不一样的”新金融之路. http://money. zjol. com. cn/system/2015/10/21/020882002. shtml.

86. 邮储银行重塑互联网金融新格局. http://www. eeo. com. cn/2015/1223/282003. shtml.

87. “2016年全球银行1000强排名”发布　邮储银行总资产居22位. http://news. 163. com/16/0707/15/BRCOVC1U000146BE. html.

88. 赵涛. 未来可能方向——对银行业发展趋势的思考. http://mt. sohu. com/20150604/n414454015. shtml.

后　记

近年来，从国内银行的整体表现和未来发展趋势来看，中国的金融体系未来还是以银行业为主导。根据中国银监会最新数据显示，截至2016年4月末，我国银行业金融机构总资产为204.2581万亿元，同比增长15.9%，增速上升4个百分点；总负债为188.1302万亿元，同比增长15.4%，增速上升4.1个百分点。此外，城市商业银行总资产为24.1215万亿元，同比增长25.6%，增速上升6.1个百分点，在银行业金融机构占比11.8%，同比上升0.9个百分点；农村金融机构总资产为27.595万亿元，同比增长16.6%，增速上升1.9个百分点，在银行业金融机构占比13.5%，同比上升0.1个百分点。其他类金融机构总资产为38.547万亿元，同比增长30%，增速上升20.2个百分点，在银行业金融机构占比18.9%，同比上升2.1个百分点。[①] 可以说，即使是在互联网金融飞速发展的今天，传统银行业仍然是国内金融体系的“老大”。

互联网金融时代，各行各业都面临着冲击和挑战，同时也都享有着开启新一轮企业创新转型的机会，应对及时、得体、漂亮，就能变挑战为机遇，被暂时击倒也能未来凤凰涅槃、浴火重生。银行业也不例外，都是挑战与机遇并存。而且，银行业还本身也有着与生俱来的进军互联

① 银监会：银行业金融机构总资产超206万亿元. http://finance.ifeng.com/a/20160627/14529060_0.shtml.

网金融的天然优势。

银行业经过几百年的发展，已经成为一个古老而又常新的行业，是一个国家经济环境中的重要支撑力量。在现代经济发展的大环境下，特别是在科学技术飞速发展的今天，银行业正经历着剧变。这些变化与以往一样，同样是大环境下的发展推动，特别是来自经济全球化发展的压力推动和科学技术尤其是信息技术的发展促进。与以往不同的是，由于互联网时代为人类社会提供了更为广泛、便捷的交流、沟通手段，同时更广泛深入地改变着人们的思维方式和思想观念，这些内容在改变人类社会的同时，也更加深刻地影响着银行业的发展。作为食物链上层的银行业，我们可以想象，如果一定要论冲击，也许在互联网金融时代里面率先被击倒是占比较少的券商、保险等其他金融行业，而不是占比充足的银行业。试想一下，如果大家都不去营业部炒股票了，都拿着手机，券商的营业部关得更快。还有保险公司，他们和网站合作，一单保险下来，互联网公司拿走利润大头，保险公司只能吃个小头。这种情况下就可以看出，如果真论起互联网金融下被击倒的金融企业，银行也将是最后一个倒下的，因为银行的业务非常全面，有公司、有零售、有金融同业、有投行、有各种新的财务顾问，它的业务非常多元化，同理，它的抗风险能力也是非常强的，而在倒下前的这期间，只要不是坐吃山空的"二世祖"银行，怎么也会寻一下张良计、过墙梯，要么自保，要么涅槃、腾飞。事实证明，做"老大"的银行业并不是吃素的，而是金融创新金融模式最快的接受者和最早的研发者。

银行业在互联网金融时代表现良好，也因此有了本书关于银行业骄人业绩的陈述和对其未来大有可为的大胆论断。相信积极发展创新中的中国银行业未来是不会被击倒的，而是会向着更加全方位、多元化的金融服务发展方向成功转型。希望本书能够起到一个抛砖引玉的作用，帮助广大读者朋友清晰了解互联网时代传统银行业的转型发展。无论是在行业研究、企业管理、金融择业还是财富管理上，都能够有一个清晰的认识，进而推动整个银行业的发展。

感谢所有银行业从业者，正是你们的辛勤付出打造了行业的基础。也感谢所有关心银行业发展的各界人士，正是你们的关注和支持推动了行业的进步和发展。感谢所有本书引用资料的作者，是你们的前人指路，才使得本书内容更为丰富。同时，本书在写作过程中得到了来自企业管理出版社和博瑞森图书的专业指导和大力支持。在此一并表示感谢。

最后，谨向帮助、支持和鼓励完成本书写作的所有朋友致以诚挚的感谢！

韩友诚

2016 年 6 月

推荐作者得新书！

博瑞森征稿启事

亲爱的读者朋友：

感谢您选择了博瑞森图书！希望您手中的这本书能给您带来实实在在的帮助！

博瑞森一直致力于发掘好作者、好内容，希望能把您最需要的思想、方法，一字一句地交到您手中，成为专业知识与管理实践的纽带和桥梁。

但是我们也知道，有很多深入企业一线、经验丰富、乐于分享的优秀专家，或者往来奔波没时间，或者缺少专业的写作指导和便捷的出版途径，只能茫然以待……

还有很多在竞争大潮中坚守的企业，有着异常宝贵的实践经验和独特的闪光点，但缺少专业的记录和整理者，无法让企业的经验和故事被更多的人了解、学习、参考……

这些都太遗憾了！

博瑞森非常希望能将这些埋藏的“宝藏”发掘出来，贡献给广大读者，让更多的人得到帮助。

所以，我们真心地邀请您，我们的老读者，帮助我们一起搜寻：

推荐作者。

可以是您自己或您的朋友，只要对本土管理有实践、有思考；可以是您通过网络、杂志、书籍或其他途径了解的某位专家，不管名气大小，只要他的思想和方法曾让您深受启发。

推荐企业。

可以是您自己所在的企业，或者是您熟悉的某家企业，其创业过程、运营经历、产品研发、机制创新，等等。无论企业大小，只要乐于分享、有值得借鉴书写之处。

总之，好内容就是一切！

博瑞森绝非“自费出书”，出版项目费用完全由我们承担。您推荐的作者或企业案例一经采用，我们会立刻向您赠送书币 100 元，可直接换取任何博瑞森图书的纸质版或电子版。

感谢您对本土管理的支持！感谢您对博瑞森图书的帮助！

推荐邮箱：bookgood@126.com　　推荐手机：13611149991

与主编加为好友：——→ bookgood2000

博瑞森管理图书网：http://www.bracebook.com.cn/index.html

1120 本土管理实践与创新论坛

这是由100多位本土管理专家联合创立的企业管理实践学术交流组织，旨在孵化本土管理思想、促进企业管理实践、加强专家间交流与协作。

论坛每年集中力量办好两件大事：第一，**“出一本书”**，汇聚一年的思考和实践，把最原创、最前沿、最实战的内容集结成册，贡献给读者；第二，**“办一次会”**，每年11月20日本土管理专家们汇聚一堂，碰撞思想、研讨案例、交流切磋、回馈社会。

论坛理事名单（以年龄为序，以示传承之意）

首届常务理事：

彭志雄　曾伟　施炜　杨涛　张学军　郭晓
程绍珊　胡八一　王祥伍　李志华　陈立云　杨永华

理　事：

卢根鑫　王铁仁　周荣辉　曾令同　陆和平　宋杼宸　张国祥　刘承元
曹子祥　宋新宇　吴越舟　吴坚　戴欣明　仲昭川　刘春雄　刘祖轲
段继东　何慕　秦国伟　贺兵一　张小虎　郭剑　余晓雷　黄中强
朱玉童　沈坤　阎立忠　张进　丁兴良　朱仁健　薛宝峰　史贤龙
卢强　史幼波　叶敦明　王明胤　陈明　岑立聪　方刚　何足奇
周俊　杨奕　孙行健　孙嘉晖　张东利　郭富才　叶宁　何屹
沈奎　王超　马宝琳　谭长春　夏惊鸣　张博　李洪道　胡浪球
孙波　唐江华　程翔　刘红明　杨鸿贵　伯建新　高可为　李蓓
王春强　孔祥云　贾同领　罗宏文　史立臣　李政权　余盛　陈小龙
尚锋　邢雷　余伟辉　李小勇　全怀周　初勇钢　陈锐　高继中
聂志新　黄屹　沈拓　徐伟泽　谭洪华　崔自三　王玉荣　蒋军
侯军伟　黄润霖　金国华　吴之　葛新红　周剑　崔海鹏　柏龑
唐道明　朱志明　曲宗恺　杜忠　远鸣　范月明　刘文新　赵晓萌
张伟　韩旭　韩友诚　熊亚柱　孙彩军　刘雷　王庆云　李少星
俞士耀　丁昀　黄磊　罗晓慧　伏泓霖　梁小平　鄢圣安

企业案例·老板传记

书名．作者		内容/特色	读者价值
企业案例·老板传记	**娃哈哈区域标杆：豫北市场营销实录** 罗宏文　赵晓萌　等著	本书从区域的角度来写娃哈哈河南分公司豫北市场是怎么进行区域市场营销，成为娃哈哈全国第一大市场、全国增量第一高市场的一些操作方法	参考性、指导性，一线真实资料
	像六个核桃一样：打造畅销品的36个简明法则 王　超　范　萍　著	本书分上下两篇：包括“六个核桃”的营销战略历程和36条畅销法则	知名企业的战略历程极具参考价值，36条法则提供操作方法
	六个核桃凭什么：从0过100亿 张学军　著	首部全面揭秘养元六个核桃裂变式成长的巨著	学习优秀企业的成长路径，了解其背后的理论体系
	借力咨询：德邦成长背后的秘密 官同良　王祥伍　著	讲述德邦是如何借助咨询公司的力量进行自身 与发展的	来自德邦内部的第一线资料，真实、珍贵，令人受益匪浅
	解决方案营销实战案例 刘祖轲　著	用10个真案例讲明白什么是工业品的解决方案式营销，实战、实用	有干货、真正操作过的才能写得出来
	招招见销量的营销常识 刘文新　著	如何让每一个营销动作都直指销量	适合中小企业，看了就能用
	我们的营销真案例 联纵智达研究院　著	五芳斋粽子从区域到全国/诺贝尔瓷砖门店销量提升/利豪家具出口转内销/汤臣倍健的营销模式	选择的案例都很有代表性，实在、实操！
	中国营销战实录：令人拍案叫绝的营销真案例 联纵智达　著	51个案例，42家企业，38万字，18年，累计2000余人次参与……	最真实的营销案例，全是一线记录，开阔眼界
	双剑破局：沈坤营销策划案例集 沈　坤　著	双剑公司多年来的精选案例解析集，阐述了项目策划中每一个营销策略的诞生过程，策划角度和方法	一线真实案例，与众不同的策划角度令人拍案叫绝、受益匪浅
	宗：一位制造业企业家的思考 杨　涛　著	1993年创业，引领企业平稳发展20多年，分享独到的心得体会	难得的一本老板分享经验的书
	简单思考：AMT咨询创始人自述 孔祥云　著	著名咨询公司（AMT）的CEO创业历程中点点滴滴的经验与思考	每一位咨询人，每一位创业者和管理经营者，都值得一读
	边干边学做老板 黄中强　著	创业20多年的老板，有经验、能写、又愿意分享，这样的书很少	处处共鸣，帮助中小企业老板少走弯路
	三四线城市超市如何快速成长：解密甘雨亭 IBMG国际商业管理集团　著	国内外标杆企业的经验＋本土实践量化数据＋操作步骤、方法	通俗易懂，行业经验丰富，宝贵的行业量化数据，关键思路和步骤
	中国首家未来超市：解密安徽乐城 IBMG国际商业管理集团　著	本书深入挖掘了安徽乐城超市的试验案例，为零售企业未来的发展提供了一条可借鉴之路	通俗易懂，行业经验丰富，宝贵的行业量化数据，关键思路和步骤

互联网＋

书名．作者		内容/特色	读者价值
互联网＋	**互联网时代的银行转型** 韩友诚　著	以大量案例形式为读者全面展示和分析了银行的互联网金融转型应对之道	结合本土银行转型发展案例的书籍
	正在发生的转型升级·实践 本土管理实践与创新论坛　著	企业在快速变革期所展现出的管理变革新成果、新方法、新案例	重点突出对于未来企业管理相关领域的趋势研判
	触发需求：互联网新营销样本·水产 何足奇　著	传统产业都在苦闷中挣扎前行，本书通过鲜活的案例告诉你如何以需求链整合供应链，从而把大家熟知的传统行业打碎了重构、重做一遍	全是干货，值得细读学习，并且作者的理论已经经过了他亲自操刀的实践检验，效果惊人，就在书中全景展示
	移动互联新玩法：未来商业的格局和趋势 史贤龙　著	传统商业、电商、移动互联，三个世界并存，这种新格局的玩法一定要懂	看清热点的本质，把握行业先机，一本书搞定移动互联网

续表

互联网+	**微商生意经:真实再现33个成功案例操作全程** 伏泓霖　罗晓慧　著	本书为33个真实案例,分享案例主人公在做微商过程中的经验教训	案例真实,有借鉴意义
	阿里巴巴实战运营——14招玩转诚信通 聂志新　著	本书主要介绍阿里巴巴诚信通的十四个基本推广操作,从而帮助使用诚信通的用户及企业更好地提升业绩	基本操作,很多可以边学边用,简单易学
	今后这样做品牌:移动互联时代的品牌营销策略 蒋　军　著	与移动互联紧密结合,告诉你老方法还能不能用,新方法怎么用	今后这样做品牌就对了
	互联网+"变"与"不变":本土管理实践与创新论坛集萃.2016 本土管理实践与创新论坛　著	本土管理领域正在产生自己独特的理论和模式,尤其在移动互联时代,有很多新课题需要本土专家们一起研究	帮助读者拓宽眼界、突破思维
	创造增量市场:传统企业互联网转型之道 刘红明　著	传统企业需要用互联网思维去创造增量,而不是用电子商务去转移传统业务的存量	教你怎么在"互联网+"的海洋中创造实实在在的增量
	重生战略:移动互联网和大数据时代的转型法则 沈　拓　著	在移动互联网和大数据时代,传统企业转型如同生命体打算与再造,称之为"重生战略"	帮助企业认清移动互联网环境下的变化和应对之道
	画出公司的互联网进化路线图:用互联网思维重塑产品、客户和价值 李　蓓　著	18个问题帮助企业一步步梳理出互联网转型思路	思路清晰、案例丰富,非常有启发性
	7个转变,让公司3年胜出 李　蓓　著	消费者主权时代,企业该怎么办	这就是互联网思维,老板有能这样想,肯定倒不了
	跳出同质思维,从跟随到领先 郭　剑　著	66个精彩案例剖析,帮助老板突破行业长期思维惯性	做企业竟然有这么多玩法,开眼界

行业类:零售、白酒、食品/快消品、农业、医药、建材家居等

	书名.作者	内容/特色	读者价值
零售·超市·餐饮·服装·汽车	1. **总部有多强大,门店就能走多远** 2. **超市卖场定价策略与品类管理** 3. **连锁零售企业招聘与培训破解之道** 4. **中国首家未来超市:解密安徽乐城** 5. **三四线城市超市如何快速成长:解密甘雨亭** IBMG国际商业管理集团　著	国内外标杆企业的经验+本土实践量化数据+操作步骤、方法	通俗易懂,行业经验丰富,宝贵的行业量化数据,关键思路和步骤
	涨价也能卖到翻 村松达夫　【日】	提升客单价的15种实用、有效的方法	日本企业在这方面非常值得学习和借鉴
	移动互联时代的超市升级 联商网　著	深度解析超市转型升级重点	帮助零售企业把握全局、看清方向
	手把手教你做专业督导:专卖店、连锁店 熊亚柱　著	从督导的职能、作用,在工作中需要的专业技能、方法,都提供了详细的解读和训练办法,同时附有大量的表单工具	无论是店铺需要统一培训,还是个人想成为优秀的督导,有这一本就够了
	零售:把客流变成购买力 丁　昀　著	如何通过不断升级产品和体验式服务来经营客流	如何进行体验营销,国外的好经营,这方面有启发
	餐饮企业经营策略第一书 吴　坚　著	分别从产品、顾客、市场、盈利模式等几个方面,对现阶段餐饮企业的发展提出策略和思路	第一本专业的、高端的餐饮企业经营指导书
	赚不赚钱靠店长:从懂管理到会经营 孙彩军　著	通过生动的案例来进行剖析,注重门店管理细节方面的能力提升	帮助终端门店店长在管理门店的过程中实现经营思路的拓展与突破

续表

	汽车配件这样卖：汽车后市场销售秘诀 100 条 俞士耀　著	汽配销售业务员必读，手把手教授最实用的方法，轻松得来好业绩	快速上岗，专业实效，业绩无忧
耐消品	跟行业老手学经销商开发与管理：家电、耐消品、建材家居 黄润霖　著	全部来源于经销商管理的一线问题，作者用丰富的经验将每一个问题落实到最便捷快速的操作方法上去	书中每一个问题都是普通营销人亲口提出的，这些问题你也会遇到，作者进行的解答则精彩实用
白酒	变局下的白酒企业重构 杨永华　著	帮助白酒企业从产业视角看清趋势，找准位置，实现弯道超车的书	行业内企业要减少 90%，自己在什么位置，怎么做，都清楚了
	1. 白酒营销的第一本书（升级版） 2. 白酒经销商的第一本书 唐江华　著	华泽集团湖南开口笑公司品牌部长，擅长酒类新品推广、新市场拓展	扎根一线，实战
	区域型白酒企业营销必胜法则 朱志明　著	为区域型白酒企业提供 35 条必胜法则，在竞争中赢销的葵花宝典	丰富的一线经验和深厚积累，实操实用
	10 步成功运作白酒区域市场 朱志明　著	白酒区域操盘者必备，掌握区域市场运作的战略、战术、兵法	在区域市场的攻伐防守中运筹帷幄，立于不败之地
	酒业转型大时代：微酒精选 2014－2015 微酒　主编	本书分为五个部分：当年大事件、那些酒业营销工具、微酒独立策划、业内大调查和十大经典案例	了解行业新动态、新观点，学习营销方法
快消品·食品	乳业营销第一书 侯军伟　著	对区域乳品企业生存发展关键性问题的梳理	唯一的区域乳业营销书，区域乳品企业一定要看
	食用油营销第一书 余　盛　著	10 多年油脂企业工作经验，从行业到具体实操	食用油行业第一书，当之无愧
	中国茶叶营销第一书 柏　龑　著	如何跳出茶行业"大文化小产业"的困境，作者给出了自己的观察和思考	不是传统做茶的思路，而是现在商业做茶的思路
	调味品营销第一书 陈小龙　著	国内唯一一本调味品营销的书	唯一的调味品营销的书，调味品的从业者一定要看
	快消品营销人的第一本书：从入门到精通 刘　雷　伯建新　著	快消行业必读书，从入门到专业	深入细致，易学易懂
	变局下的快消品营销实战策略 杨永华　著	通胀了，成本增加，如何从被动应战变成主动的"系统战"	作者对快消品行业非常熟悉、非常实战
	快消品经销商如何快速做大 杨永华　著	本书完全从实战的角度，评述现象，解析误区，揭示原理，传授方法	为转型期的经销商提供了解决思路，指出了发展方向
	一位销售经理的工作心得 蒋　军　著	一线营销管理人员想提升业绩却无从下手时，可以看看这本书	一线的真实感悟
	快消品营销：一位销售经理的工作心得 2 蒋　军　著	快消品、食品饮料营销的经验之谈，重点图书	来源与实战的精华总结
	快消品营销与渠道管理 谭长春　著	将快消品标杆企业渠道管理的经验和方法分享出来	可口可乐、华润的一些具体的渠道管理经验，实战
	成为优秀的快消品区域经理 伯建新　著	37 个"怎么办"分析区域经理的工作关键点	可以作为区域经理的'速成催化器'
	销售轨迹：一位快消品营销总监的拼搏之路 秦国伟　著	本书讲述了一个普通销售员打拼成为跨国企业营销总监的真实奋斗历程	激励人心，给广大销售员以力量和鼓舞
	快消老手都在这样做：区域经理操盘锦囊 方刚　著	非常接地气，全是多年沉淀下来的干货，丰富的一线经验和实操方法不可多得	在市场摸爬滚打的"老油条"，那些独家绝招妙招一般你问都是问不来的
	动销四维：全程辅导与新品上市 高继中　著	从产品、渠道、促销和新品上市详细讲解提高动销的具体方法，总结作者 18 年的快消品行业经验，方法实操	内容全面系统，方法实操

续表

农业	中小农业企业品牌战法 韩 旭 著	将中小农业企业品牌建设的方法，从理论讲到实践，具有指导性	全面把握品牌规划，传播推广，落地执行的具体措施
	农资营销实战全指导 张 博 著	农资如何向"深度营销"转型，从理论到实践进行系统剖析，经验资深	朴实、使用！不可多得的农资营销实战指导
	农产品营销第一书 胡浪球 著	从农业企业战略到市场开拓、营销、品牌、模式等	来源于实践中的思考，有启发
	变局下的农牧企业 9 大成长策略 彭志雄 著	食品安全、纵向延伸、横向联合、品牌建设……	唯一的农牧企业经营实操的书，农牧企业一定要看
医药	新医改下的医药营销与团队管理 史立臣 著	探讨新医改对医药行业的系列影响和医药团队管理	帮助理清思路，有一个框架
	医药营销与处方药学术推广 马宝琳 著	如何用医学策划把"平民产品"变成"明星产品"	有真货、讲真话的作者，堪称处方药营销的经典！
	新医改了，药店就要这样开 尚 锋 著	药店经营、管理、营销全攻略	有很强的实战性和可操作性
	电商来了，实体药店如何突围 尚 锋 著	电商崛起，药店该如何突围？本书从促销、会员服务、专业性、客单价等多重角度给出了指导方向	实战攻略，拿来就能用
	在中国，医药营销这样做：时代方略精选文集 段继东 主编	专注于医药营销咨询 15 年，将医药营销方法的精华文章合编，深入全面	可谓医药营销领域的顶尖著作，医药界读者的必读书
	OTC 医药代表药店销售 36 计 鄢圣安 著	以《三十六计》为线，写 OTC 医药代表向药店销售的一些技巧与策略	案例丰富，生动真实，实操性强
	OTC 医药代表药店开发与维护 鄢圣安 著	要做到一名专业的医药代表，需要做什么、准备什么、知识储备、操作技巧等	医药代表药店拜访的指导手册，手把手教你快速上手
	引爆药店成交率 1：店员导购实战 范月明 著	一本书解决药店导购所有难题	情景化、真实化、实战化
	引爆药店成交率 2：经营落地实战 范月明 著	最接地气的经营方法全指导	揭示了药店经营的几类关键问题
	医药企业转型升级战略 史立臣 著	药企转型升级有 5 大途径，并给出落地步骤及风险控制方法	实操性强，有作者个人经验总结及分析
建材家居	建材家居营销实务 程绍珊 杨鸿贵 主编	价值营销运用到建材家居，每一步都让客户增值	有自己的系统、实战
	建材家居门店销量提升 贾同领 著	店面选址、广告投放、推广助销、空间布局、生动展示、店面运营等	门店销量提升是一个系统工程，非常系统、实战
	10 步成为最棒的建材家居门店店长 徐伟泽 著	实际方法易学易用，让员工能够迅速成长，成为独当一面的好店长	只要坚持这样干，一定能成为好店长
	手把手帮建材家居导购业绩倍增：成为顶尖的门店店员 熊亚柱 著	生动的表现形式，让普通人也能成为优秀的导购员，让门店业绩长红	读着有趣，用着简单，一本在手、业绩无忧
	建材家居经销商实战 42 章经 王庆云 著	告诉经销商：老板怎么当、团队怎么带、生意怎么做	忠言逆耳，看着不舒服就对了，实战总结，用一招半式就值了
工业品	销售是门专业活：B2B、工业品 陆和平 著	销售流程就应该跟着客户的采购流程和关注点的变化向前推进，将一个完整的销售过程分成十个阶段，提供具体方法	销售不是请客吃饭拉关系，是个专业的活计！方法在手，走遍天下不愁
	解决方案营销实战案例 刘祖轲 著	用 10 个真案例讲明白什么是工业品的解决方案式营销，实战、实用	有干货、真正操作过的才能写得出来

续表

工业品	**变局下的工业品企业7大机遇** 叶敦明　著	产业链条的整合机会、盈利模式的复制机会、营销红利的机会、工业服务商转型机会……	工业品企业还可以这样做,思维大突破
	工业品市场部实战全指导 杜　忠　著	工业品市场部经理工作内容全指导	系统、全面、有理论、有方法,帮助工业品市场部经理更快提升专业能力
	工业品营销管理实务 李洪道　著	中国特色工业品营销体系的全面深化、工业品营销管理体系优化升级	工具更实战,案例更鲜活,内容更深化
	工业品企业如何做品牌 张东利　著	为工业品企业提供最全面的品牌建设思路	有策略、有方法、有思路、有工具
	丁兴良讲工业4.0 丁兴良　著	没有枯燥的理论和说教,用朴实直白的语言告诉你工业4.0的全貌	工业4.0是什么?本书告诉你答案
	资深大客户经理:策略准,执行狠 叶敦明　著	从业务开发、发起攻势、关系培育、职业成长四个方面,详述了大客户营销的精髓	满满的全是干货
	一切为了订单:订单驱动下的工业品营销实战 唐道明　著	其实,所有的企业都在围绕着两个字在开展全部的经营和管理工作,那就是"订单"	开发订单、满足订单、扩大订单。本书全是实操方法,字字珠玑、句句干货,教你获得营销的胜利
金融	**交易心理分析** (美)马克·道格拉斯　著 刘真如　译	作者一语道破赢家的思考方式,并提供了具体的训练方法	不愧是投资心理的第一书,绝对经典
	精品银行管理之道 崔海鹏　何　屹　主编	中小银行转型的实战经验总结	中小银行的教材很多,实战类的书很少,可以看看
	支付战争 Eric M. Jackson　著 徐　彬　王　晓　译	PayPal创业期营销官,亲身讲述PayPal从诞生到壮大到成功出售的整个历史	激烈、有趣的内幕商战故事!了解美国支付市场的风云巨变
房地产	**产业园区/产业地产规划、招商、运营实战** 阎立忠　著	目前中国第一本系统解读产业园区和产业地产建设运营的实战宝典	从认知、策划、招商到运营全面了解地产策划
	人文商业地产策划 戴欣明　著	城市与商业地产战略定位的关键是不可复制性,要发现独一无二的"味道"	突破千城一面的策划困局
	电影院的下一个黄金十年:开发·差异化·案例 李保煜　著	对目前电影院市场存大的问题及如何解决进行了探讨与解读	多角度了解电影院运营方式及代表性案例

经营类:企业如何赚钱,如何抓机会,如何突破,如何"开源"

	书名.作者	内容/特色	读者价值
抓方向	**让经营回归简单.升级版** 宋新宇　著	化繁为简抓住经营本质:战略、客户、产品、员工、成长	经典,做企业就这几个关键点!
	活系统:跟任正非学当老板 孙行健　尹　贤　著	以任正非的独到视角,教企业老板如何经营公司	看透公司经营本质,激活企业活力
	公司由小到大要过哪些坎 卢　强　著	老板手里的一张"企业成长路线图"	现在我在哪儿,未来还要走哪些路,都清楚了
	企业二次创业成功路线图 夏惊鸣　著	企业曾经抓住机会成功了,但下一步该怎么办?	企业怎样获得第二次成功,心里有个大框架了
	老板经理人双赢之道 陈　明　著	经理人怎养选平台、怎么开局,老板怎样选/育/用/留	老板生闷气,经理人牢骚大,这次知道该怎么办了
	简单思考:AMT咨询创始人自述 孔祥云　著	著名咨询公司(AMT)的CEO创业历程中点点滴滴的经验与思考	每一位咨询人,每一位创业者和管理经营者,都值得一读
	企业文化的逻辑 王祥伍　黄健江　著	为什么企业绩效如此不同,解开绩效背后的文化密码	少有的深刻,有品质,读起来很流畅
	使命驱动企业成长 高可为　著	钱能让一个人今天努力,使命能让一群人长期努力	对于想做事业的人,'使命'是绕不过去的

续表

思维突破	**移动互联新玩法：未来商业的格局和趋势** 史贤龙　著	传统商业、电商、移动互联，三个世界并存，这种新格局的玩法一定要懂	看清热点的本质，把握行业先机，一本书搞定移动互联网
	画出公司的互联网进化路线图：用互联网思维重塑产品、客户和价值 李　蓓　著	18个问题帮助企业一步步梳理出互联网转型思路	思路清晰、案例丰富，非常有启发性
	重生战略：移动互联网和大数据时代的转型法则 沈　拓　著	在移动互联网和大数据时代，传统企业转型如同生命体打算与再造，称之为“重生战略”	帮助企业认清移动互联网环境下的变化和应对之道
	创造增量市场：传统企业互联网转型之道 刘红明　著	传统企业需要用互联网思维去创造增量，而不是用电子商务去转移传统业务的存量	教你怎么在“互联网+”的海洋中创造实实在在的增量
	7个转变，让公司3年胜出 李　蓓　著	消费者主权时代，企业该怎么办	这就是互联网思维，老板有能这样想，肯定倒不了
	跳出同质思维，从跟随到领先 郭　剑　著	66个精彩案例剖析，帮助老板突破行业长期思维惯性	做企业竟然有这么多玩法，开眼界
	麻烦就是需求　难题就是商机 卢根鑫　著	如何借助客户的眼睛发现商机	什么是真商机，怎么判断、怎么抓，有借鉴
	互联网+“变”与“不变”：本土管理实践与创新论坛集萃·2016 本土管理实践与创新论坛　著	加速本土管理思想的孕育诞生，促进本土管理创新成果更好地服务企业、贡献社会	各个作者本年度最新思想，帮助读者拓宽眼界、突破思维
财务	**写给企业家的公司与家庭财务规划——从创业成功到富足退休** 周荣辉　著	本书以企业的发展周期为主线，写各阶段企业与企业主家庭的财务规划	为读者处理人生各阶段企业与家庭的财务问题提供建议及方法，让家庭成员真正享受财富带来的益处
	互联网时代的成本观 程　翔　著	本书结合互联网时代提出了成本的多维观，揭示了多维组合成本的互联网精神和大数据特征，论述了其产生背景、实现思路和应用价值	在传统成本观下为盈利的业务，在新环境下也许就成为亏损业务。帮助管理者从新的角度来看待成本，进一步做好精益管理

管理类：效率如何提升，如何实现经营目标，如何“节流”

	书名．作者	内容/特色	读者价值
通用管理	**1. 让管理回归简单．升级版** **2. 让经营回归简单．升级版** **3. 让用人回归简单** 宋新宇　著	宋博士的“简单”三部曲，影响20万读者，非常经典	被读者热情地称作“中小企业的管理圣经”
	员工心理学超级漫画版 邢　雷　著	以漫画的形式深度剖析员工心理	帮助管理者更了解员工，从而更轻松地管理员工
	分股合心：股权激励这样做 段　磊　周　剑　著	通过丰富的案例，详细介绍了股权激励的知识和实行方法	内容丰富全面、易读易懂，了解股权激励，有这一本就够了
	边干边学做老板 黄中强　著	创业20多年的老板，有经验、能写、又愿意分享，这样的书很少	处处共鸣，帮助中小企业老板少走弯路
	中国式阿米巴落地实践之从交付到交易 胡八一　著	本书主要讲述阿米巴经营会计，“从交付到交易”，这是成功实施了阿米巴的标志	阿米巴经营会计的工作是有逻辑关联的，一本书就能搞定
	阿米巴经营的中国模式 李志华　著	让员工从“要我干”到“我要干”，价值量化出来	阿米巴在企业如何落地，明白思路了
	中国式阿米巴落地实践之激活组织 胡八一　著	重点讲解如何科学划分阿米巴单元，阐述划分的实操要领、思路、方法、技术与工具	最大限度减少“推行风险”和“摸索成本”，利于公司成功搭建适合自身的个性化阿米巴经营体系
	欧博心法：好管理靠修行 曾　伟　著	用佛家的智慧，深刻剖析管理问题，见解独到	如果真的有‘中国式管理’，曾老师是其中标志性人物

续表

流程管理	1. 用流程解放管理者 2. 用流程解放管理者 2 张国祥　著	中小企业阅读的流程管理、企业规范化的书	通俗易懂,理论和实践的结合恰到好处
	跟我们学建流程体系 陈立云　著	畅销书《跟我们学做流程管理》系列,更实操,更细致,更深入	更多地分享实践,分享感悟,从实践总结出来的方法论
质量管理	五大质量工具详解及运用案例:APQP/FMEA/PPAP/MSA/SPC 谭洪华　著	对制造业必备的五大质量工具中每个文件的制作要求、注意事项、制作流程、成功案例等进行了解读	通俗易懂、简便易行,能真正实现学以致用
	1. ISO9001:2015 新版质量管理体系详解与案例文件汇编 2. ISO14001:2015 新版环境管理体系详解与案例文件汇编 谭洪华　著	紧密围绕 2015 新版,逐条详细解读,工具也可以直接套用,易学易上手	企业认证、内审必备
战略落地	重生——中国企业的战略转型 施　炜　著	从前瞻和适用的角度,对中国企业战略转型的方向、路径及策略性举措提出了一些概要性的建议和意见	对企业有战略指导意义
	公司大了怎么管:从靠英雄到靠组织 AMT 金国华　著	第一次详尽阐释中国快速成长型企业的特点、问题及解决之道	帮助快速成长型企业领导及管理团队理清思路,突破瓶颈
	低效会议怎么改:每年节省一半会议成本的秘密 AMT 王玉荣　著	教你如何系统规划公司的各级会议,一本工具书	教会你科学管理会议的办法
战略落地	年初订计划,年尾有结果:战略落地七步成诗 AMT 郭晓　著	7 个步骤教会你怎么让公司制定的战略转变为行动	系统规划,有效指导计划实现
人力资源	回归本源看绩效 孙　波　著	让绩效回顾"改进工具"的本源,真正为企业所用	确实是来源于实践的思考,有共鸣
	世界 500 强资深培训经理人教你做培训管理 陈　锐　著	从 7 大角度具体细致地讲解了培训管理的核心内容	专业、实用、接地气
	曹子祥教你做激励性薪酬设计 曹子祥　著	以激励性为指导,系统性地介绍了薪酬体系及关键岗位的薪酬设计模式	深入浅出,一本书学会薪酬设计
	曹子祥教你做绩效管理 曹子祥　著	复杂的理论通俗化,专业的知识简单化,企业绩效管理共性问题的解决方案	轻松掌握绩效管理
人力资源	把招聘做到极致 远　鸣　著	作为世界 500 强高级招聘经理,作者数十年招聘经验的总结分享	带来职场思考境界的提升和具体招聘方法的学习
	人才评价中心．超级漫画版 邢　雷　著	专业的主题,漫画的形式,只此一本	没想到一本专业的书,能写成这效果
	走出薪酬管理误区 全怀周　著	剖析薪酬管理的 8 大误区,真正发挥好枢纽作用	值得企业深读的实用教案
	集团化人力资源管理实践 李小勇　著	对搭建集团化的企业很有帮助,务实,实用	最大的亮点不是理论,而是结合实际的深入剖析
	我的人力资源咨询笔记 张　伟　著	管理咨询师的视角,思考企业的 HR 管理	通过咨询师的眼睛对比很多企业,有启发
	本土化人力资源管理 8 大思维 周　剑　著	成熟 HR 理论,在本土中小企业实践中的探索和思考	对企业的现实困境有真切体会,有启发

续表

企业文化	HRBP是这样炼成的之“菜鸟起飞” 新　海　著	以小说的形式，具体解析HRBP的职责，应该如何操作，如何为业务服务	实践者的经验分享，内容实务具体，形式有趣
	华夏基石方法：企业文化落地本土实践 王祥伍　谭俊峰　著	十年积累、原创方法、一线资料，和盘托出	在文化落地方面真正有洞察，有实操价值的书
	企业文化的逻辑 王祥伍　著	为什么企业之间如此不同，解开绩效背后的文化密码	少有的深刻，有品质，读起来很流畅
	企业文化激活沟通 宋杼宸　安　琪　著	透过新任HR总经理的眼睛，揭示出沟通与企业文化的关系	有实际指导作用的文化落地读本
	在组织中绽放自我：从专业化到职业化 朱仁健　王祥伍　著	个人如何融入组织，组织如何助力个人成长	帮助企业员工快速认同并投入到组织中去，为企业发展贡献力量
	企业文化定位·落地一本通 王明胤　著	把高深枯燥的专业理论创建成一套系统化、实操化、简单化的企业文化缔造方法	对企业文化不了解，不会做？有这一本从概念到实操，就够了
生产管理	**高员工流失率下的精益生产** 余伟辉　著	中国的精益生产必须面对和解决高员工流失率问题	确实来源于本土的工厂车间，很务实
	车间人员管理那些事儿 岑立聪　著	车间人员管理中处理各种“疑难杂症”的经验和方法	基层车间管理者最闹心、头疼的事，‘打包’解决
	1. 欧博心法：好管理靠修行 **2. 欧博心法：好工厂这样管** 曾　伟　著	他是本土最大的制造业管理咨询机构创始人，他从400多个项目、上万家企业实践中锤炼出的欧博心法	中小制造型企业，一定会有很强的共鸣
生产管理	**欧博工厂案例1：生产计划管控对话录** **欧博工厂案例2：品质技术改善对话录** **欧博工厂案例3：员工执行力提升对话录** 曾　伟　著	最典型的问题、最详尽的解析，工厂管理9大问题27个经典案例	没想到说得这么细，超出想象，案例很典型，照搬都可以了
	苦中得乐：管理者的第一堂必修课 曾　伟　编著	曾伟与师傅大愿法师的对话，佛学与管理实践的碰撞，管理禅的修行之道	用佛学最高智慧看透管理
	比日本工厂更高效1：管理提升无极限 刘承元　著	指出制造型企业管理的六大积弊；颠覆流行的错误认知；掌握精益管理的精髓	每一个企业都有自己不同的问题，管理没有一剑封喉的秘笈，要从现场、现物、现实出发
	比日本工厂更高效2：超强经营力 刘承元　著	企业要获得持续盈利，就要开源和节流，即实现销售最大化，费用最小化	掌握提升工厂效率的全新方法
	比日本工厂更高效3：精益改善力的成功实践 刘承元　著	工厂全面改善系统有其独特的目的取向特征，着眼于企业经营体质(持续竞争力)的建设与提升	用持续改善力来飞速提升工厂的效率，高效率能够带来意想不到的高效益
	3A顾问精益实践1：IE与效率提升 党新民　苏迎斌　蓝旭日　著	系统的阐述了IE技术的来龙去脉以及操作方法	使员工与企业持续获利
	3A顾问精益实践2：JIT与精益改善 肖志军　党新民　著	只在需要的时候，按需要的量，生产所需的产品	提升工厂效率

续表

员工素质提升	**手把手教你做专业督导：专卖店、连锁店** 熊亚柱 著	从督导的职能、作用，在工作中需要的专业技能、方法，都提供了详细的解读和训练办法，同时附有大量的表单工具	无论是店铺需要统一培训，还是个人想成为优秀的督导，有这一本就够了
	跟老板"偷师"学创业 吴江萍 余晓雷 著	边学边干，边观察边成长，你也可以当老板	不同于其他类型的创业书，让你在工作中积累创业经验，一举成功
	销售轨迹：一位快消品营销总监的拼搏之路 秦国伟 著	本书讲述了一个普通销售员打拼成为跨国企业营销总监的真实奋斗历程	激励人心，给广大销售员以力量和鼓舞
	在组织中绽放自我：从专业化到职业化 朱仁健 王祥伍 著	个人如何融入组织，组织如何助力个人成长	帮助企业员工快速认同并投入到组织中去，为企业发展贡献力量
	企业员工弟子规：用心做小事，成就大事业 贾同领 著	从传统文化《弟子规》中学习企业中为人处事的办法，从自身做起	点滴小事，修养自身，从自身的改善得到事业的提升
	手把手教你做顶尖企业内训师：TTT培训师宝典 熊亚柱 著	从课程研发到现场把控、个人提升都有涉及，易读易懂，内容丰富全面	想要做企业内训师的员工有福了，本书教你如何抓住关键，从入门到精通

营销类：把客户需求融入企业各环节，提供"客户认为"有价值的东西

	书名．作者	内容/特色	读者价值
营销模式	**动销操盘：节奏掌控与社群时代新战法** 朱志明 著	在社群时代把握好产品生产销售的节奏，解析动销的症结，寻找动销的规律与方法	都是易读易懂的干货！对动销方法的全面解析和操盘
	变局下的营销模式升级 程绍珊 叶 宁 著	客户驱动模式、技术驱动模式、资源驱动模式	很多行业的营销模式被颠覆，调整的思路有了！
	卖轮子 科克斯【美】	小说版的营销学！营销理念巧妙贯穿其中，贵在既有趣，又有深度	经典、有趣！一个故事读懂营销精髓
	弱势品牌如何做营销 李政权 著	中小企业虽有品牌但没名气，营销照样能做的有声有色	没有丰富的实操经验，写不出这么具体、详实的案例和步骤，很有启发
营销模式	**老板如何管营销** 史贤龙 著	高段位营销16招，好学好用	老板能看，营销人也能看
	动销：产品是如何畅销起来的 吴江萍 余晓雷 著	真真切切告诉你，产品究竟怎么才能卖出去	击中痛点，提供方法，你值得拥有
销售	**资深大客户经理：策略准，执行狠** 叶敦明 著	从业务开发、发起攻势、关系培育、职业成长四个方面，详述了大客户营销的精髓	满满的全是干货
	成为资深的销售经理：B2B、工业品 陆和平 著	围绕"销售管理的六个关键控制点"一一展开，提供销售管理的专业、高效方法	方法和技术接地气，拿来就用，从销售员成长为经理不再犯难
	销售是门专业活：B2B、工业品 陆和平 著	销售流程就应该跟着客户的采购流程和关注点的变化向前推进，将一个完整的销售过程分成十个阶段，提供具体方法	销售不是请客吃饭拉关系，是个专业的活计！方法在手，走遍天下不愁
	向高层销售：与决策者有效打交道 贺兵一 著	一套完整有效的销售策略	有工具，有方法，有案例，通俗易懂
	卖轮子 科克斯 【美】	小说版的营销学！营销理念巧妙贯穿其中，贵在既有趣，又有深度	经典、有趣！一个故事读懂营销精髓
	学话术 卖产品 张小虎 著	分析常见的顾客异议，将优秀的话术模块化	让普通导购员也能成为销售精英

续表

组织和团队	升级你的营销组织 程绍珊　吴越舟　著	用"有机性"的营销组织替代"营销能人",营销团队变成"铁营盘"	营销队伍最难管,程老师不愧是营销第1操盘手,步骤方法都很成熟
	用数字解放营销人 黄润霖　著	通过量化帮助营销人员提高工作效率	作者很用心,很好的常备工具书
	成为优秀的快消品区域经理 伯建新　著	37个"怎么办"分析区域经理的工作关键点	可以作为区域经理的'速成催化器'
	一位销售经理的工作心得 蒋　军　著	一线营销管理人员想提升业绩却无从下手时,可以看看这本书	一线的真实感悟
	快消品营销:一位销售经理的工作心得2 蒋　军　著	快消品、食品饮料营销的经验之谈,重点突出	来源于实战的精华总结
	销售轨迹:一位快消品营销总监的拼搏之路 秦国伟　著	本书讲述了一个普通销售员打拼成为跨国企业营销总监的真实奋斗历程	激励人心,给广大销售员以力量和鼓舞
组织和团队	用营销计划锁定胜局:用数字解放营销人2 黄润霖　著	全方位教你怎么做好营销计划,好学好用真简单	照搬套用就行,做营销计划再也不头痛
	快消品营销人的第一本书:从入门到精通 刘　雷　伯建新　著	快消行业必读书,从入门到专业	深入细致,易学易懂
产品	产品炼金术Ⅰ:如何打造畅销产品 史贤龙　著	满足不同阶段、不同体量、不同行业企业对产品的完整需求	必须具备的思维和方法,避免在产品问题上走弯路
	产品炼金术Ⅱ:如何用产品驱动企业成长 史贤龙　著	做好产品、关注产品的品质,就是企业成功的第一步	必须具备的思维和方法,避免在产品问题上走弯路
	新产品开发管理,就用IPD 郭富才　著	10年IPD研发管理咨询总结,国内首部IPD专业著作	一本书掌握IPD管理精髓
品牌	中小企业如何建品牌 梁小平　著	中小企业建品牌的入门读本,通俗、易懂	对建品牌有了一个整体框架
	采纳方法:破解本土营销8大难题 朱玉童　编著	全面、系统、案例丰富、图文并茂	希望在品牌营销方面有所突破的人,应该看看
	中国品牌营销十三战法 朱玉童　编著	采纳20年来的品牌策划方法,同时配有大量的案例	众包方式写作,丰富案例给人启发,极具价值
	今后这样做品牌:移动互联时代的品牌营销策略 蒋军　著	与移动互联紧密结合,告诉你老方法还能不能用,新方法怎么用	今后这样做品牌就对了
	中小企业如何打造区域强势品牌 吴之　著	帮助区域的中小企业打造自身品牌,如何在强壮自身的基础上往外拓展	梳理误区,系统思考品牌问题,切实符合中小区域品牌的自身特点进行阐述
渠道通路	快消品营销与渠道管理 谭长春　著	将快消品标杆企业渠道管理的经验和方法分享出来	可口可乐、华润的一些具体的渠道管理经验,实战
	传统行业如何用网络拿订单 张　进　著	给老板看的第一本网络营销书	适合不懂网络技术的经营决策者看
	采纳方法:化解渠道冲突 朱玉童　编著	系统剖析渠道冲突,21个渠道冲突案例、情景式讲解,37篇讲义	系统、全面
	学话术　卖产品 张小虎　著	分析常见的顾客异议,将优秀的话术模块化	让普通导购员也能成为销售精英
	向高层销售:与决策者有效打交道 贺兵一　著	一套完整有效的销售策略	有工具,有方法,有案例,通俗易懂

续表

	通路精耕操作全解：快消品20年实战精华 周　俊　陈小龙　著	通路精耕的详细全解，每一步的具体操作方法和表单全部无保留提供	康师傅二十年的经验和精华，实践证明的最有效方法，教你如何主宰通路
管理者读的文史哲·生活			
	书名．作者	内容/特色	读者价值
思想·文化	**每个中国人身上的春秋基因** 史贤龙　著	春秋368年（公元前770－公元前403年），每一个中国人都可以在这段时期的历史中找到自己的祖先，看到真实发生的事件，同时也看到自己	长情商、识人心
	内功太极拳训练教程 王铁仁　编著	杨式（内功）太极拳（俗称老六路）的详细介绍及具体修炼方法，身心的一次升华	书中含有大量图解并有相关视频供读者同步学习
	中医治心脏病 马宝琳　著	引用众多真实案例，客观真实地讲述了中西医对于心脏病的认识及治疗方法	看完这本书，能为您节约10万元医药费
	易经系辞大义 史幼波　著	结合人类社会的各种现象和人与人之间的复杂关系，系统阐述了《系辞》中蕴含的丰富思想	轻松掌握传统智慧精髓，从而达到修身养性的目的
	史幼波中庸讲记（上下册） 史幼波　著	全面、深入浅出地揭示儒家中庸文化的真谛	儒释道三家思想融汇贯通
	史幼波心经讲记（上下册） 史幼波　著	句句精讲，句句透彻，佛法经典的多角度阐释	通俗易懂，将深刻的教理以浅显的语言讲出来
	史幼波大学讲记 史幼波　著	用儒释道的观点阐释大学的深刻思想	一本书读懂传统文化经典
	史幼波《周子通书》《太极图说》讲记 史幼波　著	把形而上的宇宙、天地，与形而下的社会、人生、经济、文化等融合在一起	将儒家的一整套学修系统融合起来